全国中级注册安全工程师职业资格考试精解与习题

# 安全生产法律法规精解与习题

孟燕华　主　编

中国劳动社会保障出版社

**图书在版编目（CIP）数据**

安全生产法律法规精解与习题/孟燕华主编. -- 北京：中国劳动社会保障出版社，2020

全国中级注册安全工程师职业资格考试精解与习题

ISBN 978-7-5167-4703-2

Ⅰ.①安…　Ⅱ.①孟…　Ⅲ.①安全生产-安全法规-中国-资格考试-自学参考资料　Ⅳ.①D922.54

中国版本图书馆 CIP 数据核字（2020）第 145714 号

**中国劳动社会保障出版社出版发行**

（北京市惠新东街 1 号　邮政编码：100029）

*

北京市艺辉印刷有限公司印刷装订　新华书店经销

787 毫米×1092 毫米　16 开本　18 印张　391 千字

2020 年 9 月第 1 版　　2022 年 6 月第 2 次印刷

**定价：60.00 元**

读者服务部电话：（010）64929211/84209101/64921644

营销中心电话：（010）64962347

出版社网址：http://www.class.com.cn

# 前　言

安全生产事关人民福祉，事关人民群众生命财产安全。随着注册安全工程师制度不断完善，国务院有关部门高度重视注册安全工程师职业资格认定工作，积极推动其成为生产经营单位安全管理的重要力量。2014 年新修订的《安全生产法》确立了注册安全工程师的法律地位。2017 年 11 月国家安全监管总局和人力资源社会保障部联合印发了《注册安全工程师分类管理办法》（以下简称《分类管理办法》），对注册安全工程师的分级分类、考试、注册、配备使用、职称对接、职责分工等作出了新规定。2017 年 9 月，人力资源社会保障部公布了国家职业资格目录，注册安全工程师被列入准入类专业技术人员职业资格目录。

提升安全生产管理水平需要懂法律、懂管理、懂技术、具备现场管理与应急处置能力的安全生产管理人员。10 多年来，注册安全工程师职业资格认定制度在我国不断发展完善，越来越多的安全管理人员通过系统地学习安全生产法律法规、安全生产管理、安全生产技术知识，取得了注册安全工程师执业资格。一些行业、企业在安全管理岗位聘任、工程项目招标中，注册安全工程师配备也已成为其中的一项重要指标要求。国家的政策、企业的需要，使广大安全生产工作者对注册安全工程师制度充满信心，渴望通过注册安全工程师考试。

随着注册安全工程师法律地位不断提升、企业对注册安全工程师需求加大，注册安全工程师报考人数也在逐年增加，考试难度不断地加大，众多考生不知如何在有限的时间里有效备考。为了便于应试人员更加深入领悟《中级注册安全工程师职业资格考试大纲》所规定的考试内容及要求，把握必要的知识点，我们特编写了注册安全工程师考试学习辅导书。本套辅导书共包括《安全生产法律法规精解与习题》《安全生产管理精解与习题》《安全生产技术基础精解与习题》《安全生产专业实务——其他安全精解与习题》《安全生产专业实务——化工安全精解与习题》《安全生产专业实务——建筑施工安全精解与习题》。

本套辅导书依据考试大纲，充分分析了2020版中级注安考试辅导教材，并参照辅导教材设置了章节内容。编写上参考历年考试内容，特别着重分析了近年来的出题方式，预测了考试重点。根据编者多年的应试培训经验，对教材中每一章节的重要考点进行梳理，侧重于重要知识点和考试方式的讲解。在每个章节的最后，提供了有针对性的练习题，供学员自测，以提高应试水平。学员在备考过程中，应首先认真学习章节的知识点，然后再做后面练习题。

本套辅导书分别由孟燕华、赵秋生、孙贵磊、颜峻、李琴主编，参编人员有胡广霞、刘育菲、田雯、林云等。愿本套辅导书能帮助考生考出良好的成绩，为安全生产工作及提高全社会的安全生产管理水平做出更大的贡献！

2018年3月，按照国务院机构改革方案，一些负有安全生产监督管理职责的部门进行了职能整合，凡本书涉及的机构改革前的部门名称，请读者予以注意。

由于书稿内容多、题量大，难免出现个别错误，敬请见谅！如有勘误，我们将在注安直通车学习交流群（QQ群号码：1071456243）中发布相关信息。如有疑问，可联系zhuanztc@126.com。同时，学习交流群中也会发布相关考试信息和考试要点，助力各位考生顺利通过注安考试。

编者

2020年8月

# 考试大纲

考查专业技术人员掌握和运用现行安全生产法律、法规、规章的有关规定和要求，分析、判断和解决安全生产实际问题的能力。

# 目　录


第一章　安全生产相关国家政策 …… 1

第一节　习近平新时代中国特色社会主义思想及依法治国精神内涵 …… 1

【本节重点】 …… 1

【练习提高】 …… 2

第二节　国家领导人有关安全生产讲话 …… 3

【本节重点】 …… 3

【练习提高】 …… 4

第三节　有关安全生产的重要文件 …… 5

【本节重点】 …… 5

【练习提高】 …… 7

综合练习 …… 7

参考答案 …… 8

第二章　安全生产法律基础知识 …… 10

第一节　法律基础知识 …… 10

【本节重点】 …… 10

【练习提高】 …… 13

第二节　中国特色社会主义法治和依法行政 …… 14

【本节重点】 …… 14

【练习提高】 …… 16

第三节　安全生产立法及安全生产法律体系的基本框架 …… 16

【本节重点】 …… 16

【练习提高】 …… 18

综合练习 …… 19

参考答案 …… 20

第三章　中华人民共和国安全生产法 …… 22

第一节　立法目的、适用范围 …… 22

【本节重点】 …… 22

【练习提高】 …… 24

第二节　基本规定 …… 24

【本节重点】 …… 24

【练习提高】 …… 31

第三节　生产经营单位的安全生产保障 …… 33

【本节重点】 …… 33
【练习提高】 …… 41
第四节　从业人员的安全生产权利和义务 …… 45
【本节重点】 …… 45
【练习提高】 …… 48
第五节　安全生产的监督管理 …… 49
【本节重点】 …… 49
【练习提高】 …… 52
第六节　生产安全事故的应急救援与调查处理 …… 54
【本节重点】 …… 54
【练习提高】 …… 56
第七节　安全生产法律责任 …… 58
【本节重点】 …… 58
【练习提高】 …… 61
综合练习 …… 63
参考答案 …… 68
**第四章　安全生产单行法律** …… 70
第一节　矿山安全法 …… 70
【本节重点】 …… 70
【练习提高】 …… 73
第二节　消防法 …… 74
【本节重点】 …… 74
【练习提高】 …… 77
第三节　道路交通安全法 …… 78
【本节重点】 …… 78
【练习提高】 …… 80
第四节　特种设备安全法 …… 81
【本节重点】 …… 81
【练习提高】 …… 85
第五节　建筑法 …… 87
【本节重点】 …… 87
【练习提高】 …… 91
综合练习 …… 92
参考答案 …… 96
**第五章　安全生产相关法律** …… 98
第一节　刑法 …… 98
【本节重点】 …… 98
【练习提高】 …… 102
第二节　行政处罚法 …… 104

【本节重点】 …… 104
【练习提高】 …… 109
第三节　劳动法 …… 111
【本节重点】 …… 111
【练习提高】 …… 112
第四节　劳动合同法 …… 113
【本节重点】 …… 113
【练习提高】 …… 115
第五节　突发事件应对法 …… 116
【本节重点】 …… 116
【练习提高】 …… 120
第六节　职业病防治法 …… 121
【本节重点】 …… 121
【练习提高】 …… 125
综合练习 …… 127
参考答案 …… 133
**第六章　安全生产行政法规** …… 135
第一节　安全生产许可证条例 …… 136
【本节重点】 …… 136
【练习提高】 …… 139
第二节　煤矿安全监察条例 …… 140
【本节重点】 …… 140
【练习提高】 …… 143
第三节　国务院关于预防煤矿生产安全事故的特别规定 …… 144
【本节重点】 …… 144
【练习提高】 …… 148
第四节　建设工程安全生产管理条例 …… 149
【本节重点】 …… 149
【练习提高】 …… 153
第五节　危险化学品安全管理条例 …… 155
【本节重点】 …… 155
【练习提高】 …… 164
第六节　烟花爆竹安全管理条例 …… 167
【本节重点】 …… 167
【练习提高】 …… 169
第七节　民用爆炸物品安全管理条例 …… 171
【本节重点】 …… 171
【练习提高】 …… 174
第八节　特种设备安全监察条例 …… 176

【本节重点】 …… 176
【练习提高】 …… 179
第九节　生产安全事故应急条例 …… 181
【本节重点】 …… 181
【练习提高】 …… 184
第十节　生产安全事故报告和调查处理条例 …… 185
【本节重点】 …… 185
【练习提高】 …… 189
第十一节　工伤保险条例 …… 191
【本节重点】 …… 191
【练习提高】 …… 195
第十二节　大型群众性活动安全管理条例 …… 197
【本节重点】 …… 197
【练习提高】 …… 198
第十三节　女职工劳动保护特别规定 …… 199
【本节重点】 …… 199
【练习提高】 …… 201
综合练习 …… 201
参考答案 …… 212
**第七章　安全生产部门规章** …… 215
第一节　注册安全工程师分类管理办法 …… 216
【本节重点】 …… 216
【练习提高】 …… 218
第二节　生产经营单位安全培训规定 …… 219
【本节重点】 …… 219
【练习提高】 …… 221
第三节　特种作业人员安全技术培训考核管理规定 …… 222
【本节重点】 …… 222
【练习提高】 …… 225
第四节　安全生产培训管理办法 …… 227
【本节重点】 …… 227
【练习提高】 …… 229
第五节　安全生产事故隐患排查治理暂行规定 …… 230
【本节重点】 …… 230
【练习提高】 …… 233
第六节　生产安全事故应急预案管理办法 …… 235
【本节重点】 …… 235
【练习提高】 …… 237
第七节　生产安全事故信息报告和处置办法 …… 239

【本节重点】 ………………………………………………………………………… 239
【练习提高】 ………………………………………………………………………… 241
第八节　建设工程消防监督管理规定 ………………………………………… 242
【本节重点】 ………………………………………………………………………… 242
【练习提高】 ………………………………………………………………………… 244
第九节　建设项目安全设施“三同时”监督管理办法 ……………………… 245
【本节重点】 ………………………………………………………………………… 245
【练习提高】 ………………………………………………………………………… 249
第十节　冶金企业和有色金属企业安全生产规定 ……………………………… 250
【本节重点】 ………………………………………………………………………… 250
【练习提高】 ………………………………………………………………………… 252
第十一节　危险化学品输送管道安全管理规定 ………………………………… 252
【本节重点】 ………………………………………………………………………… 252
【练习提高】 ………………………………………………………………………… 255
第十二节　危险化学品建设项目安全监督管理办法 …………………………… 256
【本节重点】 ………………………………………………………………………… 256
【练习提高】 ………………………………………………………………………… 258
第十三节　危险化学品重大危险源监督管理暂行规定 ………………………… 259
【本节重点】 ………………………………………………………………………… 259
【练习提高】 ………………………………………………………………………… 262
第十四节　工贸企业有限空间作业安全管理与监督暂行规定 ………………… 263
【本节重点】 ………………………………………………………………………… 263
【练习提高】 ………………………………………………………………………… 265
综合练习 …………………………………………………………………………… 266
参考答案 …………………………………………………………………………… 273

# 第一章　安全生产相关国家政策

**考试内容及要求**

深刻理解习近平新时代中国特色社会主义思想和党的十九大精神，掌握习近平总书记关于依法治国、安全生产的重要论述精神以及中共中央、国务院印发的有关安全生产重要文件。

## 第一节　习近平新时代中国特色社会主义思想及依法治国精神内涵

**【本节重点】**

了解习近平新时代中国特色社会主义思想的精神内涵、中国共产党第十九次全国代表大会主题、依法治国的基本方略。

### 一、习近平新时代中国特色社会主义思想的精神内涵

主要体现八个明确。一是明确中国特色社会主义总任务是实现社会主义现代化和中华民族伟大复兴；二是明确新时代我国社会主要矛盾是人民日益增长的美好生活需要和不平衡不充分的发展之间的矛盾；三是明确中国特色社会主义事业总体布局是“五位一体”、战略布局是“四个全面”；四是明确全面深化改革总目标是完善和发展中国特色社会主义制度、推进国家治理体系和治理能力现代化；五是明确全面推进依法治国总目标是建设中国特色社会主义法治体系、建设社会主义法治国家；六是明确党在新时代的强军目标是建设一支听党指挥、能打胜仗、作风优良的人民军队；七是明确中国特色大国外交要推动构建新型国际关系，推动构建人类命运共同体；八是明确中国特色社会主义最本质的特征是中国共产党领导。

### 二、中国共产党第十九次全国代表大会主题

中国共产党第十九次全国代表大会主题是：不忘初心，牢记使命，高举中国特色社会主义伟大旗帜，决胜全面建成小康社会，夺取新时代中国特色社会主义伟大胜利，为实现中华民族伟大复兴的中国梦不懈奋斗。

## 三、依法治国精神内涵

**1. 依法治国是中国特色社会主义的本质要求和重要保障**

中国特色社会主义的基本方略之一就是必须把党的领导贯彻落实到依法治国全过程和各方面，完善以宪法为核心的中国特色社会主义法律体系，建设中国特色社会主义法治体系，建设社会主义法治国家。

**2. 依法治国是依宪治国**

宪法是国家的根本法，是治国安邦的总章程，具有最高的法律地位、法律权威、法律效力。全国各族人民、一切国家机关和武装力量、各政党和各社会团体、各企业事业组织都必须以宪法为根本的活动准则。

**3. 依法治国是治理国家的基本方略**

法治是治国理政的基本方式，要以建设法治政府为目标，推进依法行政，严格规范公正文明执法。推进公正司法，要以优化司法职权配置为重点，健全司法权力分工负责、相互配合、相互制约的制度安排。

**【练习提高】**

**一、单项选择题（每题 1 分，每题的备选项中，只有 1 个最符合题意）**

1. 中国共产党第十九次全国代表大会的主题是（　　）。

A. 中国特色社会主义道路　　B. 依法治国

C. 不忘初心，牢记使命　　D. 加强政治建设

2. 习近平总书记在十九大报告中强调，中国特色社会主义进入新时代，我国社会主要矛盾已经转化为（　　）。

A. 人民日益增长的美好生活需要和经济发展之间的矛盾

B. 人民日益增长的美好生活需要和不平衡不充分的发展之间的矛盾

C. 人民日益增长的物质文化需要和社会生产之间的矛盾

D. 人民日益增长的物质文化需要和不平衡不充分的发展之间的矛盾

**二、多项选择题（每题 2 分，每题的备选项中，有 2 个或 2 个以上符合题意，至少有 1 个错项。错选，本题不得分；少选，所选的每个选项得 0.5 分）**

习近平新时代中国特色社会主义思想的精神内涵主要体现八个明确，下列属于八个明确的是（　　）。

A. 明确坚持和发展中国特色社会主义

B. 明确新时代我国社会主要矛盾是人民日益增长的美好生活需要和不平衡不充分的发展之间的矛盾

C. 明确中国特色社会主义事业总体布局是“四位一体”

D. 明确中国特色社会主义事业战略布局是“四个全面”

E. 明确中国特色社会主义最本质的特征是中国共产党领导

# 第二节　国家领导人有关安全生产讲话

【本节重点】

了解国家领导人特别是习近平总书记关于做好安全生产工作的重要指示。

## 一、树立红线意识

2013年6月6日，习近平总书记就做好安全生产工作作出重要指示，强调要始终把人民生命安全放在首位，以对党和人民高度负责的精神，完善制度、强化责任、加强管理、严格监管，把安全生产责任制落到实处，切实防范重特大生产安全事故的发生。人命关天，发展决不能以牺牲人的生命为代价。这必须作为一条不可逾越的红线。

## 二、建立、健全安全生产责任体系

2013年11月22日上午，山东青岛黄岛经济开发区中石化黄潍输油管线泄漏引发重大爆燃事故，造成人民群众生命财产重大损失。习近平总书记得知消息后，立即作出批示。习近平总书记指出，各级党委和政府、各级领导干部要牢固树立安全发展理念，始终把人民群众生命安全放在第一位。加大安全生产指标考核权重，实行安全生产和重大生产安全事故风险“一票否决”。要抓紧建立健全安全生产责任体系，党政一把手必须亲力亲为、亲自动手抓。要把安全责任落实到岗位、落实到人头，坚持管行业必须管安全、管业务必须管安全。所有企业都必须认真履行安全生产主体责任，做到安全投入到位、安全培训到位、基础管理到位、应急救援到位，确保安全生产。要继续开展安全生产大检查，做到“全覆盖、零容忍、严执法、重实效”。

## 三、实行“党政同责、一岗双责、失职追责”

2015年8月15日，习近平总书记就天津港“8·12”瑞海公司危险品仓库特别重大火灾爆炸事故作出重要指示，要求要坚决落实安全生产责任制，切实做到“党政同责、一岗双责、失职追责”。要健全预警应急机制，加大安全监管执法力度，深入排查和有效化解各类安全生产风险，提高安全生产保障水平，努力推动安全生产形势实现根本好转。

## 四、加强预警及应急处置

2015年12月20日11时40分许，广东深圳市光明新区红坳渣土受纳场发生山体滑坡，附近西气东输管道发生爆炸，事故共造成73人死亡。习近平总书记作出重要指示，要求科学施救，防止发生次生灾害。加强各类灾害和安全生产隐患排查，制定预案，加强预警及应急处置等工作，确保人民群众生命财产安全。

## 五、建立“双重预防性工作机制”

2016 年 1 月，习近平总书记在中共中央政治局常委会会议上强调，重特大突发事件，不论是自然灾害还是责任事故，其中都不同程度存在主体责任不落实、隐患排查治理不彻底、法规标准不健全、安全监管执法不严格、监管体制机制不完善、安全基础薄弱、应急救援能力不强等问题。必须坚决遏制重特大事故频发势头，对易发重特大事故的行业领域采取风险分级管控、隐患排查治理双重预防性工作机制，推动安全生产关口前移，加强应急救援工作，最大限度减少人员伤亡和财产损失。

## 六、改革安全生产应急救援体制

2016 年 7 月，习近平总书记在中共中央政治局常委会会议上发表重要讲话，指出，要改革安全生产应急救援体制，提高组织协调能力和现场救援实效。要加强城市运行管理，增强安全风险意识，加强源头治理。要加强城乡安全风险辨识，全面开展城市风险点、危险源的普查，防止认不清、想不到、管不到等问题的发生。

**【练习提高】**

**一、单项选择题（每题 1 分，每题的备选项中，只有 1 个最符合题意）**

1. 习近平总书记指出，安全生产，要坚持防患于未然。要继续开展安全生产大检查，做到“（　　）”。

A. 查隐患、零容忍、严执法、重实效

B. 全覆盖、零容忍、严执法、重实效

C. 全覆盖、零容忍、严制度、重实效

D. 全覆盖、零容忍、严执法、重效果

2. 2015 年天津港“8・12”瑞海公司危险品仓库特别重大火灾爆炸事故，造成重大人员伤亡和财产损失。习近平总书记就如何做好安全生产工作作出重要指示，指出（　　）。

A. 要树立红线意思

B. 要切实消除各种易燃易爆隐患

C. 切实做到“党政同责、一岗双责、失职追责”

D. 要加强监测预警

**二、多项选择题（每题 2 分，每题的备选项中，有 2 个或 2 个以上符合题意，至少有 1 个错项。错选，本题不得分；少选，所选的每个选项得 0.5 分）**

习近平总书记针对 2013 年 11 月 22 日山东青岛输油管线泄漏引发重大爆燃事故作出重要批示，强调“四个到位”，即（　　）。

A. 安全投入到位　　B. 安全培训到位

C. 安全责任到位　　D. 基础管理到位

E. 应急救援到位

# 第三节　有关安全生产的重要文件

【本节重点】

了解《中共中央　国务院关于推进安全生产领域改革发展的意见》《安全生产“十三五”规划》《关于加强全社会安全生产宣传教育工作的意见》《关于推进城市安全发展的意见》等重要文件的内容。

## 一、中共中央　国务院关于推进安全生产领域改革发展的意见

2016年12月9日，《中共中央　国务院关于推进安全生产领域改革发展的意见》（以下简称《意见》）印发实施。

### 1. 基本原则

《意见》提出了五项基本原则。一是坚持安全发展；二是坚持改革创新；三是坚持依法监管；四是坚持源头防范；五是坚持系统治理。

### 2. 目标任务

到2020年，安全生产监管体制机制基本成熟，法律制度基本完善，全国生产安全事故总量明显减少，职业病危害防治取得积极进展，重特大生产安全事故频发势头得到有效遏制，安全生产整体水平与全面建成小康社会目标相适应。到2030年，实现安全生产治理体系和治理能力现代化，全民安全文明素质全面提升，安全生产保障能力显著增强。

### 3. 五项制度性改革

《意见》提出了五项制度性改革举措和工作要求，一是加快落实安全生产责任制；二是改革安全生产监管监察体制；三是大力推进安全生产依法治理；四是建立安全生产预防控制体系；五是加强安全生产基础保障能力建设。

## 二、安全生产“十三五”规划

2017年1月12日，国务院办公厅印发《安全生产“十三五”规划》（以下简称《规划》）。

### 1. 目标

到2020年，全社会安全文明程度明显提升，事故总量显著减少，重特大事故频发势头得到有效遏制，职业病危害防治取得积极进展，安全生产总体水平与全面建成小康社会目标相适应。具体目标为：生产安全事故起数降幅10%，生产安全事故死亡人数降幅10%；重特大事故起数降幅20%，重特大事故死亡人数降幅22%；亿元国内生产总值生产安全事故死亡率降幅30%；工矿商贸就业人员十万人生产安全事故死亡率降幅19%；煤矿百万吨死亡率降幅15%；营运车辆万车死亡率降幅6%；万台特种设备死亡人数降幅20%。

注：降幅为2020年末较2015年末下降的幅度。

**2. 主要任务**

《规划》提出了安全生产工作的主要任务。一是构建更加严密的责任体系；二是强化安全生产依法治理；三是坚决遏制重特大事故频发势头；四是推进职业病危害源头治理；五是强化安全科技引领保障；六是提高应急救援处置效能；七是提高全社会安全文明程度。

**3. 工作重点**

《规划》提出了十一个工作重点和事故防范重点，即安全生产法律法规制修订的重点、安全生产标准制修订的重点、煤矿重大灾害治理的重点（瓦斯、水害、冲击地压、粉尘）、危险化学品事故防范的重点（化学品仓储区、城区内化学品输送管线等部位）、工贸行业事故防范的重点（粉尘涉爆、金属冶炼、涉氨制冷）、道路交通事故防范的重点（危险货物运输车辆、长途客车等）、建筑施工事故防范的重点（大跨度桥梁及复杂隧道、高边坡及高挡墙等部位）、职业病危害治理重点（矿山、化工、金属冶炼等行业）、安全生产科技研发的重点方向、安全生产工艺技术推广的重点、应急救援体系建设的重点（危险化学品、油气输送管道、矿山、高速铁路、高速公路等流域）。

**4. 重点工程**

《规划》提出了8个重点工程，即监管监察能力建设工程、信息预警监控能力建设工程、风险防控能力建设工程、职业病危害治理能力建设工程、城市安全能力建设工程、科技支撑能力建设工程、应急救援能力建设工程、文化服务能力建设工程。

## 三、关于加强全社会安全生产宣传教育工作的意见

2016年4月25日，国家安全生产监督管理总局、中共中央宣传部、教育部、文化部、国家新闻出版广电总局、中华全国总工会、共青团中央、全国妇联八部门联合印发了《关于加强全社会安全生产宣传教育工作的意见》（安监总宣教〔2016〕42号）（以下简称《意见》）。

**1. 安全生产宣传教育重点工作**

《意见》明确做好6个方面的安全生产宣传教育重点工作。即安全发展观念的宣传教育、安全生产形势任务的宣传教育、安全生产措施和经验的宣传教育、安全生产法治的宣传教育、安全生产知识技能的宣传教育、生产安全事故的警示教育。

**2. 宣传工作格局**

《意见》明确要着力构建全媒体、分众化的安全生产宣传教育工作格局。

**3. 安全生产宣传教育“七进”**

《意见》明确要扎实推进安全生产宣传教育进企业、进学校、进机关、进社区、进农村、进家庭、进公共场所，切实提高全民安全生产意识。

**4. 活动方式**

《意见》明确要广泛开展形式多样、富有实效的安全生产宣传教育活动。主要形式有：开展全国“安全生产月”和“安全生产万里行”活动、开展形式多样的群众性安全生产共建共享活动、开展安全文化精品创作展播活动。

**【练习提高】**

**一、单项选择题（每题 1 分，每题的备选项中，只有 1 个最符合题意）**

1. 2016 年 12 月 9 日印发实施的《中共中央　国务院关于推进安全生产领域改革发展的意见》提出了 2020 年安全生产的目标任务。其中，不正确的是（　　）。

A. 安全生产监管体制机制基本成熟　　B. 法律制度基本完善

C. 全国生产安全事故总量显著减少　　D. 职业病危害防治取得积极进展

2. 安全生产“十三五”规划中提出了十一个工作重点和事故防范重点，其中工贸行业事故防范重点是（　　）。

A. 粉尘涉爆、金属冶炼、涉氨制冷　　B. 危险物品、金属冶炼、涉氨制冷

C. 粉尘涉爆、金属冶炼、高温燃气　　D. 危险物品、建筑施工、涉氨制冷

**二、多项选择题（每题 2 分，每题的备选项中，有 2 个或 2 个以上符合题意，至少有 1 个错项。错选，本题不得分；少选，所选的每个选项得 0.5 分）**

《安全生产“十三五”规划》提出要坚决遏制重特大事故频发势头。在煤矿、非煤矿山、（　　）、城市运行安全等重点领域，采取有效的技术、工程和管理控制措施，加快构建风险等级管控、隐患排查治理两条防线。

A. 危险化学品　　B. 烟花爆竹　　C. 工贸行业　　D. 建筑施工

E. 道路交通

## 综合练习

**一、单项选择题（每题 1 分，每题的备选项中，只有 1 个最符合题意）**

1. 中国共产党第十九次全国代表大会提出依法治国是中国特色社会主义的本质要求和重要保障。依法治国首先是（　　）。

A. 依法律治国

B. 依宪法治国

C. 依党和国家领导人的重要指示精神治国

D. 依科学发展观治国

2. 《关于加强全社会安全生产宣传教育工作的意见》（安监总宣教〔2016〕42 号）明确提出要扎实推进安全生产宣传教育（　　），切实提高全民安全生产意识。

A. 进企业、进学校、进单位、进社区、进农村、进家庭、进公共场所

B. 进企业、进学校、进机关、进社区、进村庄、进家庭、进公共场所

C. 进企业、进学校、进机关、进社区、进农村、进家庭、进公共场所

D. 进企业、进学校、进机关、进街道、进农村、进家庭、进公共场所

**二、多项选择题（每题 2 分，每题的备选项中，有 2 个或 2 个以上符合题意，至少有 1 个错项。错选，本题不得分；少选，所选的每个选项得 0.5 分）**

1. 《中共中央　国务院关于推进安全生产领域改革发展的意见》提出了安全生产领域改革发展的目标任务，即（　　）。

A. 到 2020 年，安全生产监管体制机制基本成熟，法律制度基本完善

B. 到 2020 年，全国生产安全事故总量明显减少，重特大生产安全事故频发势头得到有效遏制

C. 到 2020 年，职业病危害防治取得明显进展

D. 到 2030 年，实现安全生产治理体系和治理能力现代化

E. 到 2030 年，安全生产保障能力显著增强

2.《中共中央 国务院关于推进安全生产领域改革发展的意见》提出了五项制度性改革举措，属于其中的是（　　）。

A. 加快落实安全生产责任制　　B. 着力完善安全生产监管监察体制

C. 大力推进安全生产依法治理　　D. 建立安全生产风险防控机制

E. 加强安全生产应急队伍建设

3. 国务院办公厅印发《安全生产“十三五”规划》提出了 2020 年安全生产要达到的具体目标包括（　　）。

A. 生产安全事故起数降幅 10%

B. 生产安全事故死亡人数降幅 10%

C. 重特大事故起数降幅 20%

D. 亿元国内生产总值生产安全事故死亡率降幅 30%

E. 工矿商贸就业人员十万人生产安全事故死亡率降幅 20%

## 参考答案

**第一节**

**一、单项选择题**

1. C　2. B

**二、多项选择题**

ABDE

**第二节**

**一、单项选择题**

1. B　2. C

**二、多项选择题**

ABDE

**第三节**

**一、单项选择题**

1. A　2. A

**二、多项选择题**

ABCE

**综合练习**

**一、单项选择题**

1. B　2. C

**二、多项选择题**

1. ABDE　2. ABC　3. ABCD

# 第二章　安全生产法律基础知识

**考试内容及要求**

依照我国安全生产法律体系的框架和内容，判断安全生产相关法律、行政法规、规章和标准的地位和效力。了解安全生产依法行政与法治政府等内容。

## 第一节　法律基础知识

**【本节重点】**

了解法的定义、法的特征、法的要素，掌握法的渊源和法的分类，熟知法的效力层次。

### 一、法的概念

**1. 法的定义**

“法律”一词通常在广、狭两义上使用。广义的法律，是指法律的整体，就我国法律而论，包括宪法、全国人大及其常委会制定的法律、国务院制定的行政法规、国务院有关部门制定的部门规章等。狭义的法律，仅指全国人大和人大常委会制定的法律。在人们日常生活中，使用“法律”一词多是从广义上来说的。

**2. 法的特征**

（1）法是调整人们行为的规范。

（2）法是由国家制定或认可并具有普遍的约束力。

（3）法通过规定人们的权利和义务来调整社会关系。

（4）法通过一定的程序由国家强制力保证实施。

**3. 法的要素**

法的要素是指法的现象是由哪些因素或部分组成的。法的构成要素主要是规范。一般说来，法由法律概念、法律原则、法律技术性规定以及法律规范四个要素构成。

**4. 法的渊源**

法的渊源通常指法的创立方式及表现为何种法律文件形式，也称为法的形式，用以指称法的具体的外部表现形态。当代中国法的渊源主要为以宪法为核心的各种制定法，包括宪法、法律、行政法规、地方性法规、自治法规、行政规章、特别行政区法、国际条约。

（1）宪法。宪法是国家的根本法，具有最高的法律地位和法律效力，被称为“母法”“最高法”。

（2）法律。这里所谓法律是指狭义上的法律，是由全国人大及其常委会依法制定和变动的，规定和调整国家、社会和公民生活中某一方面带根本性的社会关系或基本问题的一种法。法律的地位和效力低于宪法而高于其他法，是法的形式体系中的二级大法。法律是行政法规、地方性法规和行政规章的立法依据或基础，行政法规、地方性法规和行政规章不得违反法律，否则无效。

（3）行政法规。行政法规专指最高国家行政机关即国务院制定的规范性文件。行政法规的名称通常为条例、规定、办法、决定等。行政法规的法律地位和法律效力次于宪法和法律，但高于地方性法规、行政规章。

（4）地方性法规。地方性法规是指地方国家权力机关依照法定职权和程序制定和颁布的、施行于本行政区域的规范性文件。地方性法规的法律地位和法律效力低于宪法、法律、行政法规，但高于地方政府规章。根据我国宪法和立法法等有关法律的规定，地方性法规由省、自治区、直辖市的人民代表大会及其常务委员会，在不与宪法、法律、行政法规相抵触的前提下制定，报全国人大常委会和国务院备案。省、自治区的人民政府所在地的市、经济特区所在地的市和经国务院批准的较大的市的人民代表大会及其常委会根据本市的具体情况和实际需要，在不与宪法、法律、行政法规和本省、自治区的地方性法规相抵触的前提下，可以制定地方性法规，报所在省、自治区的人民代表大会常务委员会批准后施行。

（5）自治法规。自治法规是民族自治地方的权力机关所制定的特殊的地方规范性法律文件，即自治条例和单行条例的总称。自治条例是民族自治地方根据自治权制定的综合性法律文件；单行条例则是根据自治权制定的调整某一方面事项的规范性法律文件。各民族自治地方的人大都有权按照当地民族的政治、经济、文化特点，制定自治条例和单行条例。自治区的自治条例和单行条例报全国人大常委会批准后生效。自治州、自治县的自治条例和单行条例，报省或自治区人大常委会批准后生效，并报全国人大常委会备案。

（6）行政规章。行政规章是有关行政机关依法制定的事关行政管理的规范性文件的总称。分为部门规章和政府规章两种。部门规章是国务院所属部委根据法律和国务院行政法规、决定、命令，在本部门的权限内，所发布的各种行政性的规范性文件，亦称部委规章。其地位低于宪法、法律、行政法规，不得与它们相抵触。政府规章是有权制定地方性法规的地方人民政府根据法律、行政法规制定的规范性文件，亦称地方政府规章。政府规章除不得与宪法、法律、行政法规相抵触外，还不得与上级和同级地方性法规相抵触。

（7）国际条约。国际条约指两个或两个以上国家或国际组织间缔结的确定其相互关系中权利和义务的各种协议，是国际间相互交往的一种最普遍的法的渊源或法的形式。国际条约本属国际法范畴，但对缔结或加入条约的国家的国家机关、公职人员、社会组织和公民也有法的约束力；在这个意义上，国际条约也是该国的一种法的渊源或法的形式，与国内法具有同等约束力。

（8）其他法源。除上述法的渊源外，在中国还有这样几种成文的法的渊源：一是"一国两制"条件下特别行政区的规范性文件；二是中央军事委员会制定的军事法规和军内有关方面制定的军事规章；三是有关机关授权别的机关所制定的规范性文件。

**5. 法的分类**

法的分类是指从不同的角度，按照不同的标准，将法律规范划分为若干不同的种类。从不同角度或标准，可以对法作不同分类。

（1）根据法的创制和适用主体不同为标准，可以把法分为国内法和国际法。

（2）根据法的效力、内容和制定程序不同为标准，可以把法分为根本法和普通法。根本法即宪法，普通法即宪法以外的其他法律，这里的普通法不是指英美法系中的普通法。

（3）根据法的适用范围的不同为标准，可以把法分为一般法和特别法。一般法是指对一般人、一般事项、一般时间、一般空间范围有效的法律，特别法是指对特定部分人、特定事、特定地区、特定时间有效的法律。

（4）根据法律规定的内容的不同为标准，可以把法分为实体法和程序法。实体法是指规定主要权利和义务（职权和职责）的法律，如民法、刑法等，程序法一般是指保证权利和义务得以实施的程序的法律，如民事诉讼法、刑事诉讼法等。

（5）根据法律的创制和表达形式不同为标准，可以把法分为成文法和不成文法。成文法是指由国家机关制定和公布，以成文形式出现的法律，故又称制定法。不成文法是指由国家认可其具有法律效力的法律，又称为习惯法。

## 二、法律体系

**1. 法律体系的概念**

法律体系是按照一定的原则和标准划分的同类法律规范组成法律部门而形成一个有机联系的整体，即部门法体系。法律体系的外部结构表现为宪法、基本法律、法律、地方性法规以及有法律效力的解释等，其主干是各种部门法。法律体系的内部结构的基本单位是各种法律规范。

**2. 我国现行法律体系**

（1）宪法。宪法又称国家法，规定国家的社会制度和国家制度的基本原则、国家机关的组织和活动的基本原则以及公民的基本权利和义务等重要内容的规范性文件，是国家的根本法。

（2）行政法。行政法是有关行政管理活动的各种法律规范的总称。

（3）财政法。财政法是调整国家机关的财政活动，主要是财政资金的积累和分配的法律规范的总称。

（4）民法。民法是调整平等主体之间的财产关系和人身关系的法律规范的总称。

（5）经济法。经济法是国家领导、组织、管理经济的法律规范的总称。

（6）劳动法。劳动法是调整劳动关系以及由此而产生的其他关系的法律规范的总称。

（7）婚姻法。婚姻法是调整婚姻关系和家庭关系的法律规范的总称。

（8）刑法。刑法是关于犯罪和刑罚的法律规范的总称。

（9）诉讼法。诉讼法是关于诉讼程序的法律规范的总称。

（10）国际法。国际法是调整国际交往中国家间相互关系的法律规范的总称。

## 三、法的效力

### 1. 法的效力概念

法的效力，通常有广狭两种理解。从广义上说，法的效力是泛指法律的约束力。不论是规范性法律文件，还是非规范性法律文件，对人们的行为都产生法律上的约束作用。狭义上的法的效力，是指法律的具体生效的范围，对什么人、在什么地方和在什么时间适用的效力。本章所讲的法的效力，是狭义的效力。

### 2. 法的效力层次

法的效力层次是指规范性法律文件之间的效力等级关系。

上位法的效力高于下位法。宪法规定了国家的根本制度和根本任务，是国家的根本法，具有最高的法律效力。

（1）法律效力高于行政法规、地方性法规、规章。

（2）行政法规效力高于地方性法规、规章。

（3）地方性法规效力高于本级和下级地方政府规章。

（4）自治条例和单行条例依法对法律、行政法规、地方性法规作变通规定的，在本自治地方适用自治条例和单行条例的规定。

（5）部门规章与地方政府规章之间具有同等效力，在各自的权限范围内施行。

（6）在同一位阶的法之间，特别规定优于一般规定，新的规定优于旧的规定。

### 3. 法的效力范围

法的效力范围，亦称适用范围，是指法适用于哪些地方、适用于什么人、在什么时间生效。

（1）法的时间效力。法的时间效力是指法从何时开始生效，到何时终止生效，以及对其生效以前的事件和行为有无溯及力的问题。

（2）法的空间效力。法的空间效力是指法生效的地域（包括领海、领空），即法在哪些地方有效，通常全国性法律适用于全国，地方性法规仅在本地区有效。

（3）法对人的效力。法对人的效力是指法适用于哪些人。在世界各国的法律实践中先后采用过4种对自然人的效力的原则：一是属人主义；二是属地主义；三是保护主义；四是以属地主义为主，与属人主义、保护主义相结合的“折衷主义”。这是近代以来多数国家所采用的原则，我国也是如此。

**【练习提高】**

## 一、单项选择题（每题1分，每题的备选项中，只有1个最符合题意）

1. 下列关于法的效力说法正确的是（　　）。

　A. 部门规章的效力高于地方政府规章

　B. 行政法规与地方性法规效力等级相同

C. 特别规定与一般规定不一致时一定适用特别规定

D. 部门规章与地方政府规章之间具有同等效力，在各自的权限范围内实施

2. 法的分类有不同的标准，按照不同标准对法所划分的类别不同。根据法的创制和表达形式不同为标准，可以把法分为（　　）。

A. 实体法与程序法　　B. 制定法与习惯法

C. 根本法与普通法　　D. 特殊法与一般法

3. 地方人民代表大会制定的有关安全生产的地方性法规，如与（　　）相抵触，属于无效。

A. 行政法规　　B. 部门规章

C. 地方政府规章　　D. 国际公约

**二、多项选择题（每题 2 分，每题的备选项中，有 2 个或 2 个以上符合题意，至少有 1 个错项。错选，本题不得分；少选，所选的每个选项得 0.5 分）**

1. 法的效力范围，亦称适用范围，包括法的（　　）效力。

A. 层次　　B. 时间　　C. 执法　　D. 空间

E. 对人的

2. 法的效力层次是指规范性法律文件之间的效力等级关系。关于法的效力层次说法中，正确的是（　　）。

A. 法律效力高于行政法规、地方性法规、规章

B. 行政法规效力高于地方性法规、规章

C. 地方性法规与本级地方政府规章效力相同

D. 部门规章效力高于地方政府规章

E. 在同一位阶的法之间，新的规定优于旧的规定

## 第二节　中国特色社会主义法治和依法行政

**【本节重点】**

了解中国特色社会主义法治的概念，了解中国特色社会主义法治建设的指导思想、总目标和基本原则，熟悉依法行政的内涵和基本要求。

### 一、中国特色社会主义法治

#### 1. 中国特色社会主义法治的概念

中国特色社会主义法治，是指在社会主义条件下，坚持“依法治国、执法为民、公平正义、服务大局、党的领导”的理念，依靠有中国特色的符合中国国情的法律制度和体系来治理国家。其中，依法治国是其核心内容、执法为民是本质要求、公平正义是价值追求、服务大局是重要使命、党的领导是根本保证。

**2. 中国特色社会主义法治建设指导思想**

全面推进依法治国，必须高举中国特色社会主义伟大旗帜，以马克思列宁主义、毛泽东思想、邓小平理论、“三个代表”重要思想、科学发展观、习近平新时代中国特色社会主义思想为指导，深入贯彻习近平总书记系列重要讲话精神，坚持党的领导、人民当家做主、依法治国有机统一，坚定不移走中国特色社会主义法治道路，坚决维护宪法法律权威，依法维护人民权益、维护社会公平正义、维护国家安全稳定。

**3. 中国特色社会主义法治建设的总目标**

总目标是建设中国特色社会主义法治体系，建设社会主义法治国家。这就是，在中国共产党领导下，坚持中国特色社会主义制度，贯彻中国特色社会主义法治理论，形成完备的法律规范体系、高效的法治实施体系、严密的法治监督体系、有力的法治保障体系，形成完善的党内法规体系，坚持依法治国、依法执政、依法行政共同推进，坚持法治国家、法治政府、法治社会一体建设，实现科学立法、严格执法、公正司法、全民守法，促进国家治理体系和治理能力现代化。

**4. 中国特色社会主义法治建设的基本原则**

（1）坚持中国共产党的领导。

（2）坚持人民主体地位。

（3）坚持法律面前人人平等。

（4）坚持依法治国和以德治国相结合。

（5）坚持从中国实际出发。

## 二、依法行政

**1. 依法行政的内涵**

依法行政，就是各级政府及其公务人员在宪法和法律赋予的权力和职责范围内，通过法定方式和途径，运用适当的方法，严格依照法定程序，管理国家事务和社会事务，做到既不失职、又不越位，既要防止和避免行政权力的滥用，保障公民、法人和其他组织的合法权益，又要强化管理手段，提高行政效率，维护公共利益和社会秩序。

**2. 依法行政的基本原则**

（1）坚持党的领导、人民当家作主和依法治国的有机统一。

（2）坚持把维护最广大人民的根本利益作为政府工作的出发点。

（3）坚持维护宪法权威，确保法制统一和政令畅通。

（4）坚持以人为本和全面、协调、可持续的发展观，促进经济和人力全面发展。

（5）坚持依法治国和以德治国的有机结合。

（6）坚持推进依法行政与深化行政管理体制改革、转变政府职能的有机结合。

（7）坚持依法行政与提高行政效率的统一。

**3. 依法行政的基本要求**

根据《全面推进依法行政实施纲要》的规定，依法行政的基本要求包括：合法行政、合理行政、程序正当、高效便民、诚实守信和权责统一 6 个方面。

【练习提高】

**一、单项选择题（每题 1 分，每题的备选项中，只有 1 个最符合题意）**

1. 中国特色社会主义法治，是指在社会主义条件下，坚持“（　　）”的理念。

A. 依法治国、执法为民、公平公开、服务大局、党的领导

B. 依法治国、执法为民、公平合理、服务大局、人民当家

C. 依法治国、执政为民、执法公正、服务大局、党的领导

D. 依法治国、执法为民、公平正义、服务大局、党的领导

2. 依法行政，就是各级政府及其公务人员，通过法定方式和途径，运用适当的方法，严格依照法定程序，管理国家事务和社会事务，下列不正确的是（　　）。

A. 既不失职，又不越位

B. 既要避免行政权力的滥用，又要强化管理手段

C. 既维护公民权益，又服务大局

D. 既要保障公民、法人和其他组织的合法权益，又要维护公共利益和社会秩序

**二、多项选择题（每题 2 分，每题的备选项中，有 2 个或 2 个以上符合题意，至少有 1 个错项。错选，本题不得分；少选，所选的每个选项得 0.5 分）**

1. 根据《全面推进依法行政实施纲要》的规定，依法行政的基本要求包括：（　　）。

A. 合法行政　　B. 分级行政　　C. 程序统一　　D. 高效便民

E. 权责统一

2. 中国特色社会主义法治建设的基本原则包括（　　）。

A. 坚持中国共产党的领导　　B. 坚持人民主体地位

C. 坚持法律面前人人平等　　D. 坚持权责统一

E. 坚持政令畅通

## 第三节　安全生产立法及安全生产法律体系的基本框架

【本节重点】

了解安全生产立法的含义及加强安全生产立法的必要性，掌握安全生产法律体系的基本框架。

### 一、安全生产立法的含义及加强安全生产立法的必要性

#### 1. 安全生产立法的含义

安全生产立法有两层含义，一是泛指国家立法机关和行政机关依照法定职权和法定程序制定、修订有关安全生产方面的法律、法规、规章的活动；二是专指国家制定

的现行有效的安全生产法律、行政法规、地方性法规和部门规章、地方政府规章等安全生产规范性文件。安全生产立法在实践中通常特指后者。

**2. 加强安全生产立法的必要性**

目前我国正处于一个新的历史发展时期。在新形势下的安全生产工作面临许多新情况、新问题、新特点，对安全生产监督管理工作也提出了新的更高要求。为此，全面加强我国安全生产立法势在必行。

（1）亟待通过加强立法进一步提高公民的安全生产法律意识和安全素质。

（2）安全生产出现了新情况、新问题，亟待制修订相关立法，依法规范。

（3）安全生产监督管理体制尚待通过立法进一步完善。

（4）现行安全生产立法尚存一些问题亟待完善。

（5）经济发展和社会发展对立法保障人民群众安全健康提出了更新更高要求。

## 二、我国安全生产法律体系的基本框架

**1. 安全生产法律体系的概念**

安全生产法律体系，是指我国全部现行的、不同的安全生产法律规范形成的有机联系的统一整体。

**2. 安全生产法律体系的基本框架**

从上位法与下位法、一般法与特别法和综合性法与单行法 3 个方面来认识并构建我国安全生产法律体系的基本框架。

（1）根据法的不同层级和效力位阶，可以分为上位法与下位法。上位法是指法律地位、法律效力高于其他相关法的立法。下位法相对于上位法而言，是指法律地位、法律效力低于相关上位法的立法。不同的安全生产立法对同一类或者同一个安全生产行为作出不同法律规定的，以上位法的规定为准，适用上位法的规定。上位法没有规定的，可以适用下位法。

1）法律。法律是安全生产法律体系中的上位法，居于整个体系的最高层级，其法律地位和效力高于行政法规、地方性法规、部门规章、地方政府规章等下位法。国家现行的有关安全生产的专门法律有《安全生产法》《消防法》《道路交通安全法》《矿山安全法》；与安全生产相关的法律主要有《劳动法》《职业病防治法》《建筑法》《煤炭法》和《电力法》等。

2）法规。安全生产法规分为行政法规和地方性法规。安全生产行政法规，如《安全生产许可证条例》《生产安全事故报告和调查处理条例》《危险化学品安全管理条例》《建设工程安全生产管理条例》《煤矿安全监察条例》等，其法律地位和法律效力低于有关安全生产的法律，高于地方性安全生产法规、地方政府安全生产规章等下位法。安全生产地方性法规，如《北京市安全生产条例》《天津市安全生产条例》《河南省安全生产条例》等，其法律地位和法律效力低于有关安全生产的法律、行政法规，高于地方政府安全生产规章。

3）规章。安全生产行政规章分为部门规章和地方政府规章，其法律地位和法律效力低于法律、行政法规。

4）法定安全生产标准。分为国家标准和行业标准，两者对生产经营单位的安全生

产具有同样的约束力。安全生产国家标准是指国家标准化行政主管部门依照《标准化法》制定的在全国范围内适用的安全生产技术规范；安全生产行业标准是指国务院有关部门和直属机构依照《标准化法》制定的在安全生产领域内适用的安全生产技术规范。行业安全生产标准对同一安全生产事项的技术要求，可以高于国家安全生产标准，但不得与其相抵触。

（2）根据同一层级的法的适用范围不同，可以分为一般法与特别法。一般法是适用于安全生产领域中普遍存在的基本问题、共性问题的法律规范，不解决某一领域存在的特殊性、专业性的法律问题。如《安全生产法》是安全生产领域的一般法，它所确定的安全生产基本方针原则和基本法律制度普遍适用于生产经营活动的各个领域。特别法是适用于某些安全生产领域独立存在的特殊性、专业性问题的法律规范，往往比一般法更专业、更具体、更有可操作性，如《消防法》《道路交通安全法》等，对于消防安全和道路交通安全等领域存在的特殊问题，进行专门法律规定。据此，在同一层级的安全生产立法对同一类问题的法律适用上，应当适用特别法优于一般法的原则。

（3）根据法的内容、适用范围和具体规范，可以分为综合性法与单行法。综合性法不受法律规范层级的限制，而是将各个层级的综合性法律规范作为整体来看待，适用于安全生产的主要领域或者某一领域的主要方面。单行法的内容只涉及某一领域或者某一方面的安全生产问题。在一定条件下，综合性法与单行法的区分是相对的、可分的。《安全生产法》就属于安全生产领域的综合性法律，其内容涵盖了安全生产领域的主要方面和基本问题。与其相对，《矿山安全法》就是单独适用于矿山开采安全生产的单行法律。但就矿山开采安全生产的整体而言，《矿山安全法》又是综合性法，各个矿种开采安全生产的立法则是矿山安全立法的单行法。如《煤炭法》既是煤炭工业的综合性法，又是安全生产和矿山安全的单行法。

## 【练习提高】

**一、单项选择题（每题 1 分，每题的备选项中，只有 1 个最符合题意）**

1. 下列关于法的效力说法中，正确的是（　　）。

A.《安全生产法》作为安全生产领域的综合性立法，法律效力高于其他安全生产专门法律

B. 安全生产行政法规的法律效力低于有关安全生产法律

C. 地方性法规和地方政府规章具有同等的法律效力

D. 部门规章的法律效力高于地方性法规

2. 安全生产立法一般是指国家制定的现行有效的安全生产法律、行政法规、（　　）和部门规章、地方政府规章等文件。

A. 企业标准　　B. 国家标准　　C. 部门法规　　D. 地方性法规

3. 北京市人大常务委员会公布实施了《北京市安全生产条例》，后北京市政府公布实施了《北京市生产经营单位安全生产主体责任规定》，下列关于两者法律地位和效力的说法，正确的是（　　）。

A.《北京市安全生产条例》属于行政法规

B. 《北京市生产经营单位安全生产主体责任规定》属于地方性法规

C. 《北京市生产经营单位安全生产主体责任规定》可以对《北京市安全生产条例》没有规定的内容作出规定

D. 《北京市安全生产条例》和《北京市生产经营单位安全生产主体责任规定》具有同等法律效力

**二、多项选择题（每题 2 分，每题的备选项中，有 2 个或 2 个以上符合题意，至少有 1 个错项。错选，本题不得分；少选，所选的每个选项得 0.5 分）**

1. 下列关于法的分类和效力的说法，正确的是（　　）。

A. 按照法律效力范围的不同，可以将法律分为成文法和不成文法

B. 按照法律的内容和效力强弱所作的分类，可以将法律分为特殊法和一般法

C. 按照法律规定的内容不同，可以将法律分为实体法和程序法

D. 行政规章可以分为部门规章和地方政府规章，效力高于地方性法规

E. 宪法在我国具有最高的法律效力，任何法律都不能与其抵触，否则无效

2. 加强安全生产立法的必要性体现在（　　）。

A. 通过加强立法进一步提高公民的安全生产法律意识和安全素质

B. 安全生产出现了新情况、新问题，亟待制修订相关立法

C. 安全生产监督管理体制尚待通过立法进一步完善

D. 现行安全生产立法尚存一些问题亟待完善

E. 防止事故发生，促进经济更快发展

## 综合练习

**一、单项选择题（每题 1 分，每题的备选项中，只有 1 个最符合题意）**

1. 下列关于我国安全生产法律法规效力层级的说法，正确的是（　　）。

A. 《安全生产法》和《建设工程安全生产管理条例》在安全生产法律体系中，属于同一法律效力层级

B. 安全生产法规可分为国务院行政法规、部门规章和地方性行政法规

C. 经济特区安全生产法规的法律地位高于地方性安全生产法规

D. 《矿山安全法》是矿山安全生产领域的综合性法，也是整个安全生产领域的单行法律

2. 按照我国法律有关规定，有权制定安全生产部门规章的国家机关是（　　）。

A. 设区的市级以上各级人民政府

B. 国务院有关部委

C. 省、自治区、直辖市安全生产监督管理部门

D. 全国人民代表大会及其常务委员会

3. 根据法的不同效力层级，下列安全生产法律法规和规章中，属于最低层级的安全生产立法是（　　）。

A. 国务院通过的《安全生产许可证条例》

B. 某直辖市人大常委会通过的《××市安全生产条例》

C. 某省人民政府通过的《××省煤矿安全生产监督管理规定》

D. 全国人大常委会通过的《特种设备安全法》

4. 下列关于我国安全生产法律体系的基本框架和效力的说法，正确的是（　　）。

A. 安全生产立法可分为上位法和下位法，法律是安全生产法律体系中的上位法

B. 安全生产法规可分为行政法规、部门法规和地方性法规

C. 安全生产行政法规可分为国务院行政法规、部门行政法规和地方行政法规

D. 安全生产行政规章可分为国务院规章、部门规章和政府规章

**二、多项选择题（每题 2 分，每题的备选项中，有 2 个或 2 个以上符合题意，至少有 1 个错项。错选，本题不得分；少选，所选的每个选项得 0.5 分）**

1. 下列关于法的分类和效力的说法，正确的是（　　）。

A. 按照法的效力范围不同，可以将法律分为成文法和不成文法

B. 按照法的内容和效力强弱所作的分类，可以将法律分为特殊法和一般法

C. 按照法规定的内容不同，可以将法分为实体法和程序法

D. 根据法的创制和表达形式不同，可以把法分为制定法和习惯法

E. 根据法的创制和适用主体不同，可以把法分为国内法和国际法

2. 下列关于我国安全生产法律体系的表述，正确的有（　　）。

A.《安全生产法》《消防法》《道路交通安全法》《矿山安全法》是我国安全生产法律体系中有关安全生产的单行法律

B.《安全生产法》是安全生产领域的一般法，普遍适用于生产经营活动的各个领域

C.《矿山安全法》既是我国安全生产法律体系中有关矿山安全生产的单行法律，又是矿山安全生产的综合法律

D.《消防法》《道路交通安全法》的规定不同于《安全生产法》的，应该适用《安全生产法》

E. 地方政府安全生产规章是最有计划性安全生产立法，其法律效力高于其他法

3. 下列关于安全生产法律效力的说法中，正确的有（　　）。

A.《安全生产法》在安全生产领域具有普遍适用的法律效力

B.《特种设备安全法》的法律效力高于《特种设备安全监察条例》

C. 应急管理部制定的规范性文件的效力高于地方政府的规章

D. 同一层次的安全生产立法对同一问题规定不一致时，特别法优于一般法

E. 地方政府规章的效力高于行政法规

## 参考答案

**第一节**

**一、单项选择题**

1. D　2. B　3. A

**二、多项选择题**

1. BDE　2. ABE

第二节

一、单项选择题

1. D　2. C

二、多项选择题

1. ADE　2. ABC

第三节

一、单项选择题

1. A　2. D　3. C

二、多项选择题

1. CE　2. ABCD

综合练习

一、单项选择题

1. D　2. B　3. C　4. A

二、多项选择题

1. CD　2. BC　3. ABD

# 第三章　中华人民共和国安全生产法

**考试内容及要求**

本章分析、解决生产经营单位的安全生产保障、安全管理机构与人员的职责、从业人员的安全生产权利义务和安全生产的监督管理、生产安全事故的应急救援与调查处理以及安全生产标准化等方面的有关法律问题，判断违法行为及应负的法律责任。

## 第一节　立法目的、适用范围

**【本节重点】**

了解安全生产法的立法目的、适用范围特别是掌握排除适用的情形。

### 一、立法目的

2014 年 8 月 31 日第十二届全国人民代表大会常务委员会第十次会议审议通过了《全国人民代表大会常务委员会关于修改〈中华人民共和国安全生产法〉的决定》，自 2014 年 12 月 1 日起施行。修订后的《安全生产法》立法宗旨更加明确和体现当前安全生产工作的要求。

**1. 明确安全生产在国民经济和社会发展中地位和作用**

修订后的《安全生产法》解决了安全生产摆位问题，对安全生产的理念、地位和作用作出了明确规定。一是明确安全生产的目的是保障人民群众生命和财产安全，促进经济社会持续健康发展。二是明确安全生产工作应当以人为本，把人的生命放在首位。三是明确安全生产应当树立科学发展、安全发展的理念。四是明确将安全生产纳入国民经济和社会发展进程。

**2. 强化和落实生产经营单位主体责任**

生产经营单位是生产、经营活动的主体，在安全生产工作中处于核心地位。保障安全生产，生产经营单位是关键。生产经营单位对本单位的安全生产负责，是安全生产的责任主体。

**3. 保障从业人员的权利和义务**

从业人员既是生产经营活动的主要承担者，又是生产安全事故的受害者或者责任者。《安全生产法》对从业人员的安全生产权利和义务作出了规定，目的在于增强他们的安全意识和自我保护意识，提高他们的安全生产技能，认识到作业活动过程中的风险，掌握事故预防措施和安全的工作方法，促使他们尽职尽责地进行生产经营作业，及时发现、处理事故隐患和不安全因素，最大限度地降低事故发生率。

**4. 加强安全生产监督管理**

为了加大监督管理力度，《安全生产法》对各级人民政府及负有安全生产监督管理职责部门的安全生产工作任务、职责、措施、处罚等方面作出了明确的规定，赋予其很大的监督检查、行政处罚、行政强制的权力，同时也明确了很严格的法律责任，充分体现了有权必有责、用权受监督、违法必追究的原则。

**5. 依法制裁安全生产违法行为**

修订后的《安全生产法》加大了行政处罚的力度，加重了对违法行为特别是对生产安全事故责任单位和责任人的处罚力度。如增加了发生重大、特别重大生产安全事故的责任人终身不得担任本行业生产经营单位主要负责人的规定。各级安全生产监督管理部门和其他负有安全生产监督管理职责的部门是本法的执法主体，应当坚持有法必依、执法必严、违法必究的原则。

## 二、适用范围

**1. 空间的适用**

《安全生产法》第二条规定“在中华人民共和国领域内从事生产经营活动的单位（以下统称生产经营单位）的安全生产，适用本法”。但《安全生产法》不适用于香港特别行政区和澳门特别行政区。香港和澳门的安全生产立法，应由这两个特别行政区的立法机关自行制定。

**2. 主体和行为的适用**

法律所谓的“生产经营单位”，指从事生产经营活动的基本单元，即一切从事生产经营活动的企业、事业单位、个体经济组织和其他组织，既包括企业法人，也包括不具有企业法人资格的单位、事业单位、个人合伙组织、个体工商户等其他生产经营主体。

**3. 排除适用**

《安全生产法》第二条规定：“……有关法律、行政法规对消防安全和道路交通安全、铁路交通安全、水上交通安全、民用航空安全以及核与辐射安全、特种设备安全另有规定的，适用其规定。”对这种排除适用的特殊规定，应当从下列 3 个方面理解：

（1）《安全生产法》确定的安全生产领域基本的方针、原则、法律制度和新的法律规定，是其他法律、行政法规无法确定并且没有规定的，它们普遍适用于消防安全和道路交通安全、铁路交通安全、水上交通安全、民用航空安全以及核与辐射安全、特种设备安全。

（2）消防安全和道路交通安全、铁路交通安全、水上交通安全、民用航空安全以及核与辐射安全、特种设备安全现行的有关法律、行政法规已有规定的，不适用《安全生产法》。这些有关法律、行政法规是专门解决消防、交通领域以及核与辐射安全、特种设备安全特殊问题的单行立法即特别法。涉及这些领域的安全生产问题，应当首先考虑和优先适用特别法的规定。

（3）有关法律、行政法规对消防安全和道路交通安全、铁路交通安全、水上交通安全、民用航空安全以及核与辐射安全、特种设备安全没有规定的，适用《安全生产法》。

**【练习提高】**

**单项选择题**

1. 下列关于《安全生产法》适用范围的说法，正确的是（　　）。

A. 法律法规对非煤矿山、建筑施工安全没有规定的，不适用《安全生产法》

B. 个体生产经营企业和外商独资企业的安全生产不适用《安全生产法》

C. 法律法规对金属冶炼、交通运输安全另有规定的，不适用《安全生产法》

D. 法律法规对特种设备安全另有规定的，不适用《安全生产法》

2. 《安全生产法》明确了排除适用的特殊规定，下列关于《安全生产法》适用范围的说法，正确的是（　　）。

A. 有关法律、行政法规对特种设备安全另有规定的，不适用《安全生产法》

B. 有关法律、行政法规对非煤矿山安全没有规定的，不适用《安全生产法》

C. 有关法律、行政法规对消防安全另有规定的，适用《安全生产法》

D. 有关法律、行政法规对危险化学品安全另有规定的，不适用《安全生产法》

## 第二节　基 本 规 定

**【本节重点】**

掌握《安全生产法》中关于安全生产方针、安全生产工作机制、生产经营单位安全生产责任、生产经营单位主要负责人的安全生产责任等 14 项基本规定。

### 一、安全生产方针

根据《安全生产法》第三条的规定，安全生产方针是“安全第一、预防为主、综合治理”。“安全第一”，就是说，在生产经营活动中，在处理保证安全与实现生产经营活动的其他各项目标的关系上，要始终把安全特别是从业人员和其他人员的人身安全放在首要的位置，实行“安全优先”的原则。“预防为主”，就是说，对安全生产的管理，要谋事在先，尊重科学、探索规律，采取有效的事前控制措施，做到防患于未然，从源头上控制、预防和减少事故发生。“综合治理”，就是说，对安全生产工作中存在的问题或者事故隐患，要从多个方面入手，齐抓共管，标本兼治，重在治本。

## 二、安全生产工作机制

《安全生产法》第三条规定，我国安全生产的工作机制是“生产经营单位负责、职工参与、政府监管、行业自律和社会监督”。

**1. 生产经营单位负责**

即生产经营单位是安全生产的责任主体，对本单位的安全生产负责。生产经营单位的主要负责人对本单位的安全生产工作全面负责，是第一责任者。

**2. 职工参与**

即职工参与安全生产的民主管理和民主监督。依照工会法的规定，职工都参加工会，职工参与的形式主要由工会来表达。

**3. 政府监督**

即政府依法对安全生产工作实施监督。这里讲的政府包括政府及安全生产监督管理部门和其他负有安全生产监督管理职责的部门，他们依法对生产经营单位的监督检查，按照“管行业必须管安全、管业务必须管安全、管生产经营必须管安全”的要求，建立安全生产监督管理部门综合监管、行业业务部门专项监管的联合执法格局。

**4. 行业自律**

即行业的协会组织依照行业、行政法规和部门规章等规定，向生产经营单位提供安全技术、管理服务，实行行业自律。

**5. 社会监督**

即公民、法人及其他经济组织对生产经营单位存在的安全问题或者事故隐患进行监督，督促其整改治理。这是一种外部监督，也是一种重要的监督，对保障安全生产至关重要。

## 三、生产经营单位的安全生产责任

生产经营单位是安全生产的责任主体，《安全生产法》第四条规定：“生产经营单位必须遵守本法和其他有关安全生产的法律、法规，加强安全生产管理，建立、健全安全生产责任制和安全生产规章制度，改善安全生产条件，推进安全生产标准化建设，提高安全生产水平，确保安全生产。”这一条包含 4 个方面内容：一是确定了生产经营单位在安全生产中的主体地位；二是规定了依法进行安全生产管理是生产经营单位的行为准则；三是强调了加强管理、建立完善安全生产责任制和安全规章制度、改善安全生产条件，推进安全生产标准化建设是生产经营单位实现安全生产的必要措施；四是明确了确保安全生产是生产经营单位建立、健全安全生产责任制度的根本目的。

## 四、生产经营单位主要负责人的安全生产责任

生产经营单位主要负责人是生产经营活动和安全生产工作的决策者和指挥者，对于落实安全生产责任制，加强安全管理，确保安全生产至关重要。

**1. 生产经营单位主要负责人**

（1）生产经营单位主要负责人必须是生产经营单位生产经营活动的主要决策人，享有本单位生产经营活动包括安全生产事项的最终决定权，全面领导生产经营活动，

如厂长、经理等。如果生产经营单位的重大生产经营事项应由董事会决策的，那么董事长就是主要负责人。

（2）生产经营单位主要负责人必须是实际领导、指挥生产经营单位日常生产经营活动的决策人。但某些公司制企业的法定代表人，往往与其子公司的法定代表人（董事长）同为一人，他们不负责日常的生产经营活动和安全生产工作，通常是在异地。在这种情况下，那些真正全面组织、领导生产经营活动和安全生产工作的决策人就不一定是董事长，而是总经理（厂长）或者其他人。

（3）生产经营单位主要负责人必须是能够承担生产经营单位安全生产工作全面领导责任的决策人。当董事长或者总经理长期缺位（因生病、学习等情况不能主持全面领导工作）时，将由其授权或者委托的副职或者其他人主持生产经营单位的全面工作。如果在这种情况下发生生产安全事故需要追究责任，只能追究其授权或者委托主持全面工作的实际负责人的法律责任。

综上所述，法律所称的生产经营单位主要负责人应当是直接领导、指挥生产经营单位日常生产经营活动、能够承担生产经营单位安全生产工作主要领导责任的决策人。

**2. 生产经营单位主要负责人的职责**

生产经营单位的安全生产工作能否做好，关键在于主要负责人。因此，《安全生产法》第五条规定："生产经营单位的主要负责人对本单位的安全生产工作全面负责。"《安全生产法》第十八条规定，生产经营单位主要负责人对本单位安全生产工作负有下列职责：

（1）建立、健全本单位安全生产责任制。

（2）组织制定本单位安全生产规章制度和操作规程。

（3）组织制定并实施本单位安全生产教育和培训计划。

（4）保证本单位安全生产投入的有效实施。

（5）督促、检查本单位的安全生产工作，及时消除生产安全事故隐患。

（6）组织制定并实施本单位的生产安全事故应急救援预案。

（7）及时、如实报告生产安全事故。

**3. 生产经营单位主要负责人的法律责任**

《安全生产法》对生产经营单位主要负责人违法行为的法律责任作出了明确的规定。如果生产经营单位主要负责人不履行法定义务，构成安全生产违法行为或者发生生产安全事故的，将追究责任。

（1）生产经营单位的主要负责人不依照本法规定保证安全生产所必需的资金投入，致使生产经营单位不具备安全生产条件的，责令限期改正，提供必需的资金；逾期未改正的，责令生产经营单位停产停业整顿。有前款违法行为，导致发生生产安全事故的，对生产经营单位的主要负责人给予撤职处分，对个人经营的投资人处二万元以上二十万元以下的罚款；构成犯罪的，依照刑法有关规定追究刑事责任。

（2）生产经营单位的主要负责人未履行本法规定的安全生产管理职责的，责令限期改正；逾期未改正的，处二万元以上五万元以下的罚款，责令生产经营单位停产停业整顿。生产经营单位的主要负责人有前款违法行为，导致发生生产安全事故的，给予撤职处分，并按照规定给予罚款。发生一般事故的，处上一年收入百分之三十的罚款；发生较大事故的，处上一年收入百分之四十的罚款；发生重大事故的，处上一年收入百分之六十的罚款；发生特别重大事故的，处上一年收入百分之八十的罚款。构成犯罪的，依照刑法有关规定追究刑事责任。

生产经营单位的主要负责人依照前款规定受刑事处罚或者撤职处分的，自刑罚执行完毕或者受处分之日起，五年内不得担任任何生产经营单位的主要负责人；对重大、特别重大生产安全事故负有责任的，终身不得担任本行业生产经营单位的主要负责人。

（3）生产经营单位与从业人员订立协议，免除或者减轻其对从业人员因生产安全事故伤亡依法应承担的责任的，该协议无效；对生产经营单位的主要负责人、个人经营的投资人处二万元以上十万元以下的罚款。

（4）生产经营单位主要负责人在本单位发生生产安全事故时，不立即组织抢救或者在事故调查处理期间擅离职守或者逃匿的，给予降级、撤职的处分，并处上一年收入百分之六十至百分之一百的罚款；对逃匿的处 15 日以下的拘留；构成犯罪的，依照刑法有关规定追究刑事责任。生产经营单位主要负责人对生产安全事故隐瞒不报、谎报或者迟报的，依照前款规定处罚。

## 五、工会在安全生产中的地位和权利

工会是代表从业人员对生产经营单位的安全生产进行监督、维护从业人员合法权益的群众性组织，是政府监督管理的重要补充。

### 1. 工会在安全生产工作中的地位

《安全生产法》第七条规定："工会依法对安全生产工作进行监督。生产经营单位的工会依法组织职工参加本单位安全生产工作的民主管理和民主监督，维护职工在安全生产方面的合法权益。生产经营单位制定或者修改有关安全生产的规章制度，应当听取工会的意见。"

### 2. 工会对"三同时"的监督

《安全生产法》第五十七条规定："工会有权对建设项目的安全设施与主体工程同时设计、同时施工、同时投入生产和使用进行监督，提出意见。"

### 3. 工会对作业场所的监督

《安全生产法》第五十七条规定："工会对生产经营单位违反安全生产法律、法规，侵犯从业人员合法权益的行为，有权要求纠正；发现生产经营单位违章指挥、强令冒险作业或者发现事故隐患时，有权提出解决的建议，生产经营单位应当及时研究答复；发现危及从业人员生命安全的情况时，有权向生产经营单位建议组织从业人员撤离危险场所，生产经营单位必须立即作出处理。"

### 4. 工会对事故调查的监督

《安全生产法》第五十七条规定："工会有权依法参加事故调查，向有关部门提出处理意见，并要求追究有关人员的责任。"

## 六、县级以上人民政府的安全生产职责

县级以上人民政府及其各有关部门是实施安全生产监督管理的责任主体，《安全生产法》第八条规定："国务院和县级以上地方各级人民政府应当加强对安全生产工作的

领导，支持、督促各有关部门依法履行安全生产监督管理职责，建立健全安全生产工作协调机制，及时协调、解决安全生产监督管理中存在的重大问题。”这里明确了三个问题，一是确定了县级以上人民政府在安全生产工作中的领导地位。二是要求县级以上人民政府必须重视安全生产工作，加强领导。三是规定了县级以上人民政府的安全生产职责：其一，县级以上人民政府应当支持、督促各有关部门依法履行监督管理职责；其二，县级以上人民政府对安全生产中存在的重大问题应当及时予以协调、解决。

## 七、乡镇人民政府以及街道办事处、开发区管理机构的安全生产职责

乡镇人民政府是安全生产监管工作的重点和基础，为了加强乡镇人民政府对安全生产的监管力度，《安全生产法》第八条规定：“乡、镇人民政府以及街道办事处、开发区管理机构等地方人民政府的派出机关应当按照职责，加强对本行政区域内生产经营单位安全生产状况的监督检查，协助上级人民政府有关部门依法履行安全生产监督管理职责。”对此条规定有两点说明：

（1）乡镇人民政府对安全生产工作的主要职责是监督检查。

（2）乡镇人民政府原则上不能独立行使本法和其他法律、法规规定的监督管理职责，如行政处罚权、行政强制权等，只能协助上级人民政府有关部门依法履行安全生产监督管理职责。但是，地方性法规等已经赋予了乡镇人民政府一定的执法权的，则乡镇人民政府可以依照相应的规定执行。

## 八、安全生产综合监管部门与专项监管部门的职责分工

《安全生产法》第九条规定：“国务院安全生产监督管理部门依照本法，对全国安全生产工作实施综合监督管理；县级以上地方各级人民政府安全生产监督管理部门依照本法，对本行政区域内安全生产工作实施综合监督管理。国务院有关部门依照本法和其他有关法律、行政法规的规定，在各自的职责范围内对有关行业、领域的安全生产工作实施监督管理；县级以上地方各级人民政府有关部门依照本法和其他有关法律、法规的规定，在各自的职责范围内对有关行业、领域的安全生产工作实施监督管理。”

### 1. 安全生产监督管理部门及其职责

依照《安全生产法》的规定，国务院负责安全生产监督管理的部门和县级以上地方人民政府负责安全生产监督管理的部门的主要职责包括：依法对有关安全生产的事项进行审批、验收；依法对生产经营单位执行有关安全生产的法律、法规和国家标准或者行业标准的情况进行监督检查；依照国务院和地方人民政府规定的权限组织生产安全事故的调查处理；对违反安全生产法律、法规的行为依法实施行政处罚；指导、协调和监督本级人民政府有关部门负责的安全生产监督管理工作。

### 2. 有关部门及其职责

有关部门负责有关行业、领域的安全生产监督管理，即专项监督管理。国务院有关部门主要指公安、交通运输、住房城乡建设、工业和信息化、市场监督管理等部门。如公安部负责道路交通安全的监督管理工作；交通运输部负责道路运输安全、水上交通安全、铁路运输安全、民航运输安全的监督管理工作；住房城乡建设部负责建筑施工安全的监督管理工作；工业和信息化部门负责民爆器材行业生产、流通安全的监督

管理；国家市场监督管理总局负责特种设备安全的监督管理工作等。县级以上地方人民政府有关部门是指本级人民政府负责消防、道路交通、水上交通、建设等行业、领域专项安全生产监督管理工作的部门。

综合监督管理负责解决各行各业安全生产工作中存在的普遍性、共性的问题，专项监督管理负责解决某一行业、领域安全生产工作中的特殊性、个性的问题。安全生产综合监督管理部门对安全生产专项监督管理部门的工作进行指导、协调和监督，不取代有关部门实施安全生产监督管理的具体工作。

## 九、安全生产专业机构的规定

《安全生产法》第十三条规定："依法设立的为安全生产提供技术、管理服务的机构，依照法律、行政法规和执业准则，接受生产经营单位的委托为其安全生产工作提供技术、管理服务。生产经营单位委托前款规定的机构提供安全生产技术、管理服务的，保证安全生产的责任仍由本单位负责。"

### 1. 安全生产专业服务的性质及特征

安全生产专业服务，是指由依法设立的专业组织受生产经营单位或者政府部门的委托，依法有偿从事安全生产评价、认证、检测、检验和咨询服务等专门业务的技术服务活动。安全生产专业服务的特征是：独立性、服务性、客观性、有偿性和专业性。

### 2. 安全生产专业服务的范围和主要业务

安全生产专业服务的业务范围比较广泛，涵盖了生产经营单位的开办、建设、生产、经营和政府监管的全过程。依照《安全生产法》的规定，生产经营活动中的安全生产专业服务的范围和主要业务包括：矿山和用于生产、储存危险物品的建设项目，应当按照国家有关规定进行安全预评价、设计审查和竣工验收；安全设施必须与主体工程"三同时"；安全设备、特种设备、劳动防护用品、安全工艺、危险物品、重大危险源和作业现场安全管理等。此外，专业服务还有企业自主提出的市场需求，如安全检测检验、安全生产标准化建设、企业安全管理方案、企业安全文化建设、企业安全管理水平评估、安全教育培训、应急预案编制与演练等方面。

## 十、安全生产事故责任追究

### 1. 生产安全事故的分类

按照引发事故的直接原因进行分类，生产安全事故分为自然灾害事故和人为责任事故两大类。

（1）自然灾害事故是由于人类在生产经营过程中对自然灾害不能预见、不能抗御和不能克服而发生的事故。

（2）人为责任事故是由于生产经营单位或者从业人员在生产经营过程中违反法律、法规、国家标准或者行业标准和规章制度、安全操作规程所出现的失误和疏忽而导致的事故。现有的生产安全事故中的绝大多数是人为责任事故，常与安全生产责任制和规章制度不健全、从业人员违章操作、管理人员违章指挥、技术装备陈旧落后、安全管理混乱、事故隐患不能及时消除有关。《安全生产法》规定要实行责任追究的，是指人为责任事故。

**2. 事故责任主体**

事故责任主体是指对发生生产安全事故负有责任的单位或者人员。按照安全生产的生产主体和监管主体划分，事故责任主体包括：发生生产安全事故的生产经营单位的责任人员（即生产经营单位主要负责人、主管人员、管理人员、从业人员）和对发生生产安全事故负有监管职责的有关人民政府及其有关部门的责任人员（即对生产安全事故负有失职渎职和应负领导责任的各级人民政府领导人、负有安全生产监督管理职责部门的负责人、安全生产监督管理和行政执法人员等）。

**3. 法律责任追究**

生产安全事故责任者所承担法律责任的主要形式包括行政责任和刑事责任。

（1）行政责任是指违反有关行政管理的法律、法规的规定，但尚未构成犯罪的违法行为所应承担的法律责任。追究行政责任通常以行政处分和行政处罚两种方式来实施。行政处分是对国家工作人员及由国家机关派到企业事业单位任职的人员的违法行为给予的一种制裁性处理，包括警告、记过、记大过、降级、撤职、开除等。行政处罚主要是对国家机关和国家工作人员以外的生产经营单位及其有关人员的安全生产违法行为给予的行政制裁。

（2）刑事责任是指责任主体实施刑事法律禁止的行为所应承担的法律后果。追究刑事责任的必须是违反安全生产法律、行政法规的规定，应当给予刑事处罚的严重安全生产违法行为。《安全生产法》规定应当追究刑事责任的责任主体包括县级以上人民政府负有安全生产监督管理职责部门的工作人员、生产经营单位的主要负责人和其他从业人员以及专业服务机构的有关人员。

## 十一、安全生产标准

安全生产标准是一种安全技术规范，依其内容的不同可以分为基础标准、产品标准、方法标准和管理标准。依照《中华人民共和国标准化法》规定，我国的标准分为必须执行的强制性标准和可以自愿采用的推荐性标准。有关保障人身健康和人身财产安全的标准，是必须执行的强制性标准。依照法律的规定，执行法定的保障安全生产的国家标准和行业标准，是生产经营单位的法定义务。生产经营单位必须执行安全生产方面的国家标准或者行业标准，特别是强制性国家标准和强制性行业标准。有国家标准的，必须执行国家标准；没有国家标准但有行业标准的，必须执行行业标准。

## 十二、安全生产宣传教育

《安全生产法》第十一条规定：“各级人民政府及其有关部门应当采取多种形式，加强对有关安全生产的法律、法规和安全生产知识的宣传，增强全社会的安全生产意识。”依照法律规定，各级人民政府及其有关部门负有进行安全生产宣传教育的职责，要采用多种形式，充分利用各种传播媒体，广泛深入、坚持不懈地开展对安全生产法律、法规的宣传，使其为广大职工群众所掌握，将其变为广大职工群众的自觉行动。

## 十三、安全生产科技进步

《安全生产法》第十五条规定：“国家鼓励和支持安全生产科学技术研究和安全生

产先进技术的推广应用，提高安全生产水平。”实现安全生产，必须依靠科技进步，先进的安全生产科学技术对提高安全生产水平具有不可替代的重要作用。因此，法律明确规定鼓励和支持安全生产科学技术研究和安全生产先进技术的推广应用，是为了加强政策措施的导向，从根本上改变当前安全生产科学技术落后的状况。

### 十四、安全生产奖励

《安全生产法》第十六条规定：“国家对在改善安全生产条件、防止生产安全事故、参加抢险救护等方面取得显著成绩的单位和个人，给予奖励。”该条规定明确了国家重点奖励的行为，即在改善安全生产条件方面做出显著成绩、在防止生产安全事故方面做出显著成绩、在抢险救护方面做出显著成绩。

（1）受奖对象。在改善安全生产条件、防止生产安全事故、参加抢险救护等方面取得显著成绩的单位和个人，既包括生产经营单位及其有关人员，也包括政府有关部门及其工作人员，还包括其他社会组织和公民个人。

（2）奖励的主体。给予奖励的主体可以是各级人民政府，也可以是政府有关部门。企业事业单位也应当按照本单位内部的奖惩制度，对在安全生产方面做出显著成绩的单位和个人给予奖励。

（3）奖励的形式。主要包括三种，可以单独采用或者同时采用：一是荣誉奖励，授予荣誉称号；二是物质奖励，颁发奖金或者奖给实物；三是晋升职务。

**【练习提高】**

**一、单项选择题（每题 1 分，每题的备选项中，只有 1 个最符合题意）**

1.《安全生产法》确立的安全生产工作机制是（　　）。

A. 生产经营单位负责、行业自律、社会监督、国家监察

B. 生产经营单位负责、职工参与、政府监管、行业自律、社会监督

C. 生产经营单位负责、政府监管、国家监察、中介机构提供服务

D. 生产经营单位负责、职工参与、行业自律、中介机构提供服务

2. 依据《安全生产法》的规定，下列安全生产工作职责，属于生产经营单位主要负责人的是（　　）。

A. 检查本单位的安全生产状况，及时排查生产安全事故隐患，提出改进安全生产管理的建议

B. 组织或者参与本单位应急救援演练

C. 组织或者参与本单位安全生产教育和培训，如实记录安全生产教育和培训情况

D. 建立、健全本单位安全生产责任制

3. 依据《安全生产法》的规定，下列关于各级人民政府安全生产职责的说法，正确的是（　　）。

A. 县级以上各级人民政府应根据国民经济和社会发展规划制定安全生产规划，并组织实施

B. 县级以上地方各级人民政府履行本行政区域内的安全监管职责，对生产经营单位安全生产状况实施监督检查

C. 乡、镇人民政府应当支持、督促各有关部门依法履行安全监管职责，建立、健全安全生产工作协调机制，及时协调、解决安全生产监督管理中存在的重大问题

D. 街道办事处，开发区管理机构等地方人民政府的派出机构对本行政区域内的安全生产工作实施综合监督管理，加强对本行政区域内生产经营单位安全生产状况的监督检查

4.《安全生产法》规定，居民委员会、村民委员会发现其所在区域内的生产经营单位存在事故隐患或者安全生产违法行为时，应当向（　　）报告。

A. 当地人民政府或有关部门　　B. 监察部门

C. 当地人民政府的上级机构　　D. 生产经营单位主管部门

5. 依据《安全生产法》的规定，下列关于工会、专业服务机构、人民政府及相关部门安全生产职责的说法，正确的是（　　）。

A. 工会发现生产经营单位违章指挥、强令冒险作业或者发现事故隐患时，有权组织从业人员撤离危险场所

B. 生产经营单位委托依法设立的机构提供安全生产技术、管理服务的，保证安全生产的责任由该机构负责

C. 县级以上地方各级人民政府履行本行政区域内的安全监管职责，对生产经营单位安全生产状况实施监督检查，建立协调机制，及时协调、解决安全生产监督管理中存在的重大问题

D. 县级以上地方各级人民政府安全生产监督管理部门依照本法，对本行政区域内安全生产工作实施综合监督管理

6. 某化工公司为某跨国集团公司的子公司，集团公司董事长李某为集团公司和化工公司的法定代表人。李某长期在海外总部工作，不负责化工公司的日常工作，化工公司总经理张某自2014年12月起一直因病在医院接受治疗，张某生病期间由副总经理王某全面主持化工公司的工作，副总经理赵某具体负责安全生产管理工作。2019年5月，该化工公司发生爆炸，造成5人死亡、12人受伤。根据《安全生产法》，针对该起事故，应当以化工公司主要负责人身份被追究法律责任的是（　　）。

A. 李某　　B. 张某　　C. 王某　　D. 赵某

7. 根据《安全生产法》，下列关于生产经营单位主要负责人违法行为处罚的说法，正确的是（　　）。

A. 未履行《安全生产法》规定的安全生产管理职责受撤职处分的，自受处分之日起，七年内不得担任本行业生产经营单位的主要负责人

B. 未履行《安全生产法》规定的安全生产管理职责受刑事处罚的，自刑罚执行完毕之日起，十年内不得担任任何生产经营单位的主要负责人

C. 未履行《安全生产法》规定的安全生产管理职责受撤职处分、对特别重大生产安全事故负有责任的，自受处分之日起，终身不得担任本行业生产经营单位的主要负责人

D. 未履行《安全生产法》规定的安全生产管理职责、对重大生产安全事故负有责任受刑事处罚的，自刑罚执行完毕之日起，终身不得担任任何生产经营单位的主要负责人

**二、多项选择题（每题 2 分，每题的备选项中，有 2 个或 2 个以上符合题意，至少有 1 个错项。错选，本题不得分；少选，所选的每个选项得 0.5 分）**

1. 某化工企业总经理李某为了确保年度利润指标的完成，减少安全投入，减少安全管理人员，暂停年度安全培训和应急救援预案演练等。不到一年时间，公司发生了一起死亡 10 人、重伤 6 人、轻伤 5 人的生产安全事故。经应急管理部门调查，事故与李某的上述一系列作法存在因果关系，是一起责任事故。依据《安全生产法》的规定，下列关于对李某法律责任追究的说法，正确的有（　　）。

A. 撤销李某的总经理职务

B. 构成犯罪的，依照刑法的有关规定追究李某的刑事责任

C. 处李某上一年年收入 40%的罚款

D. 终身禁止李某担任本行业生产经营单位的主要负责人

E. 自刑罚执行完毕或者受处分之日起，五年内李某不得担任任何生产经营单位的主要负责人

2. 根据《安全生产法》，工会的权利包括（　　）。

A. 参与本单位民主管理　　B. 参与本单位民主监督

C. 对“三同时”进行监督　　D. 对安全设施进行验收

E. 制定本单位安全生产管理制度和操作规程

3. 依据《安全生产法》，生产经营单位的主要负责人对本单位安全生产工作应当履行的职责包括（　　）。

A. 组织制定本单位安全生产规章制度和操作规程

B. 保证本单位安全生产投入的有效实施

C. 负责一线安全生产管理，督促、检查从业人员遵守安全生产规章制度和操作规程

D. 督促、检查本单位的安全生产工作，及时消除生产安全事故隐患

E. 组织制定并实施本单位的生产安全事故应急救援预案

## 第三节　生产经营单位的安全生产保障

**【本节重点】**

生产经营单位是安全生产工作的责任主体，《安全生产法》第二章即是生产经营单位的安全生产保障，规定了生产经营单位的安全生产职责。本节介绍了 31 项法律规定，应重点掌握。

## 一、从事生产经营活动应当具备的安全生产条件

### 1. 生产经营单位

《安全生产法》第二条规定“在中华人民共和国领域内从事生产经营活动的单位（以下统称生产经营单位）的安全生产，适用本法”。这里所称的生产经营单位，是指从事各类生产经营活动的基本单元，具体包括：

（1）各类生产经营企业。具有独立的企业法人资格的、从事生产经营活动的生产经营企业主要有两种，即依照企业法注册登记或者经批准成立的企业和依照公司法设立的公司。

（2）个体工商户。按照国家有关法规、规章的规定，雇工6人以下的为个体工商户。个体工商户虽然不是企业法人，但从事生产经营活动的，其安全生产也必须适用《安全生产法》。

（3）公民。公民一人或者数人从事小规模生产经营活动的，以及依法从事生产经营活动的有关人员，是最小的生产经营单元。

（4）其他生产经营单位。其他生产经营单位主要有：从事生产经营活动的事业单位、安全生产专业服务机构、安全生产社会团体。

### 2. 法定安全生产基本条件

法定安全生产基本条件即是《安全生产法》和有关法律、行政法规、国家标准或者行业标准规定的安全生产条件。生产经营单位不仅要具备法定安全生产条件才能开办，而且在其整个生产经营活动中始终都要具备安全生产条件。

## 二、生产经营单位主要负责人的安全生产职责

《安全生产法》第十八条明确规定了生产经营单位主要负责人对本单位安全生产负有的7项职责。

### 1. 建立、健全本单位安全生产责任制

安全生产责任制是指建立和实施生产经营单位的全员、全过程、全方位的安全生产责任制度，要明确生产经营单位负责人、管理人员、从业人员的安全岗位责任。

（1）生产经营单位主要负责人的安全生产责任。生产经营单位主要负责人对本单位的安全生产全面负责，负责安全生产重大事项的决策并组织实施。

（2）生产经营单位有关负责人的安全生产责任。生产经营单位副职负责人或者技术负责人按照分工，协助主要负责人对安全生产专职负责。

（3）生产经营单位安全生产管理机构负责人及其安全生产管理人员的安全生产责任。生产经营单位专设或者指定的负责安全生产管理的机构的负责人、安全生产管理人员，应当按照分工，负责日常安全生产管理工作。

（4）班组长的安全生产责任。班组长是生产经营作业的直接执行者，负责一线安全生产管理，检查、督促从业人员遵守安全生产规章制度和操作规程，遵守劳动纪律，不违章指挥、不强令工人冒险作业，对本班组的安全生产负责。

（5）岗位职工的安全生产责任。遵守安全生产规章制度和操作规程，服从管理，坚守岗位，不违章作业，不违反劳动纪律，对本岗位的安全生产负责。

**2. 组织制定本单位安全生产规章制度和操作规程**

只有建立、健全安全生产规章制度和操作规程，才能保证生产经营作业的有序进行，才能堵住安全生产管理漏洞，保证生产经营作业正常、安全地运行。在这方面，生产经营单位主要负责人负有组织和决策的职责。

**3. 组织制定并实施本单位安全生产教育和培训计划**

安全生产教育和培训计划是提高从业人员安全素质和安全操作技能的重要保障。主要负责人有责任认真制定好本单位的安全生产教育和培训计划，包括经费保障、教育培训内容以及组织实施措施等，并保证计划的落实。

**4. 保证本单位安全生产投入的有效实施**

这项规定，一是要求生产经营单位主要负责人必须支持必要的安全生产投入，不得拒绝投入或者减少投入；二是要求生产经营单位主要负责人对列入预算的安全资金必须管好用好，不得不用、少用或者挪用；三是要求生产经营单位主要负责人必须检查、监督安全生产投入的使用情况和使用效果，达到保障安全生产的预期效果。

**5. 督促、检查本单位的安全生产工作，及时消除生产安全事故隐患**

这项规定，一是要求主要负责人对本单位安全生产工作进行全面安排部署，督促安全管理机构和有关部门具体落实，加强对安全生产工作的领导；二是要求组织对本单位安全生产情况进行检查，对检查中发现的问题或者生产安全事故隐患，应当及时组织整改和处理；三是要支持安全管理机构或者有关部门的安全生产管理工作，在人员、经费、装备等方面予以保证。

**6. 组织制定并实施本单位的生产安全事故应急救援预案**

依照法律的规定，生产经营单位必须事先制定并落实生产安全事故应急救援预案，而其组织制定并组织实施的职责应由生产经营单位主要负责人履行。要履行这项职责，生产经营单位主要负责人必须组织有关人员或者专家，制定内容翔实、周密科学的事故应急预案，并组织演练。一旦发生生产安全事故，主要负责人要按照预案启动事故应急救援工作。

**7. 及时、如实报告生产安全事故**

“及时”，是指发生生产安全事故后，生产经营单位主要负责人必须按照有关规定，以最快捷的方式、最短的时间向当地人民政府有关部门报告，不得故意拖延或者迟报。因故意拖延或者迟报而耽误生产安全事故救援和调查处理的，要承担相应的法律责任。“如实”，是指发生生产安全事故后，事故报告的内容和情况必须真实、准确；暂时难以准确确定事故情况的，应尽快核实后补报或者续报。

## 三、安全生产资金投入的规定

**1. 生产经营单位安全投入的标准**

《安全生产法》第二十条，明确了生产经营单位必须进行安全投入以及安全投入的标准。具备安全生产法律、行政法规和国家标准或者行业标准规定安全生产条件所需要的安全资金数额，就是生产经营单位应当投入的资金标准。如果投入的资金不能保障生产经营单位符合法定安全生产条件，就是资金投入不足并对其后果承担责任。

**2. 安全投入的决策和保障**

《安全生产法》第二十条对不同生产经营单位安全投入的决策主体作出了明确的规定：

（1）按照公司法成立的股份制公司、有限责任公司，由其决策机构董事会或者股东会决定安全投入的资金。

（2）非公司制生产经营单位，由其主要负责人决定安全投入的资金。

（3）个人投资并由他人管理的生产经营单位，由其投资人即股东决定安全投入的资金。

**3. 安全投入不足的法律责任**

《安全生产法》第九十条规定："生产经营单位的决策机构、主要负责人或者个人经营的投资人不依照本法规定保证安全生产所必需的资金投入，致使生产经营单位不具备安全生产条件的，责令限期改正，提供必需的资金；逾期未改正的，责令生产经营单位停产停业整顿。有前款违法行为，导致发生生产安全事故的，对生产经营单位的主要负责人给予撤职处分，对个人经营的投资人处二万元以上二十万元以下的罚款；构成犯罪的，依照刑法有关规定追究刑事责任。"

## 四、关于安全生产标准化的规定

《安全生产法》第四条规定："生产经营单位必须遵守本法和其他有关安全生产的法律、法规，加强安全生产管理，建立、健全安全生产责任制和安全生产规章制度，改善安全生产条件，推进安全生产标准化建设，提高安全生产水平，确保安全生产。"安全生产标准化是综合性工作，包括安全生产目标和任务、安全生产责任制和安全生产规章制度、安全投入、安全设备管理、从业人员安全生产教育和培训、重大危险源管理等 13 项内容。根据法律规定，生产经营单位应当积极推进安全生产标准化建设，实现安全管理、设备设施、作业现场、操作过程的标准化，夯实安全基础，逐步达到相应的安全生产标准化等级。

## 五、安全生产管理机构和安全生产管理人员的要求

**1. 安全生产管理机构和安全生产管理人员的配置**

《安全生产法》第二十一条规定："矿山、金属冶炼、建筑施工、道路运输单位和危险物品的生产、经营、储存单位，应当设置安全生产管理机构或者配备专职安全生产管理人员。前款规定以外的其他生产经营单位，从业人员超过 100 人的，应当设置安全生产管理机构或者配备专职安全生产管理人员；从业人员在 100 人以下的，应当配备专职或者兼职的安全生产管理人员。"

**2. 安全生产管理机构以及安全生产管理人员的职责**

《安全生产法》第二十二条明确了安全生产管理机构以及安全生产管理人员的 7 项职责。

（1）组织或者参与拟订本单位安全生产规章制度、操作规程和生产安全事故应急救援预案。

（2）组织或者参与本单位安全生产教育和培训，如实记录安全生产教育和培训

情况。

（3）督促落实本单位重大危险源的安全管理措施。

（4）组织或者参与本单位应急救援演练。

（5）检查本单位的安全生产状况，及时排查生产安全事故隐患，提出改进安全生产管理的建议。

（6）制止和纠正违章指挥、强令冒险作业、违反操作规程的行为。

（7）督促落实本单位安全生产整改措施。

## 六、生产经营单位主要负责人、安全生产管理人员考核合格的规定

《安全生产法》从两个方面作出了规定：一是对于一般生产经营单位，其主要负责人和安全生产管理人员必须具备与本单位所从事的生产经营活动相应的安全生产知识和管理能力；二是危险物品的生产、经营、储存单位以及矿山、金属冶炼、建筑施工、道路运输单位的主要负责人和安全生产管理人员，应当由主管的负有安全生产监督管理职责的部门对其安全生产知识和管理能力考核合格。

## 七、关于注册安全工程师的规定

注册安全工程师是经国家统一考试合格取得注册安全工程师执业资格证书并注册执业的人员。《安全生产法》规定："危险物品的生产、储存单位以及矿山、金属冶炼单位应当有注册安全工程师从事安全生产管理工作。鼓励其他生产经营单位聘用注册安全工程师从事安全生产管理工作。"

## 八、从业人员安全生产教育和培训的规定

《安全生产法》第二十五条规定："生产经营单位应当对从业人员进行安全生产教育和培训，保证从业人员具备必要的安全生产知识，熟悉有关的安全生产规章制度和安全操作规程，掌握本岗位的安全操作技能，了解事故应急处理措施，知悉自身在安全生产方面的权利和义务。未经安全生产教育和培训合格的从业人员，不得上岗作业。生产经营单位应当建立安全生产教育和培训档案，如实记录安全生产教育和培训的时间、内容、参加人员以及考核结果等情况。"

## 九、特种作业人员的资格和范围

根据现行的有关规定，特种作业的种类大致包括：①电工作业。②焊接与热切割作业。③高处作业。④制冷与空调作业。⑤煤矿安全作业。⑥金属非金属矿山安全作业。⑦石油天然气安全作业。⑧冶金（有色）生产安全作业。⑨危险化学品安全作业。⑩烟花爆竹安全作业。直接从事以上特种作业的人员，就是特种作业人员。《安全生产法》第二十七条规定："生产经营单位的特种作业人员必须按照国家有关规定经专门的安全作业培训，取得相应资格，方可上岗作业。"

## 十、采用新工艺、新技术、新材料和使用新装备的安全生产教育和培训规定

新工艺、新技术、新材料的采用或者新设备的使用，对从业人员来说较为陌生，

如果仍采用老办法，就会出问题，可能引发生产安全事故。为此，《安全生产法》第二十六条规定："生产经营单位采用新工艺、新技术、新材料或者使用新设备，必须了解、掌握其安全技术特性，采取有效的安全防护措施，并对从业人员进行专门的安全生产教育和培训。"

### 十一、实习学生的安全生产教育和培训规定

《安全生产法》第二十五条规定："生产经营单位接收中等职业学校、高等学校学生实习的，应当对实习学生进行相应的安全生产教育和培训，提供必要的劳动防护用品。学校应当协助生产经营单位对实习学生进行安全生产教育和培训。"

### 十二、被派遣劳动者的安全生产教育和培训规定

《安全生产法》第二十五条规定："生产经营单位使用被派遣劳动者的，应当将被派遣劳动者纳入本单位从业人员统一管理，对被派遣劳动者进行岗位安全操作规程和安全操作技能的教育和培训。劳务派遣单位应当对被派遣劳动者进行必要的安全生产教育和培训。"

### 十三、建设项目安全设施"三同时"的规定

《安全生产法》第二十八条规定，生产经营单位建设项目的安全设施必须做到"三同时"，即生产经营单位新建、改建、扩建工程项目的安全设施，必须与主体工程同时设计、同时施工、同时投入生产和使用。安全设施投资应当纳入建设项目概算。

### 十四、建设项目的安全评价规定

《安全生产法》第二十九条规定："矿山、金属冶炼建设项目和用于生产、储存、装卸危险物品的建设项目，应当按照国家有关规定进行安全评价。"这里讲的建设项目的安全评价，主要是指建设项目在可行性研究阶段的安全预评价，即对建设项目可行性研究阶段报告的内容进行评价，作为该建设项目初步设计中安全设计和建设项目安全管理、监察的重要依据。安全评价一般由生产经营单位委托取得相应资质的为安全生产提供技术服务的机构承担。

### 十五、建设项目安全设施设计和审查的规定

《安全生产法》第三十条规定："矿山、金属冶炼建设项目和用于生产、储存、装卸危险物品的建设项目的安全设施设计应当按照国家有关规定报经有关部门审查，审查部门及其负责审查的人员对审查结果负责。"

### 十六、建设项目安全设施施工、竣工验收的规定

《安全生产法》第三十一条规定："矿山、金属冶炼建设项目和用于生产、储存、装卸危险物品的建设项目的施工单位必须按照批准的安全设施设计施工，并对安全设施的工程质量负责。矿山、金属冶炼建设项目和用于生产、储存危险物品的建设项目竣工投入生产或者使用前，应当由建设单位负责组织对安全设施进行验收；验收合格

后，方可投入生产和使用。安全生产监督管理部门应当加强对建设单位验收活动和验收结果的监督核查。”

## 十七、安全警示标志的规定

安全警示标志是以图形、符号、文字和色彩表示的标志，以提醒人们注意作业场所、设施和设备存在的危险因素，阻止某些不安全的行为，是作业现场安全管理的重要措施。我国目前使用的安全色主要有 4 种，即禁止标志、警告标志、指令标志、提示标志。《安全生产法》第三十二条规定：“生产经营单位应当在有较大危险因素的生产经营场所和有关设施、设备上，设置明显的安全警示标志。”

## 十八、安全设备达标和管理的规定

《安全生产法》第三十三条规定：“安全设备的设计、制造、安装、使用、检测、维修、改造和报废，应当符合国家标准或者行业标准。生产经营单位必须对安全设备进行经常性维护、保养，并定期检测，保证正常运转。维护、保养、检测应当作好记录，并由有关人员签字。”

## 十九、特种设备的规定

《安全生产法》第三十四条规定：“生产经营单位使用的危险物品的容器、运输工具，以及涉及人身安全、危险性较大的海洋石油开采特种设备和矿山井下特种设备，必须按照国家有关规定，由专业生产单位生产，并经具有资质的检测、检验机构检测、检验合格，取得安全使用证或者安全标志，方可投入使用。检测、检验机构对检测、检验结果负责。”

## 二十、危及生产安全的工艺、设备淘汰的规定

《安全生产法》第三十五条规定：“国家对严重危及生产安全的工艺、设备实行淘汰制度，具体目录由国务院安全生产监督管理部门会同国务院有关部门制定并公布。法律、行政法规对目录的制定另有规定的，适用其规定。省、自治区、直辖市人民政府可以根据本地区实际情况制定并公布具体目录，对前款规定以外的危及生产安全的工艺、设备予以淘汰。生产经营单位不得使用应当淘汰的危及生产安全的工艺、设备。”

## 二十一、危险物品管理的规定

### 1. 危险物品管理

《安全生产法》第三十六条规定：“生产经营单位生产、经营、运输、储存、使用危险物品或者处置废弃危险物品的，必须执行有关法律、法规和国家标准或者行业标准，建立专门的安全管理制度，采取可靠的安全措施，接受有关主管部门依法实施的监督管理。”

### 2. 危险物品的审批监管

《安全生产法》第三十六条规定：“生产、经营、运输、储存、使用危险物品或者

处置废弃危险物品的，由有关主管部门依照有关法律、法规的规定和国家标准或者行业标准审批并实施监督管理。”

## 二十二、重大危险源管理的规定

《安全生产法》第三十七条第一款规定：“生产经营单位对重大危险源应当登记建档，进行定期检测、评估、监控，并制定应急预案，告知从业人员和相关人员在紧急情况下应当采取的应急措施。”根据法律规定，要使这项工作制度化，必须加强日常监控工作。一是应对本单位的重大危险源登记建档，摸清底数。二是要定期进行检测检验、评估、监控，发现安全问题及时采取措施。三是制定应急预案和紧急情况下应当采取的应急措施，并告知从业人员和有关人员。

同时《安全生产法》规定了重大危险源备案制度。第三十七条第二款规定：“生产经营单位应当按照国家有关规定将本单位重大危险源及有关安全措施、应急措施报有关地方人民政府安全生产监督管理部门和有关部门备案。”这种备案制度不是一般的告知制度，而是一种审查监管制度：一是生产经营单位必须依法备案。二是负有安全生产监督管理职责的部门有权进行审查、检查。三是发现生产经营单位违法的，有权依法实施行政处罚。

## 二十三、关于事故隐患排查治理的规定

《安全生产法》第三十八条规定：“生产经营单位应当建立健全生产安全事故隐患排查治理制度，采取技术、管理措施，及时发现并消除事故隐患。事故隐患排查治理情况应当如实记录，并向从业人员通报。”

## 二十四、生产设施、场所安全距离和紧急疏散的规定

《安全生产法》第三十九条规定：“生产、经营、储存、使用危险物品的车间、商店、仓库不得与员工宿舍在同一座建筑物内，并应当与员工宿舍保持安全距离。生产经营场所和员工宿舍应当设有符合紧急疏散要求、标志明显、保持畅通的出口。禁止锁闭、封堵生产经营场所或者员工宿舍的出口。”

## 二十五、爆破、吊装等作业现场安全管理的规定

爆破、吊装作业具有较大的危险性，如果现场没有专门的安全生产管理人员进行协调、管理，容易发生事故，而且一旦发生事故将会造成较大的伤害。为此，《安全生产法》第四十条规定：“生产经营单位进行爆破、吊装以及国务院安全生产监督管理部门会同国务院有关部门规定的其他危险作业，应当安排专门人员进行现场安全管理，确保操作规程的遵守和安全措施的落实。”

## 二十六、劳动防护用品的规定

《安全生产法》第四十二条规定：“生产经营单位必须为从业人员提供符合国家标准或者行业标准的劳动防护用品，并监督、教育从业人员按照使用规则佩戴、使用。”同时，为了保证生产经营单位给从业人员配备劳动防护用品的资金，《安全生产法》第

四十四条规定："生产经营单位应当安排用于配备劳动防护用品、进行安全生产培训的经费。"只有这样，才能真正达到保障从业人员安全健康的目的。

## 二十七、交叉作业的安全管理

针对不同单位、不同工种的人员在同一作业区域内交叉作业，彼此之间的安全责任不明，安全生产管理脱节的问题，《安全生产法》第四十五条规定："两个以上生产经营单位在同一作业区域内进行生产经营活动，可能危及对方生产安全的，应当签订安全生产管理协议，明确各自的安全生产管理职责和应当采取的安全措施，并指定专职安全生产管理人员进行安全检查与协调。"

## 二十八、生产经营项目、场所、设备发包或者出租的安全管理

《安全生产法》第四十六条规定："生产经营单位不得将生产经营项目、场所、设备发包或者出租给不具备安全生产条件或者相应资质的单位或者个人。生产经营项目、场所发包或者出租给其他单位的，生产经营单位应当与承包单位、承租单位签订专门的安全生产管理协议，或者在承包合同、租赁合同中约定各自的安全生产管理职责；生产经营单位对承包单位、承租单位的安全生产工作统一协调、管理，定期进行安全检查，发现安全问题的，应当及时督促整改。"

## 二十九、发生生产安全事故时生产经营单位主要负责人的职责

《安全生产法》除了第十八条将"及时、如实报告生产安全事故"列为生产经营单位主要负责人的职责外，《安全生产法》第四十七条还规定："发生生产安全事故时，单位的主要负责人应当立即组织抢救，并不得在事故调查处理期间擅离职守。"

## 三十、工伤保险的规定

《安全生产法》第四十八条规定："生产经营单位必须依法参加工伤保险，为从业人员缴纳保险费。"

## 三十一、安全生产责任保险的规定

安全生产责任保险是一种商业保险，主要作用是帮助企业进行事故预防、风险控制和辅助管理，一旦发生生产安全事故，由第三方赔付等。《安全生产法》第四十八条第二款规定："国家鼓励生产经营单位投保安全生产责任保险。"法律这样规定，主要目的是通过引入保险机制，发挥保险机构的作用，促进安全生产。

## 【练习提高】

### 一、单项选择题（每题1分，每题的备选项中，只有1个最符合题意）

1. 甲国有企业收购乙民营生物质发电公司45%的股份，完成收购后乙公司总经理李某占股份20%，其他小股东合计占股份35%。为强化管理，甲企业派出副总经理王某任乙公司董事长，并组建乙公司董事会。依据《安全生产法》，乙公司的安全费用投

入责任主体是（　　）。

A. 董事长王某　　B. 总经理李某

C. 乙公司董事会　　D. 甲企业董事会

2. 某家具生产企业有员工 110 人，管理人员 15 人。依据《安全生产法》的规定，下列关于该企业安全生产管理机构设置和人员配备的说法，正确的是（　　）。

A. 应配备专职的安全生产管理人员

B. 应配备兼职的安全生产管理人员

C. 应委托某注册安全工程师事务所提供安全生产管理服务

D. 应委托某注册安全工程师提供安全生产管理服务

3. 甲企业是一家道路运输单位，从业人员数量为 65 人；乙企业是一家机械加工公司，从业人员数量为 115 人；丙企业是一家化工厂用压力容器生产企业，从业人员数量为 95 人；丁企业是一家金属冶炼公司，从业人员数量为 58 人。依据《安全生产法》，上述生产经营单位中，应当设置安全生产管理机构或者配备专职安全生产管理人员的企业是（　　）。

A. 甲乙丙　　B. 甲乙丁　　C. 丙丁　　D. 乙丙

4. 张某为某家具厂安全主管，王某为某炼钢厂安全主管，李某为某道路运输公司安全主管，赵某为某建筑公司安全主管。依据《安全生产法》的规定，上述人员的任免应当告知安全生产监督管理部门的是（　　）。

A. 张某　　B. 王某　　C. 李某　　D. 赵某

5. 依据《安全生产法》的规定，生产经营单位建设项目的安全设施，必须与主体工程同时设计、同时施工、同时投入生产和使用。下列关于相关建设项目的安全生产管理，正确的是（　　）。

A. 生产经营单位建设项目的安全设施投资应当纳入建设项目概算

B. 用于生产、储存、装卸危险物品的建设项目，应进行安全条件论证和安全评价

C. 金属冶炼建设项目竣工投入生产或者使用前，应当由安全生产监督管理部门负责组织对安全设施进行验收

D. 用于生产、储存、装卸危险物品的建设项目竣工投入生产或者使用前，应当由有关部门负责组织对安全设施进行验收

6. 甲公司在其仓库扩建项目中，将仓库屋顶防水作业委托给乙公司，同时委托丙公司承担仓库内电气设备安装作业，委托丁公司负责施工监理。防水和安装作业同时开展。依据《安全生产法》的规定，下列关于上述作业活动安全生产管理职责的说法，正确的是（　　）。

A. 甲公司应与丁公司签订安全生产管理协议，约定由丁公司承担安全生产管理职责

B. 甲公司应与乙公司、丙公司签订安全生产管理协议，约定安全生产管理职责由乙公司、丙公司承担

C. 甲公司应与乙公司、丙公司签订安全生产管理协议，约定各自安全生产管理职责

D. 甲公司应委托安全生产专业机构对该扩建项目的安全生产工作进行统一协调管理

7. 某矿山企业为改造矿井安全生产条件，制定了安全生产费用提取和使用管理制度。根据《安全生产法》，关于该企业安全生产费用提取和使用的说法，正确的是（　　）。

A. 该企业应当根据经营情况提取和使用安全生产费用

B. 该企业应当在成本中据实列支安全生产费用

C. 该企业可使用安全生产费用提高安全生产管理人员待遇

D. 该企业在发生亏损时可以停止提取安全生产费用

8. 某客运公司经营城际客运业务，共有职工 45 人、中型客车 16 辆。根据《安全生产法》，关于安全生产管理机构设置和安全生产管理人员配备的说法，正确的是（　　）。

A. 该公司应当设置安全生产管理机构或者配备兼职安全生产管理人员

B. 该公司不需设置安全生产管理机构，但应当配备兼职安全生产管理人员

C. 该公司应当设置安全生产管理机构或者配备专职安全生产管理人员

D. 该公司应当设置安全生产管理机构或者配备注册安全工程师

9. 依据《安全生产法》的规定，下列关于生产经营单位重大危险源安全管理的说法，正确的是（　　）。

A. 生产经营单位应当将本单位重大危险源及安全措施、应急措施向社会通报

B. 生产经营单位应当对重大危险源进行登记建档、定期检测、评估、监控，并制定应急预案

C. 设区的市级人民政府应当对重大危险源进行定期检测、评估、监控，并告知相关人员应当采取的应急措施

D. 省级安全监管部门应当对重大危险源进行定期检测、评估、监控，并告知相关人员应当采取的应急措施

10. 依据《安全生产法》的规定，某公司安全生产管理人员在检查本公司的安全生产状况和事故隐患时，下列做法正确的是（　　）。

A. 对检查中发现的安全问题，立即报告本公司有关负责人，同时向主管的负有安全监管职责的部门报告，报告情况如实记录在案

B. 对检查中发现的安全问题，立即处理，同时向主管的负有安全监管职责的部门报告，报告情况如实记录在案

C. 对检查中发现的重大事故隐患，立即向本公司有关负责人报告，有关负责人不及时处理的，可以向主管的负有安全监管职责的部门报告

D. 对检查中发现的重大事故隐患，立即处理，并向本公司主要负责人报告，同时立即向主管的负有安全监管职责的部门报告

11. 某公司是一家易燃易爆危险化学品生产企业，同时还开设了一家经营自产产品的零售店，该公司的下列做法，符合《安全生产法》规定的是（　　）。

A. 该公司计划进行扩建，临时将部分成品存放在员工宿舍中无人居住的房间内

B. 为了扩大生产，该公司将员工宿舍一楼改建为产品生产车间

C. 由于员工宿舍一楼有闲置房间，因此公司利用该房间零售自产产品

D. 公司在生产区和员工宿舍区开设了通勤车，方便员工上下班

12. 某企业司炉工李某因锅炉安全装置失效导致发生爆炸事故，其受到伤害。依据《安全生产法》的规定，下列关于李某获取赔偿的说法，正确的是（　　）。

A. 只能依法获得工伤保险赔偿

B. 只能依照有关民事法律提出赔偿要求

C. 除依法享有工伤保险赔偿外，可以依照有关民事法律提出赔偿要求

D. 工伤保险赔偿不足的，应当向民政部门提出赔偿要求

13. 某企业旧厂房和旧设备拆除中，需要进行吊装作业和定向爆破作业。依据《安全生产法》的规定，下列关于该吊装作业和定向爆破作业安全管理的说法，正确的是（　　）。

A. 爆破作业前，应报告安全监管部门并实施现场监控

B. 爆破作业时，应安排公安人员进行现场警戒

C. 吊装作业前，应将吊装方案报安全监管部门备案

D. 吊装作业时，应安排专门人员进行现场安全管理

14. 某建筑公司在甲市承建体育场，进行吊装作业。根据《安全生产法》，下列关于该吊装作业现场安全生产管理的说法，正确的是（　　）。

A. 项目设计单位应当安排专门人员负责现场安全生产管理

B. 该建筑公司应当安排专门人员进行现场安全生产管理

C. 甲市安全监管部门应当安排专门人员进行现场安全生产管理

D. 甲市建设主管部门应当安排专门人员负责现场安全生产管理

**二、多项选择题（每题 2 分，每题的备选项中，有 2 个或 2 个以上符合题意，至少有 1 个错项。错选，本题不得分；少选，所选的每个选项得 0.5 分）**

1. 依据《安全生产法》的规定，下列关于 4 家企业设置安全生产管理机构和配备安全生产管理人员，正确的做法有（　　）。

A. 某铁矿未设置安全生产管理机构和配备专职安全生产管理人员，但配备了兼职安全生产管理人员

B. 某冶炼厂有从业人员 86 人，未设置安全生产管理机构，但配备了专职的安全生产管理人员

C. 某超市有员工 97 人，未设置安全生产管理机构和配备专职安全生产管理人员，但配备了 7 名兼职安全生产管理人员

D. 某客运公司有员工 76 人，未设置安全生产管理机构，但配备了专职、兼职安全生产管理人员

E. 某木料公司有员工 80 人，未设置安全生产管理机构，也未配备专职、兼职安全生产管理人员，但委托具有相关资格的专业人员提供安全生产管理服务

2. 王某为某煤矿企业矿长，李某为该矿安全管理科科长，根据《安全生产法》，关于此 2 人安全生产职责的说法，正确的有（　　）。

A. 王某负责保证该矿安全生产投入的有效实施

B. 王某负责组织制定该矿安全生产规章制度和操作规程

C. 王某负责督促落实该矿安全生产整改措施，及时、如实报告生产安全事故

D. 李某负责检查该矿安全生产状况，及时排查生产安全事故隐患，提出改进安全生产管理的建议

E. 李某负责组织制定并实施该矿生产安全事故应急救援预案

3. 甲公司是一家烟花爆竹经营企业，有从业人员 46 人，乙公司是一家纺织企业，有从业人员 360 人，丙公司是一家机械厂，有从业人员 110 人。依据《安全生产法》的规定，下列关于安全生产管理机构设置和安全生产管理人员配备的说法，正确的是（　　）。

A. 甲公司可以不设置安全生产管理机构，但应当配备专职或者兼职安全生产管理人员

B. 甲公司应当设置安全生产管理机构或者配备专职安全生产管理人员

C. 乙公司可以不设置安全生产管理机构，但应当配备专职或者兼职安全生产管理人员

D. 乙公司应当设置安全生产管理机构或者配备专职安全生产管理人员

E. 丙公司可以不设置安全生产管理机构，但可以委托具有国家规定的相关专业技术资格的工程技术人员提供安全生产管理服务

4. 依据《安全生产法》，下列单位中，其主要负责人和安全生产管理人员应当由有关主管部门对其安全生产知识和管理能力考核合格后方可任职的有（　　）。

A. 120 人的非煤矿山企业　　B. 24 人的危险化学品经营单位

C. 110 人的机械加工企业　　D. 150 人的危险化学品使用单位

E. 65 人的建筑施工单位

5. 某化工企业存在重大危险源，根据《安全生产法》，针对该重大危险源，企业必须采取的措施有（　　）。

A. 对重大危险源进行登记建档

B. 对重大危险源进行定期检测、评估、监控

C. 委托安全评价机构对重大危险源进行安全评价

D. 制定重大危险源应急预案，并告知当地人民政府

E. 将重大危险源及有关安全措施、应急措施等情况报所在地安全监管部门备案

## 第四节　从业人员的安全生产权利和义务

**【本节重点】**

了解从业人员的人身保障权利，以及在安全生产方面的义务。

## 一、从业人员的人身保障权利

《安全生产法》规定了各类从业人员必须享有的、有关安全生产和人身安全的最重要、最基本的权利。这些基本安全生产权利概括为 5 项。

### 1. 获得安全保障、工伤保险和民事赔偿的权利

《安全生产法》第四十九条规定："生产经营单位与从业人员订立的劳动合同，应当载明有关保障从业人员劳动安全、防止职业危害的事项，以及依法为从业人员办理工伤保险的事项。生产经营单位不得以任何形式与从业人员订立协议，免除或者减轻其对从业人员因生产安全事故伤亡依法应承担的责任。"第五十三条规定："因生产安全事故受到损害的从业人员，除依法享有工伤保险外，依照有关民事法律尚有获得赔偿的权利的，有权向本单位提出赔偿要求。"第四十八条规定："生产经营单位必须依法参加工伤保险，为从业人员缴纳保险费。"

### 2. 得知危险因素、防范措施和事故应急措施的权利

《安全生产法》规定，生产经营单位从业人员有权了解其作业场所和工作岗位存在的危险因素及事故应急措施。要保证从业人员这项权利的行使，生产经营单位就有义务事前告知有关危险因素和事故应急措施。

### 3. 对本单位安全生产工作的批评、检举和控告的权利

《安全生产法》规定从业人员有权对本单位的安全生产工作提出建议；有权对本单位安全生产工作中存在的问题提出批评、检举、控告。

### 4. 拒绝违章指挥和强令冒险作业的权利

《安全生产法》第五十一条规定："生产经营单位不得因从业人员对本单位安全生产工作提出批评、检举、控告或者拒绝违章指挥、强令冒险作业而降低其工资、福利等待遇或者解除与其订立的劳动合同。"法律赋予从业人员拒绝违章指挥和强令冒险作业的权利，不仅是为了保护从业人员的人身安全，也是为了警示生产经营单位负责人和管理人员必须照章指挥，并不得因从业人员拒绝违章指挥和强令冒险作业而对其进行打击报复。

### 5. 紧急情况下的停止作业和紧急撤离的权利

《安全生产法》第五十二条规定："从业人员发现直接危及人身安全的紧急情况时，有权停止作业或者在采取可能的应急措施后撤离作业场所。生产经营单位不得因从业人员在前款紧急情况下停止作业或者采取紧急撤离措施而降低其工资、福利等待遇或者解除与其订立的劳动合同。"从业人员在行使这项权利的时候，必须明确两点：一是危及从业人员人身安全的紧急情况必须有确实可靠的直接依据，凭借个人猜测而实际并不属于危及人身安全的紧急情况除外。二是出现危及人身安全的紧急情况时，首先是停止作业，然后要采取可能的应急措施；采取应急措施无效时，再撤离作业场所。

## 二、从业人员的安全生产义务

《安全生产法》不但赋予了从业人员安全生产权利，也设定了相应的法定义务。作为法律关系内容的权利与义务是对等的。

**1. 遵章守规、服从管理的义务**

《安全生产法》第五十四条规定："从业人员在作业过程中，应当严格遵守本单位的安全生产规章制度和操作规程，服从管理……" 安全生产规章制度和操作规程是从业人员从事生产经营，确保安全的具体规范和依据。从这个意义上说，遵守规章制度和操作规程，实际上就是依法进行安全生产。事实表明，从业人员违反规章制度和操作规程，是导致生产安全事故的主要原因。依照法律规定，生产经营单位的从业人员不服从管理，违反安全生产规章制度和操作规程的，由生产经营单位给予批评教育，依照有关规章制度给予处分；造成重大事故，构成犯罪的，依照刑法有关规定追究刑事责任。

**2. 正确佩戴和使用劳动防护用品的义务**

为保障人身安全，生产经营单位必须为从业人员提供必要的、合格的劳动防护用品。正确佩戴和使用劳动防护用品是从业人员必须履行的法定义务，这是保障从业人员人身安全的需要。为此，《安全生产法》第五十四条规定："从业人员在作业过程中，应当严格遵守本单位的安全生产规章制度和操作规程，服从管理，正确佩戴和使用劳动防护用品。"

**3. 接受安全生产教育培训，掌握安全生产技能的义务**

从业人员的安全生产意识和安全技能的高低，直接关系到生产经营活动的安全可靠性。企业的从业人员如果没有经过专门的安全生产教育培训，不具备应有的安全素质，就会因违章违规操作酿成事故。为了明确从业人员接受培训、提高安全素质的法定义务，《安全生产法》第五十五条规定："从业人员应当接受安全生产教育和培训，掌握本职工作所需的安全生产知识，提高安全生产技能，增强事故预防和应急处理能力。"

**4. 发现事故隐患或者其他不安全因素及时报告的义务**

从业人员直接进行生产经营作业，他们是事故隐患和不安全因素的第一当事人。许多生产安全事故是由于从业人员在作业现场发现事故隐患和不安全因素后没有及时报告，以至延误了紧急处理的时机而导致。为此，《安全生产法》第五十六条规定："从业人员发现事故隐患或者其他不安全因素，应当立即向现场安全生产管理人员或者本单位负责人报告；接到报告的人员应当及时予以处理。"

## 三、被派遣劳动者的权利和义务

劳动派遣人员，也称被派遣劳动者。根据《劳动合同法》的规定，劳动派遣人员是指与劳务派遣单位订立劳动合同，并被派遣到接受以劳务派遣形式用工的生产经营单位的人员。为了保障劳动派遣人员在安全生产方面的权利和义务，《安全生产法》第五十八条规定："生产经营单位使用被派遣劳动者的，被派遣劳动者享有本法规定的从业人员的权利，并应当履行本法规定的从业人员的义务。"也就是说，劳动派遣人员与生产经营单位的从业人员一样，享有从业人员的安全生产知情权等权利，同时履行相应的义务。

【练习提高】

一、单项选择题（每题 1 分，每题的备选项中，只有 1 个最符合题意）

1. 某企业施工队队长王某率队开挖沟槽。作业中，现场未采取任何安全支撑措施。工人张某认为风险很大，要求暂停作业，但王某以不下去干活就扣本月奖金相威胁，坚持要求继续作业，张某拒绝王某的指挥。依据《安全生产法》的规定，下列关于企业对张某可采取措施的说法，正确的是（　　）。

A. 不得给予张某任何处分　　B. 可以给予张某通报批评，记过等处分

C. 可以解除与张某订立的劳动合同　　D. 可以降低张某的工资和福利待遇

2. 某煤矿企业与矿工签订的用工协议中规定：如果矿工作业时发生的事故而丧失部分劳动能力，可得到一次性补偿金 25 000 元；完全丧失劳动能力可得到一次性补偿金 50 000 元，此后企业与矿工不再有任何关系，不再负责其他善后事项。依据《安全生产法》的规定，下列关于该企业用工协议的说法，正确的是（　　）。

A. 该协议具有法律效力，若矿工因工受伤，应遵照办理

B. 该协议无效，应对企业的主要负责人给予 10 日以下拘留

C. 该协议无效，因工受伤的矿工有权向企业提出赔偿要求

D. 该协议中的赔偿事项成立，数额不足部分由企业补足

3. 依据《安全生产法》的规定，下列关于从业人员安全生产义务的说法，错误的是（　　）。

A. 在作业过程中，严格遵守安全生产规章制度和操作规程，服从管理，正确佩戴和使用劳动防护用品

B. 接受安全生产教育和培训，掌握工作所需的安全生产知识，提高安全生产技能，增强事故预防和应急处理能力

C. 具备与本单位所从事的生产经营活动相应的安全生产知识和能力，并由有关行政主管部门考核合格

D. 发现事故隐患或者其他不安全因素，应当立即向现场安全生产管理人员或本单位负责人报告

4. 根据《安全生产法》，从业人员安全生产权利与义务包括（　　）。

A. 从业人员有权拒绝接受生产经营单位提供的安全生产教育培训

B. 发现直接危及人身安全的紧急情况时，从业人员有权立即撤离作业现场

C. 从业人员发现事故隐患，应当立即报告现场安全生产管理人员或者本单位负责人

D. 从业人员受到事故伤害获得工伤保险后，不再享有获得民事赔偿的权利

二、多项选择题（每题 2 分，每题的备选项中，有 2 个或 2 个以上符合题意，至少有 1 个错项。错选，本题不得分；少选，所选的每个选项得 0.5 分）

1. 根据《安全生产法》，生产经营单位从业人员的安全生产权利包括（　　）。

A. 紧急避险权　　B. 知情权

C. 佩戴安全帽　　D. 拒绝违章指挥和强令冒险作业

E. 接受安全培训

2. 根据《安全生产法》，从业人员可以行使（　　）权利。

A. 从业人员有权对本单位安全生产工作中存在的问题提出批评、检举、控告

B. 有权拒绝指挥和停止作业

C. 从业人员有权了解其作业场所和工作岗位存在的危险因素、防范措施及事故应急措施

D. 对本单位的安全生产工作提出建议

E. 有权获得安全保障、工伤保险

# 第五节　安全生产的监督管理

【本节重点】

了解负有安全生产监督管理职责的部门的行政许可职责，掌握负有安全生产监督管理职责的部门依法监督检查时行使的职权、安全生产监督检查的要求、对拒不执行执法决定实施停电停供民用爆炸物品措施的规定。

《安全生产法》所确立的安全生产监督管理法律制度，包括政府监督管理与社会监督两部分，监督的主体有各级人民政府及其安全生产监督管理部门、有关部门、公民、工会、社区基层组织和新闻媒体，依照法律赋予的权力（权利）对安全生产工作进行监督。

## 一、负有安全生产监督管理职责的部门的行政许可职责

### 1. 负有安全生产监督管理职责的部门

《安全生产法》第九条将安全生产监督管理部门和负有安全生产监督管理职责的有关部门统称为“负有安全生产监督管理职责的部门”。安全生产监督管理部门对本行政区域内的安全生产工作实施综合监督管理，负有安全生产监督管理职责的有关部门依照有关法律、法规对有关行业、领域的安全生产工作实施专项监督管理。

### 2. 负有安全生产监督管理职责的部门的行政许可职责

县级以上人民政府安全生产监督管理部门和其他负有安全生产监督管理职责的部门，按照各自的职责分工对安全生产实施监督管理的主要职权之一，是依法对有关安全生产事项实施行政许可。《安全生产法》第六十条、第六十一条对负有安全生产监督管理职责的部门的行政许可职责从 3 个方面作出了规定。

（1）《安全生产法》规定：“对涉及安全生产的事项需要审查批准或者验收的，必须严格依照有关法律、法规和国家标准或者行业标准规定的安全生产条件和程序进行审查；不符合有关法律、法规和国家标准或者行业标准规定的安全生产条件的，不得批准或者验收通过。”这项职责主要是通过行政许可解决安全生产主体的市场准入问题。负有安全生产监督管理职责的部门应当严格依照法定授权，按照法定程序，对申

请人应当符合的法定安全生产条件实施审查，对需要进行验收的安全生产事项进行验收。

（2）《安全生产法》规定：“对未依法取得批准或者验收合格的单位擅自从事有关活动的，负责行政审批的部门发现或者接到举报后应当立即予以取缔，并依法予以处理。”这是针对未依法提出安全生产行政许可的申请、未取得行政许可擅自从事生产经营活动的生产经营单位而设定的监督管理职权。

（3）《安全生产法》规定：“对已经依法取得批准的单位，负责行政审批的部门发现其不再具备安全生产条件的，应当撤销原批准。”这是针对已经取得安全生产事项行政许可的生产经营单位而设定的安全生产条件的动态监督管理职责。

## 二、负有安全生产监督管理职责的部门依法监督检查时行使的职权

《安全生产法》第六十二条对安全生产监督管理部门和其他负有安全生产监督管理职责的部门依法开展安全生产行政执法工作，对生产经营单位执行有关安全生产的法律、法规和国家标准或者行业标准的情况进行监督检查，赋予了 4 项职权。

### 1. 现场检查权

《安全生产法》第六十二条规定，安全生产监督检查人员有权“进入生产经营单位进行检查，调阅有关资料，向有关单位和人员了解情况。”

### 2. 当场处理权

《安全生产法》第六十二条规定：“对检查中发现的安全生产违法行为，当场予以纠正或者要求限期改正；对依法应当给予行政处罚的行为，依照本法和其他有关法律、行政法规的规定作出行政处罚决定。”

### 3. 紧急处置权

《安全生产法》第六十二条规定，安全生产检查人员“对检查中发现的事故隐患，应当责令立即排除；重大事故隐患排除前或者排除过程中无法保证安全的，应当责令从危险区域内撤出作业人员，责令暂时停产停业或者停止使用相关设施、设备；重大事故隐患排除后，经审查同意，方可恢复生产经营和使用。”

### 4. 查封扣押权

《安全生产法》第六十二条规定安全生产检查人员“对有根据认为不符合保障安全生产的国家标准或者行业标准的设施、设备、器材以及违法生产、储存、使用、经营、运输的危险物品予以查封或者扣押，对违法生产、储存、使用、经营危险物品的作业场所予以查封，并依法作出处理决定。”

## 三、安全生产监督检查的要求

### 1. 执法行为的要求

《安全生产法》第六十四条规定：“安全生产监督检查人员应当忠于职守，坚持原则，秉公执法。安全生产监督检查人员执行监督检查任务时，必须出示有效的监督执法证件；对涉及被检查单位的技术秘密和业务秘密，应当为其保密。”

### 2. 执法质量的要求

《安全生产法》第六十五条规定：“安全生产监督检查人员应当将检查的时间、地

点、内容、发现的问题及其处理情况，作出书面记录，并由检查人员和被检查单位的负责人签字；被检查单位的负责人拒绝签字的，检查人员应当将情况记录在案，并向负有安全生产监督管理职责的部门报告。”

3. 相互配合的要求

《安全生产法》第六十六条规定：“负有安全生产监督管理职责的部门在监督检查中，应当互相配合，实行联合检查；确需分别进行检查的，应当互通情况，发现存在的安全问题应当由其他有关部门进行处理的，应当及时移送其他有关部门并形成记录备查，接受移送的部门应当及时进行处理。”

## 四、对拒不执行执法决定实施停电停供民用爆炸物品措施的规定

《安全生产法》第六十七条规定：“负有安全生产监督管理职责的部门依法对存在重大事故隐患的生产经营单位作出停产停业、停止施工、停止使用相关设施或者设备的决定，生产经营单位应当依法执行，及时消除事故隐患。生产经营单位拒不执行，有发生生产安全事故的现实危险的，在保证安全的前提下，经本部门主要负责人批准，负有安全生产监督管理职责的部门可以采取通知有关单位停止供电、停止供应民用爆炸物品等措施，强制生产经营单位履行决定。通知应当采用书面形式，有关单位应当予以配合。负有安全生产监督管理职责的部门依照前款规定采取停止供电措施，除有危及生产安全的紧急情形外，应当提前二十四小时通知生产经营单位。生产经营单位依法履行行政决定，采取相应措施消除事故隐患的，负有安全生产监督管理职责的部门应当及时解除前款规定的措施。”

## 五、行政监察机关的职责

《安全生产法》第六十八条规定：“监察机关依照行政监察法的规定，对负有安全生产监督管理职责的部门及其工作人员履行安全生产监督管理职责实施监察。”监察机关发现违法违纪的，应当依法处理。

## 六、安全生产违法行为举报的规定

《安全生产法》关于安全生产违法行为举报的规定包括社会举报和举报受理两个方面。

1. 社会举报

《安全生产法》第七十一条规定：“任何单位或者个人对事故隐患或者安全生产违法行为，均有权向负有安全生产监督管理职责的部门报告或者举报。”这里明确了三个问题：一是法律授予所有单位和公民都有举报的权利。二是举报的内容为生产安全事故隐患和安全生产违法行为。三是要向法定的政府部门举报。

2. 举报受理

《安全生产法》第七十条规定：“负有安全生产监督管理职责的部门应当建立举报制度，公开举报电话、信箱或者电子邮件地址，受理有关安全生产的举报；受理的举报事项经调查核实后，应当形成书面材料；需要落实整改措施的，报经有关负责人签字并督促落实。”目前，安全生产举报投诉特服号是“12350”，受理生产安全事故、重

大事故隐患、非法违法生产建设经营等方面的举报投诉。

## 七、安全生产社会监督、舆论监督的规定

### 1. 社会监督

《安全生产法》第七十二条规定："居民委员会、村民委员会发现其所在区域内的生产经营单位存在事故隐患或者安全生产违法行为时，应当向当地人民政府或者有关部门报告。"

### 2. 舆论监督

《安全生产法》第七十四条明确规定："新闻、出版、广播、电影、电视等单位有进行安全生产公益宣传教育的义务，有对违反安全生产法律、法规的行为进行舆论监督的权利。"

## 八、对存在严重违法行为的生产经营单位向社会公告的规定

《安全生产法》第七十五条规定："负有安全生产监督管理职责的部门应当建立安全生产违法行为信息库，如实记录生产经营单位的安全生产违法行为信息；对违法行为情节严重的生产经营单位，应当向社会公告，并通报行业主管部门、投资主管部门、国土资源主管部门、证券监督管理机构以及有关金融机构。"这就是通常讲的"黑名单"制度。通过实施这项措施，督促引导生产经营单位依法依规、诚实守信。

**【练习提高】**

### 一、单项选择题（每题 1 分，每题的备选项中，只有 1 个最符合题意）

1. 某县安全监管部门王某，对该县的某企业进行了现场检查，并针对检查发现的问题，采取了处置措施。依据《安全生产法》的规定，王某下列履职行为，正确的是（　　）。

A. 发现一台进口的设备未进行危险、有害因素辨识，予以查封

B. 现场发现 10 多例违章作业行为，责令企业停产停业整顿

C. 发现安全生产教育和培训记录作假，给予 3 万元罚款处罚

D. 发现一座厂房有倒塌危险，提请当地人民政府对企业予以关闭

2. 根据《安全生产法》，关于安全生产监督检查人员履行安全监管职责的说法，正确的是（　　）。

A. 监督检查人员出示工作证进入被检查单位

B. 监督检查人员将检查出来的问题及处理情况，以书面形式告知被检查单位的负责人

C. 涉及被检查单位技术秘密和业务秘密的，监督检查人员不得进行检查

D. 被检查单位的负责人拒绝签字的，监督检查人员对其进行处罚

3. 甲市安全监管人员在执法检查时，发现某烟花爆竹企业存在重大事故隐患，监管人员责令企业立即停止作业，并要求立即从车间撤出作业人员，排除事故隐患。依据《安全生产法》的规定，该企业排除重大事故隐患后，有权对其恢复生产经营进行审查同意的单位是（　　）。

A. 企业上级主管部门 B. 安全监管部门

C. 公安机关 D. 人民政府

4. 甲市安全监管部门对该市企业进行安全生产随机抽查，依据《安全生产法》的规定，下列关于安全生产监督检查人员在执法检查中的做法，正确的是（ ）。

A. 在对某危险化学品仓储企业检查时，出示工作证后进入现场

B. 在对某煤矿企业检查时，发现该矿某采煤工作面上隅角瓦斯超限，属于重大生产安全事故隐患，责令立即从该工作面撤出作业人员并对该矿依法作出行政处罚决定

C. 在对加油站检查时，发现该加油站安全距离不符合规定，依法作出责令该加油站停止营业的行政处罚，加油站拒不执行停业决定，检查人员遂通知供电部门停止供电

D. 在对某化工企业检查时，为保证检查效果，先要求企业停产配合检查。后发现某机电设备为国家明令淘汰禁止使用产品，依法作出予以查封的处理决定

5. 依据《安全生产法》的规定，负有安全生产监督管理职责的部门对安全生产检查中发现的安全生产违法行为，应当（ ）。

A. 当场做出行政处罚并限期改正

B. 责令停业整顿并依法给予罚款处罚

C. 当场予以纠正或者要求限期改正

D. 责令立即停止违法行为并当场做出行政处罚

6. 根据《安全生产法》，下列关于安全生产监督管理的说法，正确的是（ ）。

A. 负有安全监管职责的部门在监督检查中，应当相互配合，实行联合检查

B. 负有安全监管职责的部门对涉及安全生产的事项进行审查、验收，可以收取一定费用

C. 负有安全监管职责的部门可以要求接受审查、验收的单位购买指定品牌的安全设备

D. 负有安全监管职责的部门可以要求被检查单位停止生产经营活动，接受检查

**二、多项选择题（每题 2 分，每题的备选项中，有 2 个或 2 个以上符合题意，至少有 1 个错项。错选，本题不得分；少选，所选的每个选项得 0.5 分）**

1. 甲县安全监察人员在对某煤气厂进行检查时，发现煤气发生炉存在煤气泄漏重大事故隐患，且现场煤气监测报警仪完全失效。根据《安全生产法》，安全监察人员应当（ ）。

A. 责令煤气厂立即排除该重大事故隐患

B. 责令撤出煤气厂工作人员

C. 责令煤气厂暂时停产

D. 当场给予煤气厂行政处罚 5 000 元

E. 当场给予煤气厂厂长行政处罚 2 000 元

2. 为了加强日常监督管理，加大执法工作力度，《安全生产法》赋予了负有安全生产监督管理职责的部门（ ）。

A. 现场检查权 B. 紧急处置权 C. 当场处理权 D. 查封扣押权

E. 安全关闭权

## 第六节　生产安全事故的应急救援与调查处理

**【本节重点】**

熟悉国家应急能力建设的规定和地方政府应急救援工作的职责，掌握生产经营单位特别是高危生产经营单位应急救援的要求，了解生产安全事故调查处理的规定。

事故应急和处理制度主要包括事故应急预案的制定和事故应急体系的建立、高危生产经营单位的应急救援、事故报告、重大事故的应急抢救、调查处理的原则、事故责任的追究、事故统计和公布等内容。《安全生产法》突破了重视事后调查处理忽视事前应急准备的旧模式，将应急救援纳入事故调查处理制度之中，这对保护人民群众生命和财产安全具有重要意义。

### 一、国家应急能力建设的规定

#### 1. 加强生产安全事故应急救援能力建设

《安全生产法》第七十六条第一款规定："国家加强生产安全事故应急能力建设，在重点行业、领域建立应急救援基地和应急救援队伍，鼓励生产经营单位和其他社会力量建立应急救援队伍，配备相应的应急救援装备和物资，提高应急救援的专业化水平。"

#### 2. 建立全国统一的生产安全事故应急救援信息系统

《安全生产法》第七十六条第二款规定："国务院安全生产监督管理部门建立全国统一的生产安全事故应急救援信息系统，国务院有关部门建立健全相关行业、领域的生产安全事故应急救援信息系统。"地方各级人民政府应当根据上述原则，建立本行政区域统一的生产安全事故应急救援信息系统和相关行业、领域的生产安全事故应急救援信息系统，并相互对接，信息共享。此外，生产安全事故救援信息系统也应当与地方政府的突发事件信息系统对接。

### 二、地方政府应急救援工作的职责

各级人民政府在各类重大、特别重大事故的应急救援工作中处于组织指挥的核心地位，因此有必要制定应急预案，建立、健全救援体系。《安全生产法》第七十七条规定："县级以上地方各级人民政府应当组织有关部门制定本行政区域内生产安全事故应急救援预案，建立应急救援体系。"事故应急预案应当包括可能发生的生产安全事故的种类，事故发生的地区、地段、地点或者单位，事故波及地区的人员、道路交通、消防设施和通道，事故可能造成的危害及其应对措施，事故救援的组织指挥，抢救受伤人员的措施以及设施、设备、器材和物品的组织供应，事故现场秩序维持和后期处理措施等。事故救援体系应当明确各级救援组织机构的建立及其领导人员，确定内部分设的专门救援组织，明确各自的岗位及其职责，形成一个能够处理突发事故的救援体系。

## 三、生产经营单位应急预案的规定

生产经营单位是安全生产责任主体。一旦发生生产安全事故，生产经营单位应该首先开展事故救援工作。为此，《安全生产法》第七十八条规定："生产经营单位应当制定本单位生产安全事故应急救援预案，与所在地县级以上地方人民政府组织制定的生产安全事故应急救援预案相衔接，并定期组织演练。"

## 四、高危生产经营单位应急救援组织及装备、器材的规定

危险物品的生产、经营、储存单位以及矿山、金属冶炼、城市轨道交通运营、建筑施工单位（即所谓"高危生产经营单位"）由于其所从事的生产、经营等活动的特殊性，一旦发生事故，将会对人民群众的生命财产安全造成严重损害。因此，《安全生产法》第七十九条规定："危险物品的生产、经营、储存单位以及矿山、金属冶炼、城市轨道交通运营、建筑施工单位应当建立应急救援组织；生产经营规模较小的，可以不建立应急救援组织，但应当指定兼职的应急救援人员。危险物品的生产、经营、储存、运输单位以及矿山、金属冶炼、城市轨道交通运营、建筑施工单位应当配备必要的应急救援器材、设备和物资，并进行经常性维护、保养，保证正常运转。"

## 五、生产经营单位发生事故后的报告和处置规定

发生生产安全事故后，生产经营单位应当立即报告和开展应急救援工作。《安全生产法》第八十条规定："生产经营单位发生生产安全事故后，事故现场有关人员应当立即报告本单位负责人。单位负责人接到事故报告后，应当迅速采取有效措施，组织抢救，防止事故扩大，减少人员伤亡和财产损失，并按照国家有关规定立即如实报告当地负有安全生产监督管理职责的部门，不得隐瞒不报、谎报或者迟报，不得故意破坏事故现场、毁灭有关证据。"

## 六、政府及负有安全生产监督管理职责的部门发生事故后的报告和处置规定

### 1. 事故报告的职责

《安全生产法》第八十一条规定："负有安全生产监督管理职责的部门接到事故报告后，应当立即按照国家有关规定上报事故情况。负有安全生产监督管理职责的部门和有关地方人民政府对事故情况不得隐瞒不报、谎报或者迟报。"这里讲的国家规定，主要指国务院及国务院有关部门制定的有关规定，如《生产安全事故报告和调查处理条例》《危险化学品安全管理条例》。

### 2. 组织事故救援的职责

《安全生产法》第八十二条规定："有关地方人民政府和负有安全生产监督管理职责的部门的负责人接到生产安全事故报告后，应当按照生产安全事故应急救援预案的要求立即赶到事故现场，组织事故抢救。参与事故抢救的部门和单位应当服从统一指挥，加强协同联动，采取有效的应急救援措施，并根据事故救援的需要采取警戒、疏散等措施，防止事故扩大和次生灾害的发生，减少人员伤亡和财产损失。事故抢救过

程中应当采取必要措施，避免或者减少对环境造成的危害。任何单位和个人都应当支持、配合事故抢救，并提供一切便利条件。”

## 七、生产安全事故调查处理的规定

### 1. 事故调查处理的原则

根据《安全生产法》第八十三条的规定，事故调查处理应当按照科学严谨、依法依规、实事求是、注重实效的原则。科学严谨，是指调查处理生产安全事故时，应当运用科学的理论和方式指导调查工作，防止个人意识主导，力求客观、公正。依法依规，是指调查处理应当遵循法律、法规、规章等程序和规则，依法开展调查处理。实事求是，是指对生产安全事故进行调查处理，必须从实际出发，在深入调查的基础上，客观、真实地查清事故真相，明确事故责任，提出处理意见，并有针对性地提出事故防范措施。注重实效，是指事故调查处理工作应当提高效率，在规定时间内结案，不得无故拖延。

### 2. 事故责任的追究

《安全生产法》第八十四条规定：“生产经营单位发生生产安全事故，经调查确定为责任事故的，除了应当查明事故单位的责任并依法予以追究外，还应当查明对安全生产的有关事项负有审查批准和监督职责的行政部门的责任，对有失职、渎职行为的，依照本法第八十七条的规定追究法律责任。”本条规定的责任主体包括生产经营单位的主要负责人、个人经营的投资人和负有安全生产监督管理职责的部门的工作人员。如果违反法律规定应予追究责任的，将要受到法律的制裁。

### 3. 事故统计和公布

《安全生产法》第八十六条规定：“县级以上各级地方人民政府安全生产监督管理部门应当定期统计分析本行政区域内发生生产安全事故的情况，并定期向社会公布。”按照这条规定，凡是发生生产安全事故的单位及各有关部门，都应当依照有关事故报告、统计分析的规定，及时、准确地向当地安全生产监管部门报告，由县级以上地方人民政府安全生产监管部门逐级进行汇总、统计和分析，定期通过公共传媒予以公布。

## 【练习提高】

### 一、单项选择题（每题1分，每题的备选项中，只有1个最符合题意）

1. 县级以上各级人民政府要依法履行生产安全事故应急救援职责，做好应急救援准备，尽可能减少事故造成的人员伤亡和财产损失，依据《安全生产法》的规定，下列不属于政府应急救援相关职责的是（　　）。

A. 国务院安全监管部门负责建立全国统一的生产安全事故应急救援信息系统

B. 地方各级人民政府应加强生产安全事故应急能力建设，在重点领域建立应急救援基地

C. 县级以上地方各级人民政府应当组织有关部门制定本行政区域内生产安全事故应急救援预案

D. 地方各级人民政府鼓励生产经营单位建立应急救援队伍，配备相应的应急救

援装备和物资

2. 依据《安全生产法》的规定，下列关于生产经营单位应急救援工作的说法，错误的是（　　）。

A. 生产经营单位应当制定本单位生产安全事故应急救援预案，并与所在地县级以上地方人民政府的生产安全事故应急救援预案相衔接

B. 危险物品的生产、经营、储存单位都应建立应急救援组织，配备必要的应急救援器材、设备和物资

C. 危险物品的生产经营单位应当配备必要的应急救援器材、设备和物资，并进行经常性的维护保养，保证正常运转

D. 生产经营单位发生生产安全事故后，应当迅速采取有效措施，组织抢救，防止事故扩大

3. 依据《安全生产法》的规定，下列关于事故报告和应急救援工作的说法，正确的是（　　）。

A. 生产经营单位应当建立应急救援组织，生产经营规模较小的可以不建立应急救援组织，但应当指定兼职的应急救援人员

B. 负有安全监管职责的部门接到事故报告后，应在 3 小时内核实上报事故情况

C. 安全监管部门接到生产安全事故报告后，应在 2 小时内赶赴事故现场

D. 有关地方政府负责人接到生产安全事故报告后，应按要求立即赶到事故现场，组织事故抢救

**二、多项选择题（每题 2 分，每题的备选项中，有 2 个或 2 个以上符合题意，至少有 1 个错项。错选，本题不得分；少选，所选的每个选项得 0.5 分）**

1. 依据《安全生产法》的规定，下列生产经营规模较大的公司中，应当建立应急救援组织的是（　　）。

A. 交通运输公司　　B. 建筑施工公司

C. 城市轨道交通运营公司　　D. 烟花爆竹生产企业

E. 金属冶炼公司

2. 某烟花爆竹生产企业发生爆炸事故。根据《安全生产法》等法律法规，下列关于该企业事故报告和应急救援的说法，正确的有（　　）。

A. 事故现场有关人员应当立即报告本单位负责人

B. 该企业负责人接到事故报告后，应当迅速采取有效措施，组织抢救，防止事故扩大，减少人员伤亡和财产损失

C. 该企业主要负责人组织员工立即抢救生产设备、物料，减少财产损失

D. 该企业主要负责人应当按照本企业烟花爆竹应急预案组织救援，并向当地安全监管部门和环境保护、公安等行政主管部门报告

E. 该企业负责人接到报告后，应当于 3 小时内向事故发生地县级以上人民政府安全监管部门和负有安全监管职责的有关部门报告

# 第七节　安全生产法律责任

**【本节重点】**

掌握安全生产法律责任的形式；了解安全生产违法行为的责任主体和行政处罚的决定机关；了解安全生产各类违法行为。

## 一、安全生产法律责任的形式

追究安全生产违法行为法律责任的形式有 3 种，即行政责任、民事责任和刑事责任。

**1. 行政责任**

它是指责任主体违反安全生产法律规定，由有关人民政府和安全生产监督管理部门、其他负有安全生产监督管理职责的部门、公安机关依法对其实施行政处罚的一种法律责任。行政责任在追究安全生产违法行为的法律责任方式中运用最多。《安全生产法》针对安全生产违法行为设定的行政处罚，共有责令改正、责令限期改正、责令停产停业整顿、责令停止建设、停止使用、责令停止违法行为、罚款、没收违法所得、吊销证照、行政拘留、关闭等。

**2. 民事责任**

它是指责任主体违反安全生产法律规定造成民事损害，由人民法院依照民事法律强制其进行民事赔偿的一种法律责任。民事责任的追究是为了最大限度地维护当事人受到民事损害时享有获得民事赔偿的权利。《安全生产法》第一百条规定，“生产经营单位将生产经营项目、场所、设备发包或者出租给不具备安全生产条件或者相应资质的单位或者个人的”“导致发生生产安全事故给他人造成损害的，与承包方、承租方承担连带赔偿责任”。第一百一十一条中规定，“生产经营单位发生生产安全事故造成人员伤亡、他人财产损失的，应当依法承担赔偿责任”。

**3. 刑事责任**

刑事责任是指责任主体违反安全生产法律规定构成犯罪，由司法机关依照刑事法律给予刑罚的一种法律责任。依法处以剥夺犯罪分子人身自由的刑罚，是 3 种法律责任中最严厉的。《刑法》有关安全生产违法行为的罪名，主要有重大责任事故罪、重大劳动安全事故罪、危险物品肇事罪和提供虚假证明文件罪以及国家工作人员职务犯罪等。

## 二、安全生产违法行为的责任主体

安全生产违法行为的责任主体，是指依照《安全生产法》的规定享有安全生产权利、负有安全生产义务和承担法律责任的社会组织和公民。责任主体主要包括 4 种。

**1. 有关人民政府和负有安全生产监督管理职责的部门及其领导人、负责人**

《安全生产法》明确规定了各级地方人民政府和负有安全生产监督管理职责的部门对其管辖行政区域和职权范围内的安全生产工作进行监督管理。如果由于有关地方人民政府和负有安全生产监督管理职责的部门的领导人和负责人违反法律规定而导致重大、特别重大事故，执法机关将依法追究因其失职、渎职和负有领导责任的行为所应承担的法律责任。

**2. 生产经营单位及其负责人、有关主管人员**

《安全生产法》第十八条规定了生产经营单位主要负责人应负的7项安全生产职责，第二十二条、第二十三条对安全生产管理机构以及安全生产管理的职责作出了规定。生产经营单位的主要负责人、分管安全生产的其他负责人和安全生产管理人员是安全生产工作的直接管理者，保障安全生产是他们义不容辞的责任。

**3. 生产经营单位的其他从业人员**

《安全生产法》在赋予他们必要的安全生产权利的同时，设定了他们必须履行的安全生产义务。如果因从业人员违反安全生产义务而导致事故，那么必须承担相应的法律责任。

**4. 安全生产专业服务机构和安全生产专业服务人员**

从事安全生产评价认证、检测检验、咨询服务等工作的机构及其安全生产的专业工程技术人员，必须具有执业资质才能依法为生产经营单位提供服务。如果专业机构及其工作人员对其承担的安全评价、认证、检测、检验事项出具虚假证明，视其情节轻重，将追究其行政责任、民事责任和刑事责任。

## 三、安全生产违法行为行政处罚的决定机关

《安全生产法》规定的行政执法主体有4种。

**1. 县级以上人民政府安全生产监督管理部门**

《安全生产法》第一百一十条规定："本法规定的行政处罚，由安全生产监督管理部门和其他负有安全生产监督管理职责的部门按照职责分工决定。"安全生产监督管理部门有权依据《安全生产法》的规定作出处罚决定。

**2. 县级以上人民政府其他负有安全生产监督管理职责的部门**

《安全生产法》第一百一十条规定，其他负有安全生产监督管理职责的部门，如公安、交通运输、住房城乡建设等部门，根据其职责分工，在其负责的有关行业、领域内有权依据《安全生产法》的规定作出处罚决定。

**3. 县级以上人民政府**

《安全生产法》第一百一十条针对不具备本法和其他法律、行政法规和国家标准或行业标准规定的安全生产条件，经停产整顿仍不达标的生产经营单位，规定由负责安全生产监督管理的部门报请县级以上人民政府按照国务院规定的权限决定予以关闭。这就是说，关闭的行政处罚的执法主体只能是县级以上人民政府，其他部门无权决定此项行政处罚。

**4. 公安机关**

《安全生产法》第一百一十条规定："给予拘留的行政处罚由公安机关依照治安管理处罚法的规定决定。"对违反《安全生产法》有关规定需要予以拘留的，公安机关以外的其他部门、单位和公民，都无权擅自实施。

## 四、生产经营单位的安全生产违法行为

安全生产违法行为是指安全生产法律关系主体违反安全生产法律规定所从事的非法生产经营活动，分为作为和不作为。作为是指责任主体实施了法律禁止的行为而触犯法律，不作为是指责任主体不履行法定义务而触犯法律。《安全生产法》规定的追究法律责任的生产经营单位安全生产违法行为有27种，如：生产经营单位的决策机构、主要负责人或者个人经营的投资人不依照本法规定保证安全生产所必需的资金投入，致使生产经营单位不具备安全生产条件；生产经营单位未按照规定设置安全生产管理机构或者配备安全生产管理人员；未如实记录安全生产教育和培训情况；未将事故隐患排查治理情况如实记录或者未向从业人员通报；未按照规定制定生产安全事故应急救援预案或者未定期组织演练；未建立事故隐患排查治理制度；等等。

《安全生产法》对上述安全生产违法行为设定的法律责任分别是：处以罚款、没收违法所得、责令限期改正、停产停业整顿、责令停止建设、责令停止违法行为、吊销证照、关闭的行政处罚；导致发生生产安全事故给他人造成损害或者其他违法行为造成他人损害的，承担赔偿责任或者连带赔偿责任；构成犯罪的，依法追究刑事责任。

## 五、从业人员的安全生产违法行为

《安全生产法》规定了追究生产经营单位主要负责人、个人经营的投资人及其他从业人员法律责任的安全生产违法行为，涉及行政责任和刑事责任。对这些违法行为将实施降级、撤职、罚款、暂停或者撤销其与安全生产有关的资格、拘留等行政处罚；主要负责人5年内不得担任任何生产经营单位的主要负责人；对重大、特别重大生产安全事故负有责任的，终身不得担任本行业生产经营单位的主要负责人；构成犯罪的，依法追究刑事责任。

## 六、安全生产专业机构的违法行为

《安全生产法》规定的追究安全生产专业机构及其有关人员法律责任的安全生产违法行为，主要是指承担安全评价、认证、检测、检验工作的机构出具虚假证明，涉及行政责任、民事责任和刑事责任。

《安全生产法》第八十九条规定，承担安全评价、认证、检测、检验工作的机构，出具虚假证明的，没收违法所得；违法所得在10万元以上的，并处违法所得2倍以上5倍以下的罚款；没有违法所得或者违法所得不足10万元的，单处或者并处10万元以上20万元以下的罚款；对其直接负责的主管人员和其他直接责任人员处2万元以上5万元以下的罚款；给他人造成损害的，与生产经营单位承担连带赔偿责任；构成犯罪的，依照刑法有关规定追究刑事责任。对有前款违法行为的机构，吊销其相应资质。

## 七、负有安全生产监督管理职责的部门工作人员的违法行为

《安全生产法》规定的追究政府及有关部门工作人员法律责任的安全生产违法行为有：对不符合法定安全生产条件的涉及安全生产的事项予以批准或者验收通过；发现未依法取得批准、验收的单位擅自从事有关活动，或者接到举报后不予取缔或者不依

法予以处理；对已经依法取得批准的单位不履行监督管理职责，发现其不再具备安全生产条件而不撤销原批准或者发现安全生产违法行为不予查处；在监督检查中发现重大事故隐患，不依法及时处理等7种情形。对这些违法行为将给予行政降级、撤职等行政处分；构成犯罪的，依照刑法有关规定追究刑事责任。

### 八、民事赔偿的强制执行

民事责任的执法主体是各级人民法院。如果当事人各方不能就民事赔偿和连带赔偿的问题协商一致，即可通过民事诉讼主张权利、获得赔偿。如果当事各方就民事赔偿问题已经协商一致，就不存在通过诉讼方式主张权利的必要。

**1. 民事责任的含义**

民事责任是指当事人对其违反民事法律的行为依法应当承担的法律责任。追究民事责任的前提条件是民事关系主体一方（生产经营单位或者安全生产中介机构）侵犯了另一方的民事权利，造成其人身伤害或者财产损失，造成民事损害的一方必须承担相应的民事赔偿责任。

**2. 连带赔偿**

这是指两个以上生产经营单位或者社会组织对他们的共同民事违法行为所应承担的共同赔偿责任。连带赔偿的主体是两个以上，共同实施了一个或者多个民事违法行为，其损害后果可能是导致生产安全事故，也可能是其他后果。

（1）承担安全评价、认证、检测、检验工作的中介服务机构出具虚假证明给他人造成损害的，与生产经营单位承担连带赔偿责任。

（2）生产经营单位将生产经营项目、场所、设备发包或者出租给不具备安全生产条件或者相应资质的单位或者个人，导致发生生产安全事故给他人造成损害的，与承包方、承租方承担连带赔偿责任。

**3. 事故损害赔偿**

事故损害赔偿专指因生产经营单位的过错，即安全生产违法行为而导致生产安全事故，造成人员伤亡、他人财产损失所应承担的赔偿责任。事故损害赔偿与连带赔偿的区别在于，事故损害赔偿只有一个主体，单独实施了一个或者多个民事违法行为，其损害后果只能是一个，即导致生产安全事故。这里应当注意两点：一是过错方必须是生产经营单位，即生产经营单位有安全生产违法行为而引发事故。二是事故造成了本单位从业人员的伤亡或者不特定的其他人的财产损失。

## 【练习提高】

### 一、单项选择题（每题1分，每题的备选项中，只有1个最符合题意）

1. 甲公司委托具有安全评价资质的乙机构实施某项目的安全评价，甲公司委托具有资质的丙机构针对该项目进行安全检测检验，甲公司将丙机构提交的报告交给乙机构作为安全评价的依据，因丙机构出具了虚假检测检验报告，导致发生生产安全事故，给他人造成重大经济损失。依据《安全生产法》的规定，对此次事故损失承担连带赔偿责任的单位是（　　）。

A. 甲公司和乙机构　　B. 甲公司和丙机构

C. 乙机构和丙机构　　D. 甲公司、乙机构和丙机构

2. 某化工集团欲投资建设生产剧毒磷化物的工厂，委托某机构进行安全评价。该机构在对项目的评价过程中，发现了若干不符合安全条件的问题，在化工集团将原定的服务报酬标准提高至 50 万元后，出具了建设项目符合要求的安全评价报告。依据《安全生产法》的规定，对该机构出具虚假报告的处罚应该是（　　）。

A. 没收违法所得，并处 40 万元的罚款

B. 没收违法所得，并处 90 万元的罚款

C. 没收违法所得，并处 180 万元的罚款

D. 没收违法所得，并处 300 万元的罚款

3. 依据《安全生产法》的规定，负有安全生产监督管理职责的部门对安全生产检查中发现的安全生产违法行为，应当（　　）。

A. 当场予以纠正或者要求限期改正

B. 当场做出行政处罚并限期改正

C. 责令停业整顿并依法给予罚款处罚

D. 责令立即停止违法行为并当场做出行政处罚

4. 依据《安全生产法》的规定，安全生产监管部门有着依法对生产经营单位执行安全生产法律法规和国家标准或者行业标准的情况进行监督检查，并行使现场检查权、现场处置权、紧急处置权和（　　）。

A. 行政处分权　　B. 强制执行权　　C. 行政居留权　　D. 查封扣押权

**二、多项选择题（每题 2 分，每题的备选项中，有 2 个或 2 个以上符合题意，至少有 1 个错项。错选，本题不得分；少选，所选的每个选项得 0.5 分）**

1. 依照《安全生产法》的规定，可以依法被追究安全生产违法犯罪刑事责任的主体有（　　）。

A. 政府负有安全生产监管职责部门的工作人员

B. 工会组织的工作人员

C. 生产经营单位的主要负责人

D. 生产经营单位的从业人员

E. 中介服务机构的有关人员

2. 根据《安全生产法》，生产经营单位主要负责人在本单位发生生产安全事故时，不立即组织抢救或者在事故调查期间擅离职守或者逃匿的，可追究的责任有（　　）。

A. 降级处分

B. 处上一年收入百分之四十至百分之一百的罚款

C. 撤职处分

D. 开除公职处分

E. 对逃匿的处 15 日以下拘留

3. 依据《安全生产法》规定，负有安全生产监督管理职责的部门的工作人员，有下列（　　）行为的，给予降级或者撤职的处分。

A. 在监督检查中发现重大事故隐患，不依法及时处理的

B. 发现未依法取得批准、验收的单位擅自从事有关活动或者接到举报后不予取缔或者不依法予以处理的
C. 对不符合法定安全生产条件的涉及安全生产的事项，予以批准或者验收通过的
D. 要求被审查的单位购买其指定的安全设备、器材或者其他产品的
E. 在对安全生产事项的审查中出示工作证

## 综合练习

**一、单项选择题（每题1分，每题的备选项中，只有1个最符合题意）**

1. 根据《安全生产法》，下列关于安全生产基本规定的说法，正确的是（　　）。
A. 安全生产工作应当建立生产经营单位负责、专业服务机构参与、监管监察部门监管、行业自律和社会监督的机制
B. 国务院和县级以上地方各级人民政府对安全生产工作实施综合监督管理
C. 工会对生产经营单位的安全生产工作实施监督，维护职工安全生产方面的合法权益
D. 生产经营单位委托专业服务机构提供安全生产技术、管理服务的，保证安全生产的责任由该专业服务机构负责

2. 刘某、赵某、黄某、张某4人合伙成立一家金属冶炼公司，该公司董事长由最大的股东刘某担任，但刘某因生病长期休养，并不直接参与公司生产经营活动；公司总经理由赵某担任，全面负责生产经营活动；黄某担任冶炼车间主任，负责车间日常生产管理；张某担任公司工会主席。根据《安全生产法》，由（　　）负责督促、检查公司安全生产工作，及时消除安全生产事故隐患。
A. 刘某　　B. 赵某　　C. 张某　　D. 黄某

3. 某企业的主要负责人王某因未履行安全生产管理职责，导致发生生产安全事故，于2014年3月12日收到撤职处分，后该企业重新改制分立新企业，拟聘王某为主要负责人。依据《安全生产法》的规定，王某可以任职的时间是（　　）。
A. 2015年3月12日后　　B. 2017年3月12日后
C. 2019年3月12日后　　D. 2024年3月12日后

4. 根据《安全生产法》，下列生产经营单位应当设置安全生产管理机构或者配备专职安全生产管理人员的是（　　）。
A. 从业人员90人的机械制造单位　　B. 从业人员80人的危险化学品使用单位
C. 从业人员80人的食品加工单位　　D. 从业人员50人的生鲜产品运输单位

5. 某大型仓储企业有闲置厂房多处，为盘活固定资产对外出租闲置厂房。依据《安全生产法》的规定，下列做法正确的是（　　）。
A. 将某闲置厂房出租给某矿山企业存放民用爆炸物品，并与该企业签订专门的安全生产管理协议，约定由该企业全权负责安全生产管理并承担安全生产责任
B. 将某闲置厂房出租给某物流公司，在租赁合同中明确双方安全职责，并按照

合同约定由出租方定期对该公司进行安全生产检查，发现安全问题及时督促整改

C. 将某闲置厂房出租给某大型连锁超市，双方签订专门的安全生产管理协议，规定出租方不承担对该连锁超市安全生产检查的责任

D. 将某闲置厂房出租给某保险公司作营业用房，考虑到保险公司业务特点，在租赁合同中对双方安全职责未做明确规定

6. 某炼钢厂要新建一个厂房，选定由甲公司和乙公司承建，并分别签订专门的安全生产管理协议。甲公司没有相关的资质，在施工中发生了人身伤亡事故。依据《安全生产法》的规定，下列关于安全生产管理职责的说法，错误的是（　　）。

A. 炼钢厂将建设项目发包给甲公司违反规定

B. 炼钢厂已经与甲、乙公司签订安全生产管理协议，因此事故发生后钢铁公司不承担安全生产责任

C. 炼钢厂与乙公司可以在承包合同中约定各自的安全生产管理责任

D. 炼钢厂需要对甲、乙公司的建设工程中的安全生产工作进行统一协调、管理

7. 甲建筑公司和乙装饰装修公司在同一作业区域内进行作业活动，可能危及对方生产安全。根据《安全生产法》，下列关于在同一作业区城内安全生产管理的说法，正确的是（　　）。

A. 甲、乙公司应当签订安全生产管理协议，指定专职安全生产管理人员进行安全检查与协调

B. 应当签订合作经营协议，各指定管理人员负责各自的安全生产管理

C. 所在地安全监管部门应当派专人，负责甲、乙公司交叉作业的安全生产管理

D. 所在地建设主管部门应当派专人，负责甲、乙公司交叉作业的安全生产管理

8. 甲安装公司在乙化工公司生产车间拆除尾气炉，拆除中炉体发生倾倒，导致甲公司一名工人坠落死亡。在分析事故时，有 4 种主要观点：①甲、乙公司应当签订专门的安全生产管理协议，或者在设备拆除施工合同中约定各自的安全生产管理职责；②甲公司应当对乙公司的施工安全生产工作统一协调、管理；③甲公司在对该施工进行安全生产检查时发现的问题，应当及时进行整改；④甲公司的拆除作业资质正在审核中，在此期间甲公司是可以进行作业的。根据《安全生产法》，这 4 种主要观点中，正确的是（　　）。

A. ①②　　　　B. ①③　　　　C. ②④　　　　D. ③④

9. 安全监管执法人员按照安全生产监督检查计划对某化工企业进行现场安全生产检查，根据《安全生产法》，下列关于安全生产监督检查的说法，正确的是（　　）。

A. 对该企业的所有检查情况一律公开

B. 该企业生产活动应当服从检查需要

C. 如该企业负责人拒绝在检查记录上签字，应当给予警告和罚款处罚

D. 应当将检查的时间、地点、内容、发现的问题及处理情况，作出书面记录

10. 某安监站依法对某建筑施工企业进行安全生产检查。依据《安全生产法》的规定，下列关于安全生产检查人员的做法，正确的是（　　）。

A. 发现施工人员安全帽佩戴不正确，当场予以纠正

B. 对检查中发现的问题作出书面记录，并要求被检查单位安全生产管理人员签字

C. 为便于进入危险区域检查，保证检查的安全，责令该企业停止施工接受检查

D. 发现存在重大事故隐患，对该企业作出罚款的处罚

11. 某安全技术服务机构在给某家化工企业的安全检测中出具了虚假证明，收取服务费用 15 万元。安全监督管理部门依法没收该机构违法所得，并处罚款，依据《安全生产法》的规定，下列款项数额中符合规定的是（　　）。

A. 10 万元　　B. 20 万元　　C. 60 万元　　D. 80 万元

12. 根据《安全生产法》，负有安全监管职责的部门，在依法开展安全生产监督检查工作时，可以履行的职权包括（　　）。

A. 现场检查权、当场处理权、查封扣押权

B. 现场检查权、查封扣押权、行政拘留权

C. 当场处理权、紧急处置权、停水停电权

D. 当场处理权、查封扣押权、停产关闭权

13. 两家公司在同一作业区域内进行生产经营活动，为避免危及对方生产安全，两家公司签订了安全生产管理协议，明确了各自的安全职责和应当采取的安全措施。根据《安全生产法》，两家公司应当（　　）进行安全检查与协调。

A. 指定专职或者兼职安全生产管理人员

B. 指定专职安全生产管理人员

C. 指定兼职安全生产管理人员

D. 指定专职、兼职安全管理人员或者委托具有国家规定专业技术资格的工程技术人员

14. 某石化集团欲投资建设生产硫化物的工厂，委托某安全评价机构对项目进行评价。安全评价机构在评价过程中发现了若干不符合安全条件的问题，但在石化集团将服务费提高至 30 万元后，便直接出具了建设项目符合要求的安全评价报告。根据《安全生产法》，下列关于安全监管部门对该机构实施处罚的做法，正确的是（　　）。

A. 没收违法所得，并处 30 万元的罚款

B. 没收违法所得，并处 50 万元的罚款

C. 没收违法所得，并处 120 万元的罚款

D. 没收违法所得，并处 200 万元的罚款

15. 某大型矿山企业有职工 1800 人，其中管理人员 170 人，根据《安全生产法》，下列关于该企业应急救援工作的说法，正确的是（　　）。

A. 可以不建立应急救援组织，但必须配备必要的应急救援器材、设备

B. 应当指定兼职的应急救援人员，并配备必要的应急救援器材、设备

C. 可以不建立应急救援组织，但应当委托外部应急救援机构开展应急管理工作

D. 应当建立应急救援组织，并配备必要的应急救援器材、设备

16. 根据《安全生产法》，下列生产经营单位的工作中，属于安全生产管理人员职

责的是（　　）。

A. 如实记录本单位安全生产教育和培训情况

B. 健全本单位安全生产责任制

C. 组织制定并实施本单位的事故应急救援预案

D. 保证本单位安全生产投入的有效实施

**二、多项选择题（每题2分，每题的备选项中，有2个或2个以上符合题意，至少有1个错项。错选，本题不得分；少选，所选的每个选项得0.5分）**

1. 依据《安全生产法》的规定，下列关于生产经营单位的安全生产管理人员职责的说法，正确的有（　　）。

A. 组织本单位安全生产教育和培训，如实记录安全生产教育和培训情况

B. 健全本单位安全生产责任制，实施本单位安全生产教育和培训计划

C. 制止和纠正违章指挥、强令冒险作业、违反操作规程的行为

D. 保证本单位安全生产投入的有效实施，组织拟订本单位安全生产操作规程

E. 督促落实本单位重大危险源的安全管理措施

2. 依据《安全生产法》的规定，下列企业安全生产管理机构设置和安全生产管理人员配备符合规定的有（　　）。

A. 某大型超市有110名员工，未设置安全生产管理机构，配备1名专职安全生产管理人员

B. 某旅游公司有105名员工，未设置安全生产管理机构，配备2名兼职安全生产管理人员

C. 某客运公司有75名员工，未设置安全生产管理机构，配备2名兼职安全生产管理人员

D. 某仓储企业有150名员工，设置安全生产管理机构，配备4名专职安全生产管理人员

E. 某建筑施工企业有95名员工，未设置安全生产管理机构，配备1名专职安全生产管理人员

3. 某新建矿山项目在安全设施未经验收合格的情况下即投入生产。根据《安全生产法》，负有安全监管职责的部门对该项目建设单位和相关人员可以实施的处罚有（　　）。

A. 警告

B. 责令停产停业整顿，限期改正

C. 吊销安全生产许可证

D. 建设单位逾期未改正的，对建设单位处50万元以上100万元以下的罚款

E. 建设单位逾期未改正的，对相关责任人员处2万元以上5万元以下的罚款

4. 《安全生产法》规定，生产经营单位使用的设备，需取得安全使用证或者安全标志的是（　　）。

A. 涉及生命安全、危险性较大的特种设备

B. 涉及生命安全、危险性较大的大型设备

C. 危险物品的容器

D. 危险物品的运输工具

E. 特种劳动防护用品

5. 某安全评价机构为帮助某危险化学品企业取得安全生产许可证，出具了虚假的评价报告，并获利 6 万元。由于该企业存在重大事故隐患，导致发生了 2 人死亡的中毒窒息事故，根据《安全生产法》，安全监管部门可对该安全评价机构及其有关人员实施的处罚有（　　）。

A. 没收非法所得 6 万元

B. 对负责此次评价的主管人员处 5 000 元以上 5 万元以下的罚款

C. 吊销其营业执照

D. 追究其与该企业承担事故的连带赔偿责任

E. 吊销其安全评价资质

6. 某县政府通过招商引资，在当地成立了一家大型股份制化工公司。根据《安全生产法》，下列关于该公司安全生产责任的说法，正确的是（　　）。

A. 该公司应当保障安全生产条件所必须的资金投入，用于提高生产效率

B. 该公司必须建立、健全安全生产责任制和安全生产规章制度

C. 该公司必须改善安全生产条件，推进安全生产标准化建设

D. 该公司在制定或者修改有关安全生产的规章制度时，应当听取公司工会的意见

E. 该公司股东大会对企业安全生产工作全面负责，应当定期听取安全生产工作汇报

7. 甲煤矿企业拟对矿井进行改扩建，通过招投标与乙矿山设计院签订了安全设施设计合同，与丙矿山建筑公司签订了施工合同，与丁公司签订了建设项目施工监理合同。根据《安全生产法》，下列关于该煤矿改扩建项目安全管理的说法，正确的是（　　）。

A. 项目安全设施设计应当经甲煤矿企业审查批准后即可施工

B. 项目安全设施设计应当经煤矿安全监管部门审查批准后方可施工

C. 乙矿山设计院、丁公司应当对该项目安全设施设计共同负责

D. 项目竣工后应当由安全监管部门负责组织对安全设施进行验收

E. 丙公司应当对该矿井改扩建项目安全设施的施工质量负责

8. 根据《安全生产法》，下列关于企业安全生产管理的做法，正确的是（　　）。

A. 某化工企业因厂房紧张，在外租用一处独幢三层楼房存放电石半成品，一楼用作仓库、二楼用作仓库管理人员宿舍、三楼用作员工活动室

B. 某小型超市重新进行装修，改变了内部格局，同时设置了若干疏散标志和两个紧急安全出口

C. 某烟花爆竹生产企业开设了一家经营自产产品的零售店，企业在生产区和员工宿舍区开设了通勤车，方便员工上下班

D. 某煤矿企业根据矿井设计要求建设了一处地面炸药库，该炸药库远离该矿职工自盖简易生活用房，但紧邻煤矿地面主要生产经营场所

E. 某机械加工厂生产车间有 4 个安全出口，为方便职工考勤管理，只保留一个出口作为职工上下班使用，其他三个出口长期锁闭

# 参考答案

## 第一节

### 单项选择题

1. D　2. A

## 第二节

### 一、单项选择题

1. B　2. D　3. A　4. A　5. D　6. C　7. C

### 二、多项选择题

1. ABD　2. ABC　3. ABDE

## 第三节

### 一、单项选择题

1. C　2. A　3. B　4. B　5. A　6. C　7. B　8. C　9. B　10. C　11. D　12. C　13. D　14. B

### 二、多项选择题

1. BCD　2. ABCD　3. BD　4. ABE　5. ABE

## 第四节

### 一、单项选择题

1. A　2. C　3. C　4. C

### 二、多项选择题

1. ABD　2. ACDE

## 第五节

### 一、单项选择题

1. C　2. B　3. B　4. B　5. C　6. A

### 二、多项选择题

1. ABC　2. ABCD

## 第六节

### 一、单项选择题

1. B　2. B　3. D

### 二、多项选择题

1. BCDE　2. ABD

## 第七节

### 一、单项选择题

1. B　2. C　3. A　4. D

### 二、多项选择题

1. ACDE　2. ABCE　3. ABCD

## 综合练习

### 一、单项选择题

1. C　2. B　3. C　4. D　5. B　6. B　7. A　8. B　9. D　10. A　11. C　12. A　13. B　14. C　15. D　16. A

### 二、多项选择题

1. ACE　2. ADE　3. BDE　4. ACD　5. ADE　6. BCD　7. BE　8. BC

# 第四章　安全生产单行法律

**考试内容及要求**

1. 依照《矿山安全法》分析、解决矿山建设、开采的安全保障和矿山企业安全管理等方面的有关法律问题，判断违法行为及应负的法律责任。

2. 依照《消防法》分析、解决火灾预防、消防组织建设和灭火救援等方面的有关法律问题，判断违法行为及应负的法律责任。

3. 依照《道路交通安全法》分析、解决车辆和驾驶人、道路通行条件、道路通行规定和道路交通事故处理等方面的有关法律问题，判断违法行为及应负的法律责任。

4. 依照《特种设备安全法》分析、解决特种设备生产、经营、使用，检验、检测，监督管理，事故应急救援与调查处理等方面的有关法律问题，判断违法行为及应负的法律责任。

5. 依照《建筑法》分析、解决建筑工程设计、建筑施工等安全生产及监督管理方面的有关法律问题，判断违法行为及应负的法律责任。

## 第一节　矿山安全法

**【本节重点】**

了解矿山建设、矿山开采的安全保障的规定，熟悉矿山企业安全管理的规定以及矿山安全监督与管理的规定。

### 一、《矿山安全法》的适用范围

#### 1. 主体和行为的适用

凡是在中华人民共和国领域和管辖的其他海域从事矿产资源开采活动的公民、法人或者其他组织，均应遵守该法的规定。

#### 2. 空间的适用

《矿山安全法》第二条规定："在中华人民共和国领域和中华人民共和国管辖的其他海域从事矿产资源开采活动，必须遵守本法。"

## 二、矿山建设的安全保障的规定

### 1. 矿山建设工程安全设施“三同时”

《矿山安全法》第七条规定：“矿山建设工程的安全设施必须和主体工程同时设计、同时施工、同时投入生产和使用。”

### 2. 矿山建设工程安全设施的设计和竣工验收

《矿山安全法》第八条规定：“矿山建设工程的设计文件，必须符合矿山安全规程和行业技术规范，并按照国家规定经管理矿山企业的主管部门批准；不符合矿山安全规程和行业技术规范的，不得批准。

矿山建设工程安全设施竣工后，由管理矿山企业的主管部门验收，并须有劳动行政主管部门参加；不符合矿山安全规程和行业技术规范的，不得验收，不得投入生产。”

### 3. 矿井安全出口

《矿山安全法》第十条规定：“每个矿井必须有两个以上能行人的安全出口，出口之间的直线水平距离必须符合矿山安全规程和行业技术规范。”

## 三、矿山开采的安全保障的规定

### 1. 矿山开采的基本要求

《矿山安全法》第十三条规定：“矿山开采必须具备保障安全生产的条件，执行开采不同矿种的矿山安全规程和行业技术规范。”

### 2. 矿用特殊设备、器材、劳动防护用品、仪器的安全保障

（1）矿山使用的有特殊安全要求的设备、器材、劳动防护用品和安全检测仪器，必须符合国家安全标准或者行业安全标准；不符合国家安全标准或者行业安全标准的，不得使用。

（2）矿山企业必须对机电设备及其防护装置、安全检测仪器定期检查、维修，保证使用安全。

### 3. 开采作业的安全保障

（1）《矿山安全法》第十七条规定：“矿山企业必须对作业场所中的有毒有害物质和井下空气含氧量进行检测，保证符合安全要求。”

（2）《矿山安全法》第十八条规定：“矿山企业必须对下列危害安全的事故隐患采取预防措施：（一）冒顶片帮、边坡滑落和地表塌陷；（二）瓦斯爆炸、煤尘爆炸；（三）冲击地压、瓦斯突出、井喷；（四）地面和井下的火灾、水害；（五）爆破器材和爆破作业发生的危害；（六）粉尘、有毒有害气体、放射性物质和其他有害物质引起的危害；（七）其他危害。”

（3）《矿山安全法》第十九条规定：“矿山企业对使用机械、电气设备，排土场、矸石山、尾矿库和矿山闭坑后可能引起的危害，应当采取预防措施。”

## 四、矿山企业的安全管理的规定

### 1. 安全生产责任制

《矿山安全法》第二十条规定："矿山企业必须建立、健全安全生产责任制。矿长对本企业的安全生产工作负责。"

### 2. 矿山安全的内部监督

为了加强安全管理和企业内部监督，法律授权职代会、工会民主监督权，职工批评、检举和控告权，以形成矿山企业安全生产的内部监督机制。

（1）职代会的监督。《矿山安全法》第二十一条规定："矿长应当定期向职工代表大会或者职工大会报告安全生产工作，发挥职工代表大会的监督作用。"

（2）职工的监督。《矿山安全法》第二十二条第二款规定："矿山企业职工有权对危害安全的行为，提出批评、检举和控告。"

（3）工会的监督。《矿山安全法》第二十三条规定："矿山企业工会依法维护职工生产安全的合法权益，组织职工对矿山安全工作进行监督。"第二十五条规定："矿山企业工会发现企业行政方面违章指挥、强令工人冒险作业或者生产过程中发现明显重大事故隐患和职业危害，有权提出解决的建议；发现危及职工生命安全的情况时，有权向矿山企业行政方面建议组织职工撤离危险现场，矿山企业行政方面必须及时做出处理决定。"

### 3. 未成年人和女工的保护

《矿山安全法》第二十九条规定："矿山企业不得录用未成年人从事矿山井下劳动。矿山企业对女职工按照国家规定实行特殊保护，不得分配女职工从事矿山井下劳动。"

### 4. 矿山事故防范和救护

《矿山安全法》第三十条规定："矿山企业必须制定矿山事故防范措施，并组织落实。"第三十一条规定："矿山企业应当配备专职或者兼职人员组成的救护和医疗急救组织，配备必要的装备、器材和药物。"

### 5. 安全技术措施专项费用

《矿山安全法》第三十二条规定："矿山企业必须从矿产品销售额中按照国家规定提取安全技术措施专项费用。安全技术措施专项费用必须全部用于改善矿山安全生产条件，不得挪作他用。"

## 五、矿山安全的监督与管理的规定

### 1. 矿山安全的监督

（1）矿山安全监督的部门。《矿山安全法》中监督管理和行政执法主体为负责安全生产监督管理的部门。

（2）矿山安全监督部门的职责。依照《矿山安全法》第三十三条的规定，负责安全生产监督管理的部门对矿山安全工作行使 7 项监督职责：

1）检查矿山企业和管理矿山企业的主管部门贯彻执行矿山安全法律、法规的情况。

2）参加矿山建设工程安全设施的设计审查和竣工验收。

3）检查矿山劳动条件和安全状况。

4）检查矿山企业职工安全生产教育和培训工作。

5）监督矿山企业提取和使用安全技术措施专项费用的情况。

6）参加并监督矿山事故的调查和处理。

7）法律、行政法规规定的其他监督职责。

**2. 矿山安全的管理**

（1）矿山安全管理的部门。依照法律、法规和各级人民政府授权负责管理矿山企业的主管部门，应当履行《矿山安全法》规定的管理矿山企业的主管部门的职责。

（2）矿山安全管理部门的职责。依照《矿山安全法》第三十四条的规定，县级以上人民政府管理矿山企业的主管部门对矿山安全工作行使6项管理职责。

## 【练习提高】

**一、单项选择题（每题1分，每题的备选项中，只有1个最符合题意）**

1. 某矿山工会人员发现作业场所存在火灾隐患，可能危及职工生命安全，依据《矿山安全法》的规定，矿山工会有权采取的措施是（　　）。

A. 立即决定停止作业

B. 告知职工拒绝作业

C. 向矿山企业行政方面建议组织职工撤离危险现场

D. 直接采取排除火灾隐患的处理措施

2. 矿山开采风险高，需要满足相关的安全标准和条件。依据《矿山安全法》的规定，下列关于矿山安全保障的说法，正确的是（　　）。

A. 矿山设计保留的矿柱、岩柱，经风险评估后可进行适度开采

B. 矿山企业必须对井下温度和湿度进行检测

C. 矿山企业使用的有特殊安全要求的设备、器材和劳动防护用品，必须符合国内外安全标准

D. 矿山企业必须对机电设备及其防护装置、安全检测仪器，定期检查、维修，保证使用安全

3. 根据《矿山安全法》，矿山建设工程安全设施的设计必须由（　　）进行审查。

A. 负责安全生产监督管理的部门　　B. 市场监督部门

C. 工程质量监督部门　　D. 国务院管理矿山企业的主管部门

4. 根据《矿山安全法》，关于矿山建设安全保障要求的说法，错误的是（　　）。

A. 每个矿井必须至少有2个以上能行人的安全出口，出口之间的直线水平距离必须符合矿山安全规程

B. 矿井的提升、运输系统必须符合矿山安全规程

C. 矿山建设工程必须按照矿山企业的主管部门批准的设计文件施工

D. 矿山安全规程和技术规范，由国务院标准化委员会制定

5. 根据《矿山安全法》的规定，矿山企业必须从（　　）中按照国家规定提取安全技术措施专项费用。

A. 企业经营纯利润　　　　B. 矿产品销售利润

C. 矿产品销售额　　　　D. 企业经营总收入

**二、多项选择题（每题2分，每题的备选项中，有2个或2个以上符合题意，至少有1个错项。错选，本题不得分；少选，所选的每个选项得0.5分）**

1. 依照《矿山安全法》的规定，工会在矿山企业安全管理工作中具有（　　）的基本权利。

A. 参加矿山安全管理，对矿山安全工作进行监督并提出建议

B. 组织职工进行安全生产教育和培训

C. 组织矿山事故抢险救灾

D. 参与事故调查处理

E. 发现危险情况，有权提出撤离作业现场的建议

2. 根据《矿山安全法》，各级安全生产监督管理部门要对矿山安全工作行使监督职责。下列叙述中属于其监督职责的有（　　）。

A. 参加矿山建设工程安全设施的设计审查和竣工验收

B. 检查矿山劳动条件和安全状况

C. 审查矿山企业安全生产经费投入情况

D. 制定矿山应急救援预案

E. 参加并监督矿山事故的调查和处理

## 第二节　消　防　法

**【本节重点】**

了解火灾预防，重点掌握有关单位的消防安全职责的规定，熟悉消防组织的规定。

### 一、火灾预防的规定

**1. 消防规划**

《消防法》第八条规定："地方各级人民政府应当将包括消防安全布局、消防站、消防供水、消防通信、消防车通道、消防装备等内容的消防规划纳入城乡规划，并负责组织实施。"

**2. 易燃易爆危险物品场所要求**

《消防法》第二十二条规定："生产、储存、装卸易燃易爆危险品的工厂、仓库和专用车站、码头的设置，应当符合消防技术标准。易燃易爆气体和液体的充装站、供应站、调压站，应当设置在符合消防安全要求的位置，并符合防火防爆要求。"

**3. 建设工程的消防安全**

《消防法》第十条规定："对按照国家工程建设消防技术标准需要进行消防设计的建设工程，实行建设工程消防设计审查验收制度。"第十一条规定："国务院住房和城

乡建设主管部门规定的特殊建设工程，建设单位应当将消防设计文件报送住房和城乡建设主管部门审查，住房和城乡建设主管部门依法对审查的结果负责。前款规定以外的其他建设工程，建设单位申请领取施工许可证或者申请批准开工报告时应当提供满足施工需要的消防设计图纸及技术资料。”《消防法》第十二条规定：“特殊建设工程未经消防设计审查或者审查不合格的，建设单位、施工单位不得施工；其他建设工程，建设单位未提供满足施工需要的消防设计图纸及技术资料的，有关部门不得发放施工许可证或者批准开工报告。”

《消防法》第二十六条规定：“建筑构件、建筑材料和室内装修、装饰材料的防火性能必须符合国家标准；没有国家标准的，必须符合行业标准。人员密集场所室内装修、装饰，应当按照消防技术标准的要求，使用不燃、难燃材料。”

**4. 公众聚集场所和大型群众性活动的消防安全**

《消防法》第十五条规定：“公众聚集场所在投入使用、营业前，建设单位或者使用单位应当向场所所在地的县级以上地方人民政府消防机构申请消防安全检查。未经消防安全检查或者经检查不符合消防安全要求的，不得投入使用、营业。”第二十条规定，举办大型群众性活动，承办人应当依法向公安机关申请安全许可，制定灭火和应急疏散预案并组织演练，明确消防安全责任分工，确定消防安全管理人员，保持消防设施和消防器材配置齐全、完好有效，保证疏散通道、安全出口、疏散指示标志、应急照明和消防车通道符合消防技术标准和管理规定。

**5. 有关单位的消防安全职责**

《消防法》第十六条规定：“机关、团体、企业、事业等单位应当履行下列安全职责：

（1）落实消防安全责任制，制定本单位的消防安全制度、消防安全操作规程，制定灭火和应急疏散预案；

（2）按照国家标准、行业标准配置消防设施、器材，设置消防安全标志，并定期组织检验、维修，确保完好有效；

（3）对建筑消防设施每年至少进行一次全面检测，确保完好有效，检测记录应当完整准确，存档备查；

（4）保障疏散通道、安全出口、消防车通道畅通，保证防火防烟分区、防火间距符合消防技术标准；

（5）组织防火检查，及时消除火灾隐患；

（6）组织进行有针对性的消防演练；

（7）法律、法规规定的其他消防安全职责。

单位的主要负责人是本单位的消防安全责任人。”

**6. 消防安全重点单位的安全管理**

《消防法》第十七条规定了重点消防单位的确定方法及其应当履行的职责，县级以上地方人民政府消防救援机构应当将发生火灾可能性较大以及发生火灾可能造成重大的人身伤亡或者财产损失的单位，确定为本行政区域内的消防安全重点单位，并由应急管理部门报本级人民政府备案。消防安全重点单位除应当履行一般单位消防安全管理职责外，还应当履行下列消防安全职责：

（1）确定消防安全管理人，组织实施本单位的消防安全管理工作；

（2）建立消防档案，确定消防安全重点部位，设置防火标志，实行严格管理；

（3）实行每日防火巡查，并建立巡查记录；

（4）对职工进行岗前消防安全培训，定期组织消防安全培训和消防演练。

**7. 消防产品和电器产品、燃气用具的管理**

《消防法》第二十四条明确规定了消防产品实行强制性论证及技术鉴定制度："消防产品必须符合国家标准；没有国家标准的，必须符合行业标准。禁止生产、销售或者使用不合格的消防产品以及国家明令淘汰的消防产品。"第二十七条对电器产品、燃气用具产品及其安装、使用提出了要求："电器产品、燃气用具的产品标准，应当符合消防安全的要求。电器产品、燃气用具的安装、使用及其线路、管路的设计、敷设、维护保养、检测，必须符合消防技术标准和管理规定。"

## 二、消防组织的规定

《消防法》第三十六条对地方人民政府建立消防队提出了具体要求："县级以上地方人民政府应当按照国家规定建立国家综合性消防救援队、专职消防队，并按照国家标准配备消防装备，承担火灾扑救工作。乡镇人民政府应当根据当地经济发展和消防工作的需要，建立专职消防队、志愿消防队，承担火灾扑救工作。"第三十九条明确规定了需要设立专职消防队的单位："下列单位应当建立单位专职消防队，承担本单位的火灾扑救工作：

（1）大型核设施单位、大型发电厂、民用机场、主要港口；

（2）生产、储存易燃易爆危险品的大型企业；

（3）储备可燃的重要物资的大型仓库、基地；

（4）前三项规定以外的火灾危险性较大、距离公安消防队较远的其他大型企业；

（5）距离公安消防队较远、被列为全国重点文物保护单位的古建筑群的管理单位。"

## 三、灭火救援的规定

《消防法》第四十三条明确了地方政府建立火灾应急预案和应急反应机制的要求："县级以上地方人民政府应当组织有关部门针对本行政区域内的火灾特点制定应急预案，建立应急反应和处置机制，为火灾扑救和应急救援工作提供人员、装备等保障。"第四十四条规定了公民的消防义务："任何人发现火灾都应当立即报警。任何单位、个人都应当无偿为报警提供便利，不得阻拦报警。严禁谎报火警。人员密集场所发生火灾，该场所的现场工作人员应当立即组织、引导在场人员疏散。任何单位发生火灾，必须立即组织力量扑救。邻近单位应当给予支援。消防队接到火警，必须立即赶赴火灾现场，救助遇险人员，排除险情，扑灭火灾。"第四十五条明确了火灾现场扑救的组织指挥，规定消防机构统一组织和指挥火灾现场扑救，应当优先保障遇险人员的生命安全。

## 四、监督检查的规定

地方各级人民政府应当落实消防工作责任制，对本级人民政府有关部门履行消防安全职责的情况进行监督检查。县级以上地方人民政府有关部门应当根据本系统的特点，有针对性地开展消防安全检查，及时督促整改火灾隐患。消防救援机构应当对机关、团体、企业、事业等单位遵守消防法律、法规的情况依法进行监督检查。消防救援机构在消防监督检查中发现火灾隐患的，应当通知有关单位或者个人立即采取措施消除隐患；不及时消除隐患可能严重威胁公共安全的，消防救援机构应当依照规定对危险部位或者场所采取临时查封措施。消防救援机构在消防监督检查中发现城乡消防安全布局、公共消防设施不符合消防安全要求，或者发现本地区存在影响公共安全的重大火灾隐患的，应当由应急管理部门书面报告本级人民政府。接到报告的人民政府应当及时核实情况，组织或者责成有关部门、单位采取措施，予以整改。住房和城乡建设主管部门、消防救援机构及其工作人员应当按照法定的职权和程序进行消防设计审查、消防验收、备案抽查和消防安全检查，做到公正、严格、文明、高效。

**【练习提高】**

**一、单项选择题（每题 1 分，每题的备选项中，只有 1 个最符合题意）**

1. 依据《消防法》的规定，下列场所不得与易燃易爆危险品储存地点设置在同一建筑物内的是（　　）。

A. 供销社　　B. 建材超市　　C. 员工宿舍　　D. 货物仓库

2. 依据《消防法》的规定，下列单位中，应当建立单位专职消防队，承担本单位的火灾扑救工作的是（　　）。

A. 某大型购物中心　　B. 某大型发电厂

C. 某大型钢材仓库　　D. 某省级重点文物保护单位

3. 依据《消防法》的规定，下列关于灭火救援的说法，正确的是（　　）。

A. 乡镇人民政府应当组织有关部门针对本行政区域内的火灾特点制定应急预案，提供装备保障

B. 单位、个人为火灾报警提供便利的，应获得适当报酬

C. 任何单位发生火灾，必须立即组织力量扑救，邻近单位应当给予支援

D. 消防救援机构统一组织和指挥火灾现场扑救，应当优先保障国家财产安全

4. 依据《消防法》的规定，下列单位中应建立专职消防队的是（　　）。

A. 地铁运营单位　　B. 小型民用机场

C. 大型体育场　　D. 人员密集的商业中心

5. 某购物中心在营业期间人员密集，突然发生重大火灾，依据《消防法》的规定，该购物中心现场工作人员应采取的正确行为是（　　）。

A. 立即组织在场的所有人员参与扑救火灾

B. 统一指挥公安消防队扑救火灾

C. 立即组织、引导在场人员疏散

D. 立即组织员工接通消防水源

6. 根据《消防法》的规定，下列关于灭火救援的说法，正确的是（　　）。

A. 灭火现场总指挥根据扑救火灾的需要，有权决定截断电力输送

B. 单位专职消防队参加扑救外单位火灾所损耗的灭火器材，应由救援单位给予补偿

C. 消防救援机构在进行灭火救援时，不得破损毗邻火灾现场的建筑物

D. 消防救援机构统一组织和指挥火灾现场扑救，应当优先保障重要财物安全

**二、多项选择题（每题2分，每题的备选项中，有2个或2个以上符合题意，至少有1个错项。错选，本题不得分；少选，所选的每个选项得0.5分）**

1. 根据《消防法》的规定，下列关于消防安全重点单位的消防安全职责的说法，正确的有（　　）。

A. 确定消防安全管理人，组织实施本单位的消防安全管理工作

B. 建立消防档案，确定消防安全重点部位

C. 设置防火标志，实行严格管理

D. 实行每周防火巡查，并建立巡查记录

E. 对职工进行岗前消防安全培训，定期组织消防安全培训和消防演练

2. 为了加强应急救援工作，维护公共安全，依据《消防法》的规定，下列单位中，应当建立专职消防队，承担本单位火灾工作的有（　　）。

A. 生产黑火药的大型企业　　B. 大型建筑施工企业

C. 储存烟花爆竹的大型仓库　　D. 大型火力发电厂

E. 从事铁矿开采的大型企业

3. 依据《消防法》的规定，下列关于某化工企业火灾预防的做法，正确的有（　　）。

A. 定期组织有针对性的消防演练

B. 制定消防安全责任制度，并积极落实

C. 按规定设置消防安全标志，并定期组织人员检验和维修

D. 采购符合国家标准、行业标准的消防设施、器材，配置在作业场所

E. 对建筑消防设施每两年全面检测一次，确保完好有效，将完整准确的检测记录存档备查

# 第三节　道路交通安全法

**【本节重点】**

了解道路交通事故处理的规定，熟悉道路通行的规定，特别是非机动车通行的规定。

## 一、交通事故处理的规定

### 1. 交通事故现场处理

交通事故是指车辆在道路上因过错或者意外造成的人身伤亡或者财产损失的事件。在道路上发生交通事故，未造成人身伤亡，当事人对事实及成因无争议的，可以即行

撤离现场，恢复交通，自行协商处理损害赔偿事宜；不即行撤离现场的，应当迅速报告执勤的交通警察或者公安机关交通管理部门。在道路上发生交通事故，仅造成轻微财产损失，且基本事实清楚的，当事人应当先撤离现场再进行协商处理。

**2. 交通事故损害赔偿**

对交通事故损害赔偿的争议，当事人可以请求公安机关交通管理部门调解，也可以直接向人民法院提起民事诉讼。经公安机关交通管理部门调解，当事人未达成协议或者调解书生效后不履行的，当事人可以向人民法院提起民事诉讼。

**3. 受伤人员救治**

医疗机构对交通事故中的受伤人员应当及时抢救，不得因抢救费用未及时支付而拖延救治。肇事车辆参加机动车第三者责任强制保险的，由保险公司在责任限额范围内支付抢救费用；抢救费用超过责任限额的，未参加机动车第三者责任强制保险或者肇事后逃逸的，由道路交通事故社会救助基金先行垫付部分或者全部抢救费用，道路交通事故社会救助基金管理机构有权向交通事故责任人追偿。

**4. 人身伤亡和财产损失赔偿**

机动车发生交通事故造成人身伤亡、财产损失的，由保险公司在机动车第三者责任强制保险责任限额范围内予以赔偿。不足的部分，按照《道路交通安全法》第七十六条的规定，承担赔偿责任。交通事故的损失是由非机动车驾驶人、行人故意碰撞机动车造成的，机动车一方不承担赔偿责任。

## 二、道路通行的规定

车辆是指机动车和非机动车。机动车是指动力装置驱动或者牵引，上道路行驶的供人员乘用或者用于运送物品以及进行工程专项作业的轮式车辆。非机动车是指以人力或者畜力驱动，上道路行驶的交通工具，以及虽有动力装置驱动但设计最高时速、空车质量、外形尺寸符合有关国家标准的残疾人机动轮椅车、电动自行车等交通工具。

**1. 机动车通行规定**

(1) 同车道行驶。同车道行驶的机动车，后车应当与前车保持足以采取紧急制动措施的安全距离。有前车正在左转弯、掉头、超车，与对面来车有会车可能，前车为执行紧急任务的警车、消防车、救护车、工程救险车，行经铁道路口、交叉路口、窄桥、弯道、陡坡、隧道、人行横道、市区交通流量大的路段等没有超车条件的情形，不得超车。

(2) 交叉路口行驶。机动车通过交叉路口，应当按照交通信号灯、交通标志、交通标线或者交通警察的指挥通过；通过没有交通信号灯、交通标志、交通标线或者交通警察指挥的交叉路口时，应当减速慢行，并让行人和优先通行的车辆先行。

(3) 机动车载物行驶。机动车载物应当符合核定的载质量，严禁超载；载物的长、宽、高不得违反装载要求，不得遗撒、飘散载运物。机动车运载超限的不可解体的物品，影响交通安全的，应当按照公安机关交通管理部门指定的时间、路线、速度行驶，悬挂明显标志。机动车运载爆炸物品、易燃易爆化学物品以及剧毒、放射性等危险物品，应当经公安机关批准后，按指定的时间、路线、速度行驶，悬挂警示标志并采取必要的安全措施。

（4）机动车载人行驶。机动车载人不得超过核定的人数，客运机动车不得载货，禁止货运机动车载客。

（5）拖拉机行驶。高速公路、大中城市中心城区内的道路，禁止拖拉机通行。其他禁止拖拉机通行的道路，由省、自治区、直辖市人民政府根据当地实际情况规定。在允许拖拉机通行的道路上，拖拉机可以从事货运，但是不得用于载人。

**2. 非机动车通行规定**

非机动车应当在非机动车道内行驶；在没有非机动车道的道路上，应当靠车行道的右侧行驶。残疾人机动轮椅车、电动自行车在非机动车道内行驶时，最高时速不得超过 15 千米。非机动车应当在规定的地点停放；未设停放地点的，非机动车停放不得妨碍其他车辆和行人通行。

**3. 高速公路的特别规定**

行人、非机动车、拖拉机、轮式专用机械车、铰接式客车、全挂拖斗车以及其他设计最高时速低于 70 千米的机动车，不得进入高速公路。高速公路限速标志标明的最高时速不得超过 120 千米。

## 三、道路交通安全违法行为行政处罚的决定机关

依照《道路交通安全法》的规定，公安机关交通管理部门是道路交通安全违法行为行政处罚的决定机关。

**【练习提高】**

**一、单项选择题（每题 1 分，每题的备选项中，只有 1 个最符合题意）**

1. 依据《道路交通安全法》的规定，下列关于道路通行限速的说法，正确的是（　　）。

A. 残疾人轮椅车在非机动车道行驶时，最高时速不得超过 15 千米

B. 高速公路限速标示标明的最高时速不得超过 150 千米

C. 在高速公路行驶的拖拉机时速不得低于 70 千米

D. 电动自行车在非机动车道行驶时，最高时速不得超过 20 千米

2. 依据《道路交通安全法》的规定，拖拉机、轮式专用机械车、铰接式客车、全挂拖斗车不得进入高速公路，其他机动车进入高速公路的设计最高时速不低于（　　）千米。

A. 60　　B. 70　　C. 80　　D. 90

3. 依据《道路交通安全法》的规定，机动车在车道减少的路段、路口，或者在没有交通信号灯、交通标志、交通标线，或者交通警察指挥的交叉路口遇到停车排队等候或者缓慢行驶时，正确的做法应该是（　　）。

A. 停车避让　　B. 抓紧快行

C. 依次交替通行　　D. 鸣笛提醒通行

4. 依据《道路交通安全法》的规定，对于没有划分机动车道、非机动车道和人行道的道路，下列关于道路通行的说法，正确的是（　　）。

A. 机动车在道路左侧通行，非机动车和行人在道路右侧通行

B. 机动车在道路右侧通行，非机动车和行人在道路左侧通行

C. 机动车在道路两侧通行，非机动车和行人在道路中间通行

D. 机动车在道路中间通行，非机动车和行人在道路两侧通行

5. 依据《道路交通安全法》的规定，行人、非机动车、拖拉机、轮式专用机械车、铰接式客车、全挂拖斗车以及其他（　　）低于70千米的机动车，不得进入高速公路。

A. 行驶时速　　　　B. 平均时速

C. 设计最高时速　　　　D. 额定时速

**二、多项选择题（每题2分，每题的备选项中，有2个或2个以上符合题意，至少有1个错项。错选，本题不得分；少选，所选的每个选项得0.5分）**

1. 依据《道路交通安全法》的规定，对道路交通安全违法行为行政处罚的种类有（　　）。

A. 责令学习交通法规　　　　B. 警告、罚款

C. 暂扣或者吊销机动车驾驶证　　　　D. 拘留

E. 劳动教养

2. 依据《道路交通安全法》的规定，下列关于道路通行条件的说法，正确的有（　　）。

A. 交通信号灯由红灯、绿灯、黄灯组成

B. 铁路与道路平面交叉的道口，应当设置警示灯、警示标志或者安全防护设施

C. 因工程建设需要占用、挖掘道路，事先告知道路交通主管部门后即可施工

D. 所有学校、公园、剧院、养老院门前的道路都应当施画人行横道线

E. 城市主要道路的人行道，应当按照规划设置盲道

3. 根据《道路交通安全法》的规定，下列关于道路通行条件的说法，正确的有（　　）。

A. 因工程建设需要占用、挖掘道路，影响交通安全的，仅需征得公安机关交通管理部门的同意

B. 穿越道路架设、增设管线设施，应当征得道路主管部门的同意

C. 道路两侧及隔离带上种植的树木或者其他植物，不得遮挡交通信号灯、交通标志

D. 铁路与道路平面交叉的道口，应当设置警示灯、警示标志或者安全防护设施

E. 道路出现坍塌，公安机关交通管理部门应当及时修复

# 第四节　特种设备安全法

**【本节重点】**

掌握特种设备生产、使用的规定，熟悉特种设备经营的规定，了解特种设备检验

和检测的要求。

## 一、一般规定

### 1. 责任主体与人员配备

特种设备生产、经营、使用单位及其主要负责人对特种设备安全负责，单位主要负责人对特种设备安全管理享有指挥决策权，同时也负有法定的义务。特种设备安全管理人员、检测人员和作业人员应当按照国家有关规定取得相应的资格，方可从事相关工作。特种设备安全管理人员包括生产单位的生产安全管理人员，经营、使用单位的安全管理人员。检测人员包括生产、经营、使用单位从事无损检测、理化检测等人员。作业人员包括焊接人员、各类设备的安装、改造、修理、维护保养和操作人员等。

### 2. 自行检测、维护保养与申报

特种设备生产、经营、使用单位应当做好设备的自行检测和维护保养工作，经常性开展自行检测、自行检查和维护保养。自行检测、自行检查和维护保养应该按照安全技术规范和设备使用维护保养说明进行，并作好记录。

对特种设备进行检验，包括生产活动中的监督检验和使用中的定期检验，具有强制性，也称为法定检验，生产、经营、使用特种设备的单位必须依法进行申报并接受检验。特种设备在检验合格有效期届满前 1 个月，需要向特种设备检验机构提出定期检验要求。

## 二、特种设备的生产

### 1. 生产许可与生产单位义务

特种设备生产许可是一项重要的市场准入制度，特种设备生产单位应当具备法定的条件。从事特种设备生产活动的单位需要有与生产相适应的专业技术人员，设备、设施和工作场所，健全的质量保证、安全管理和岗位责任等制度。

特种设备出厂时，应当随附安全技术规范要求的设计文件、产品质量合格证明、安装及使用维护保养说明、监督检验证明等相关技术资料和文件，并在特种设备显著位置设置产品铭牌、安全警示标志及其说明。铭牌固定在产品上，可以向用户、检验机构等提供生产单位信息、产品基本技术参数、产品生产信息等内容，相当于产品的简易说明书。

### 2. 安装、改造与修理

电梯的安装、改造、修理，必须由电梯制造单位或者其委托的依照《特种设备安全法》取得相应许可的单位进行。电梯的制造、安装、改造、修理由同一家单位负责有利于保障电梯安全和保护品牌，有利于明确责任。

特种设备安装、改造、修理的施工单位应当在施工前将拟进行的特种设备安装、改造、修理情况书面告知直辖市或者设区的市级人民政府负责特种设备安全监督管理的部门。施工单位需要填写《特种设备安装改造修理告知书》，提交负责特种设备安全监督管理部门。告知可以通过派人送达、挂号信、特快专递、传真、电子邮件等方式。

特种设备安装、改造、修理竣工后，安装、改造、修理的施工单位应当在验收后三十日内将相关技术资料和文件移交特种设备使用单位。特种设备使用单位应当将其存入该特种设备的安全技术档案。

3. 监督检验

锅炉、压力容器、压力管道元件等特种设备的制造过程和锅炉、压力容器、压力管道、电梯、起重机械、客运索道、大型游乐设施的安装、改造、重大修理过程，应当经特种设备检验机构按照安全技术规范的要求进行监督检验；未经监督检验或者监督检验不合格的，不得出厂或者交付使用。

## 三、特种设备的经营

1. 销售单位的义务

特种设备销售单位销售的特种设备，其设计文件、产品质量合格证明、安装及使用维护保养说明、监督检验证明等相关技术资料和文件应当齐全。如果销售的特种设备是二手设备（已经使用过的），必须符合安全技术规范中允许变更的条件，随附的资料和文件也必须符合变更要求。

特种设备销售单位应当建立特种设备检查验收和销售记录制度。检查验收记录包括设备何时从哪儿购进，对设备的本体、安全附件和安全保护装置配备、随附资料和文件的检查情况及结论等。销售记录包括何时销售给哪个单位，设备本体的质量、安全保护装置和部件的检查情况，以及随附资料和文件的情况。

2. 出租单位的义务

出租单位一般是特种设备产权者，理应负责用于出租的特种设备的使用管理和维护保养，即提供给承租人的特种设备应当能够安全使用。特种设备在出租期间的使用管理和维护保养义务由特种设备出租单位承担，法律另有规定或者当事人另有约定的除外。如果是长期租赁，承租单位可以承担除办理使用登记以外的设备使用单位的法定义务，并承担相应责任。

3. 特种设备进口

进口特种设备随附的技术资料和文件应当符合《特种设备安全法》第二十一条的规定，其安装及使用维护保养说明、产品铭牌、安全警示标志及其说明应当采用中文。进口特种设备，应当向进口地负责特种设备安全监督管理的部门履行提前告知义务。

## 四、特种设备的使用

1. 特种设备安全管理

特种设备使用单位应当在特种设备投入使用前或者投入使用后三十日内，向负责特种设备安全监督管理的部门办理使用登记，取得使用登记证书。登记标志应当置于该特种设备的显著位置，包括设备本体、附近或者操作间，气瓶可以在瓶体上加登记标签、移动式压力容器采用在罐体上喷涂登记证编号的方式。

特种设备使用单位应当建立岗位安全责任、事故隐患治理、应急救援等安全生产管理制度，制定安全操作规程，保证特种设备安全运行。岗位责任制通常包括岗位责任制度、交接班制度、巡回检查制度等。

特种设备使用单位应当建立特种设备安全技术档案，包括以下内容：

（1）特种设备的设计文件、产品质量合格证明、安装及使用维护保养说明、监督检验证明等相关技术资料和文件。

（2）特种设备的定期检验和定期自行检查记录。

（3）特种设备的日常使用状况记录。

（4）特种设备及其附属仪器仪表的维护保养记录。

（5）特种设备的运行故障和事故记录。

电梯、客运索道、大型游乐设施等为公众提供服务的特种设备的运营使用单位，应当对特种设备的使用安全负责，设置特种设备安全管理机构或者配备专职的特种设备安全管理人员；其他特种设备使用单位，应当根据情况设置特种设备安全管理机构或者配备专职、兼职的特种设备安全管理人员。

**2. 维护保养与定期检验**

（1）特种设备维护保养。特种设备使用单位应当对其使用的特种设备进行经常性维护保养和定期自行检查，并作出记录。特种设备使用单位应当对其使用的特种设备的安全附件、安全保护装置进行定期校验、检修，并作出记录。

（2）特种设备定期检验。特种设备使用单位应当按照安全技术规范的要求，在检验合格有效期届满前一个月向特种设备检验机构提出定期检验要求。特种设备检验机构接到定期检验要求后，应当按照安全技术规范的要求及时进行安全性能检验。特种设备使用单位应当将定期检验标志置于该特种设备的显著位置。未经定期检验或者检验不合格的特种设备，不得继续使用。

（3）锅炉水（介）质处理。锅炉使用单位应当按照安全技术规范的要求进行锅炉水（介）质处理，并接受特种设备检验机构的定期检验。从事锅炉清洗，应当按照安全技术规范的要求进行，并接受特种设备检验机构的监督检验。

（4）对电梯维护保养的规定。电梯的维护保养应当由电梯制造单位或者依照《特种设备安全法》取得许可的安装、改造、修理单位进行。电梯的维护保养单位应当在维护保养中严格执行安全技术规范的要求，保证其维护保养的电梯的安全性能，并负责落实现场安全防护措施，保证施工安全。电梯的维护保养单位应当对其维护保养的电梯的安全性能负责，接到故障通知后，应当立即赶赴现场，并采取必要的应急救援措施。

（5）特种设备改造、修理规定。特种设备进行改造、修理，按照规定需要变更使用登记的，应当到原使用登记的负责特种设备安全监督管理的部门办理变更登记手续，方可继续使用。

**3. 事故隐患排查与故障处理**

（1）特种设备事故隐患排查要求。特种设备安全管理人员应当对特种设备使用状况进行经常性检查，发现问题应当立即处理。情况紧急时，可以决定停止使用特种设备并及时报告本单位有关负责人。特种设备作业人员在作业过程中发现事故隐患或者其他不安全因素，应当立即向特种设备安全管理人员和单位有关负责人报告；特种设备运行不正常时，特种设备作业人员应当按照安全操作规程采取有效措施保证安全。特种设备出现故障或者发生异常情况，特种设备使用单位应当对其进行全面检查，消除事故隐患，方可继续使用。

（2）电梯、客运索道、大型游乐设施安全检查要求。客运索道、大型游乐设施在每日投入使用前，其运营使用单位应当进行试运行和例行安全检查，并对安全附件和安全保护装置进行检查确认。电梯、客运索道、大型游乐设施的运营使用单位应当将电梯、客运索道、大型游乐设施的安全使用说明、安全注意事项和警示标志置于易被乘客注意的显著位置。

（3）特种设备报废的规定。特种设备存在严重事故隐患，无改造、修理价值，或者达到安全技术规范规定的其他报废条件的，特种设备使用单位应当依法履行报废义务，采取必要措施消除该特种设备的使用功能，并向原登记的负责特种设备安全监督管理的部门办理使用登记证书注销手续。

**4. 移动式压力容器与气瓶充装**

移动式压力容器、气瓶充装单位，应当具备下列条件，并经负责特种设备安全监督管理的部门许可，方可从事充装活动：一是有与充装和管理相适应的管理人员和技术人员；二是有与充装和管理相适应的充装设备、检测手段、场地厂房、器具、安全设施；三是有健全的充装管理制度、责任制度、处理措施。

## 五、特种设备的检验和检测

从事特种设备监督检验、定期检验的特种设备检验机构，以及为特种设备生产、经营、使用提供检测服务的特种设备检验、检测机构，应当具备相应的条件，并经负责特种设备安全监督管理的部门核准，方可从事检验、检测工作。法律规定的条件主要有：一是有与检验、检测工作相适应的检验、检测人员；二是有检验、检测仪器和设备；二是有健全的检验、检测管理制度和责任制度。特种设备检验、检测机构的检验、检测人员应当经考核，取得检验、检测人员资格，方可从事检验、检测工作。

**【练习提高】**

**一、单项选择题（每题 1 分，每题的备选项中，只有 1 个最符合题意）**

1. 根据《特种设备安全法》的规定，（　　）的设计文件，应当经特种设备安全监管部门核准的检验、检验机构鉴定，方可用于制造。

A. 气瓶　　B. 压力容器　　C. 压力管道　　D. 起重机械

2. 根据《特种设备安全法》的规定，下列关于特种设备经营的说法，正确的是（　　）。

A. 特种设备在出租期间的使用管理义务由承租单位承担，法律另有规定的除外
B. 特种设备在出租期间的维护保养义务由出租单位承担，当事人另有约定的除外
C. 经营企业销售未经检验的特种设备，应当报经特种设备安全监管部门批准
D. 进口特种设备的安装及使用维护保养说明，应当采用中文和英文两种文字

3. 某建筑工程公司在施工中起重机整体倾覆，事故没有造成人员伤亡。根据《特种设备安全法》等法律法规，负责组织对该起事故调查的部门是（　　）。

A. 国务院负责特种设备安全监管的部门会同有关部门
B. 省级负责特种设备安全监管的部门会同有关部门
C. 设区的市级负责特种设备安全监管的部门会同有关部门

D. 县级负责特种设备安全监管的部门会同有关部门

4. 依据《特种设备安全法》的规定，下列关于特种设备监督管理执法的说法，错误的是（　　）。

A. 发现特种设备存在事故隐患时，应当以书面形式发出特种设备安全监察指令书，责令有关单位及时采取措施予以改正或者消除事故隐患

B. 对有证据表明不符合安全技术规范要求或者存在严重事故隐患的特种设备实施报废

C. 特种设备安全监管部门实施安全检查时，应当至少有两名特种设备安全监察员参加

D. 发现特种设备存在事故隐患，紧急情况下应立即要求有关单位采取紧急处置措施，随后补发特种设备安全监察指令书

5. 受甲公司委托，乙锅炉压力容器检验、检测站委派具有检验资格的张某，到甲公司对一个200立方米的球形液氧储罐进行检验、检测。该球罐是由丙公司制造、丁施工公司安装的。依据《特种设备安全法》的规定，下列关于张某检测和执业的说法，正确的是（　　）。

A. 检验发现球罐有重大缺陷，张某应当立即向当地安全监管部门报告

B. 张某检验球罐所需的技术资料，应由丙公司和丁公司提供，并对资料的真实性负责

C. 甲公司需要购置新球罐的，张某可以向其推荐产品

D. 张某经批准不得同时在两个检测、检验机构中执业

6. 依据《特种设备安全法》的规定，下列关于特种设备使用的说法，正确的是（　　）。

A. 特种设备使用单位可以在特种设备投入使用3个月后，向特种设备安全监督管理部门办理使用登记

B. 特种设备使用单位应该按照安全技术规范要求，在检验合格有效期届满3个月，向特种设备检验机构提出定期检验要求

C. 特种设备使用过程中发生紧急情况时，安全管理人员可以决定停止使用特种设备

D. 特种设备出现故障或者发生异常情况，使用单位在采取应急措施后可以继续使用

7. 依据《特种设备安全法》的规定，下列设备，其设计文件应当经负责特种设备安全监管部门核准的检验机构鉴定，方可用于制造的是（　　）。

A. 锅炉、氧舱、客运索道、大型游乐设施、电梯

B. 锅炉、气瓶、氧舱、客运索道、大型游乐设施

C. 锅炉、气瓶、客运索道、大型游乐设施、起重机械

D. 锅炉、气瓶、氧舱、大型游乐设施、压力管道

**二、多项选择题（每题2分，每题的备选项中，有2个或2个以上符合题意，至少有1个错项。错选，本题不得分；少选，所选的每个选项得0.5分）**

1. 根据《特种设备安全法》，下列关于特种设备安全管理的说法，正确的有（　　）。

A. 进口特种设备，应当向使用地负责特种设备安全监管的部门履行提前告知义务

B. 特种设备使用单位可以在特种设备投入使用后三十日内，向负责特种设备安全监管的部门办理使用登记，取得使用登记证书

C. 特种设备使用单位应当使用取得生产许可并经检验合格的特种设备

D. 特种设备出厂时，应当随附安全技术要求的设计文件等相关技术资料和文件

E. 达到设计使用年限的特种设备即使按照安全技术规范要求检验或评估合格，也必须强制报废

2. 某公司从事机械制造需使用起重机械。依据《特种设备安全法》的规定，下列关于起重机械使用的说法，正确的有（　　）。

A. 该公司使用的起重机械必须经检验合格

B. 起重机械出现故障或者发生异常情况，该公司应当对其进行全面检查，消除事故隐患

C. 该公司使用起重机械，应当在投入使用后 60 日内办理使用登记

D. 该公司使用起重机械，应当建立岗位责任、事故隐患治理等安全管理制度，制定安全操作规程

E. 该公司应当按要求在检验合格有效期届满前三个月向特种设备检验、检测机构提出定期检验要求

3. 根据《特种设备安全法》，关于特种设备的说法，正确的有（　　）。

A. 特种设备使用单位可以在特种设备投入使用后 30 日内，向县级安全监管部门办理使用登记，取得使用登记证书

B. 特种设备使用单位应当使用取得生产许可并经检验合格的特种设备

C. 进口特种设备，应当向进口地负责特种设备安全监管的部门履行提前告知义务

D. 压力容器的制造过程，应当经特种设备检验机构按照安全技术规范的要求进行监督检验

E. 电梯的安装必须由电梯制造单位或者取得许可的安装单位进行

4. 根据《特种设备安全法》，下列设备的制造，其设计文件需要经过特种设备安全监管部门核准的检验机构鉴定后方可实施的有（　　）。

A. 锅炉　　B. 气瓶　　C. 客运索道　　D. 电梯

E. 大型游乐设施

## 第五节　建　筑　法

**【本节重点】**

了解建筑许可的有关规定，熟悉建筑工程发包与承包的安全要求，以及建筑工程

监理的权利和义务，掌握对建筑施工企业安全管理的要求。

## 一、基本规定

### 适用范围

根据《建筑法》规定，在中华人民共和国境内从事建筑活动，实施对建筑活动的监督管理，应当遵守本法。

（1）对建筑活动的要求。根据《建筑法》规定，建筑活动应当确保建筑工程质量和安全，符合国家的建筑工程安全标准。

（2）监督管理机构。根据《建筑法》规定，国务院建设行政主管部门对全国的建筑活动实施统一监督。

## 二、建筑许可

### 1. 建设单位的建筑许可及要求

根据《建筑法》规定，建筑工程开工前，建设单位应当按照国家有关规定向工程所在地县级以上人民政府建设行政主管部门申请领取施工许可证。

### 2. 施工许可证的延期

根据《建筑法》规定，建设单位应当自领取施工许可证之日起三个月内开工，因故不能按期开工的，应当向发证机关申请延期；延期以两次为限，每次不超过三个月。既不开工又不申请延期或者超过延期时限的，施工许可证自行废止。

### 3. 建设单位的报告义务

根据《建筑法》规定，在建的建筑工程因故中止施工的，建设单位应当自中止施工之日起一个月内，向发证机关报告，并按照规定做好建筑工程的维护管理工作。建筑工程恢复施工时，应当向发证机关报告；中止施工满一年的工程恢复施工前，建设单位应当报发证机关核验施工许可证。按照国务院有关规定批准开工报告的建筑工程，因故不能按期开工或者中止施工的，应当及时向批准机关报告情况。因故不能按期开工超过六个月的，应当重新办理开工报告的批准手续。

### 4. 建筑施工企业、勘察单位、设计单位和工程监理单位的建筑许可及要求

根据《建筑法》规定，从事建筑活动的建筑施工企业、勘察单位、设计单位和工程监理单位，按照其拥有的注册资本、专业技术人员、技术装备和已完成的建筑工程业绩等资质条件，划分为不同的资质等级，经资质审查合格，取得相应等级的资质证书后，方可在其资质等级许可的范围内从事建筑活动。

## 三、建筑工程发包与承包

### 1. 一般规定

根据《建筑法》规定，建筑工程的发包单位与承包单位应当依法订立书面合同，明确双方的权利和义务。不按照合同约定履行义务的，依法承担违约责任。

建筑工程发包与承包的招标投标活动，应当遵循公开、公正、平等竞争的原则，择优选择承包单位。

建筑工程造价应当按照国家有关规定，由发包单位与承包单位在合同中约定。公

开招标发包的，其造价的约定，须遵守招标投标法律的规定。

**2. 建筑工程的发包及对发包单位的要求**

根据《建筑法》规定，建筑工程依法实行招标发包，对不适于招标发包的可以直接发包。建筑工程实行招标发包的，发包单位应当将建筑工程发包给依法中标的承包单位。建筑工程实行直接发包的，发包单位应当将建筑工程发包给具有相应资质条件的承包单位。

建筑工程的发包单位可以将建筑工程的勘察、设计、施工、设备采购一并发包给一个工程总承包单位，也可以将建筑工程勘察、设计、施工、设备采购的一项或者多项发包给一个工程总承包单位；但是，不得将应当由一个承包单位完成的建筑工程肢解成若干部分发包给几个承包单位。

按照合同约定，建筑材料、建筑构配件和设备由工程承包单位采购的，发包单位不得指定承包单位购入用于工程的建筑材料、建筑构配件和设备或者指定生产厂、供应商。

**3. 建筑工程的承包及对承包单位的要求**

根据《建筑法》规定，承包建筑工程的单位应当持有依法取得的资质证书，并在其资质等级许可的业务范围内承揽工程。禁止建筑施工企业超越本企业资质等级许可的业务范围或者以任何形式用其他建筑施工企业的名义承揽工程。禁止建筑施工企业以任何形式允许其他单位或者个人使用本企业的资质证书、营业执照，以本企业的名义承揽工程。

大型建筑工程或者结构复杂的建筑工程，可以由两个以上的承包单位联合共同承包。共同承包的各方对承包合同的履行承担连带责任。两个以上不同资质等级的单位实行联合共同承包的，应当按照资质等级低的单位的业务许可范围承揽工程。

禁止承包单位将其承包的全部建筑工程转包给他人，禁止承包单位将其承包的全部建筑工程肢解以后以分包的名义分别转包给他人。

建筑工程总承包单位可以将承包工程中的部分工程发包给具有相应资质条件的分包单位；但是，除总承包合同中约定的分包外，必须经建设单位认可。施工总承包的，建筑工程主体结构的施工必须由总承包单位自行完成。建筑工程总承包单位按照总承包合同的约定对建设单位负责；分包单位按照分包合同的约定对总承包单位负责。总承包单位和分包单位就分包工程对建设单位承担连带责任。

## 四、建筑工程的监理

**1. 对建设单位的要求**

根据《建筑法》规定，实行监理的建筑工程，由建设单位委托具有相应资质条件的工程监理单位监理。建设单位与其委托的工程监理单位应当订立书面委托监理合同。实施建筑工程监理前，建设单位应当将委托的工程监理单位、监理的内容及监理权限，书面通知被监理的建筑施工企业。

**2. 监理单位的权利与义务**

（1）监理单位的权利。工程监理人员认为工程施工不符合工程设计要求、施工技术标准和合同约定的，有权要求建筑施工企业改正。

（2）监理单位的义务。工程监理应当依照法律、行政法规及有关的技术标准、设计文件和建筑规模承包合同，对承包单位在施工质量、建设工期和建设资金使用等方面，代表建设单位实施监督。工程监理人员发现工程设计不符合建筑工程质量标准或者合同约定的质量要求的，应当报告建设单位要求设计单位改正。

## 五、建筑安全生产管理

### 1. 一般规定

建筑工程安全生产管理必须坚持“安全第一、预防为主”的方针，建立、健全安全生产的责任制度和群防群治制度。

### 2. 对建设单位安全生产管理的要求

建设单位应当向建筑施工企业提供与施工现场相关的地下管线资料，建筑施工企业应当采取措施加以保护。涉及建筑主体和承重结构变动的装修工程，建设单位应当在施工前委托原设计单位或者具有相应资质条件的设计单位提出设计方案；没有设计方案的，不得施工。

### 3. 对建筑施工企业安全生产管理的要求

（1）一般要求。建筑施工企业在编制施工组织设计时，应当根据建筑工程的特点制定相应的安全技术措施；对专业性较强的工程项目，应当编制专项安全施工组织设计，并采取安全技术措施。

（2）对施工现场安全要求。建筑施工企业应当在施工现场采取维护安全、防范危险、预防火灾等措施；有条件的，应当对施工现场实行封闭管理。施工现场对毗邻的建筑物、构筑物和特殊作业环境可能造成损害的，建筑施工企业应当采取安全防护措施。建筑施工企业负责施工现场安全。实行施工总承包的，由总承包单位负责。分包单位向总承包单位负责，服从总承包单位对施工现场的安全生产管理。

## 六、建筑工程质量管理

### 1. 对建设单位的要求

建设单位不得以任何理由，要求建筑设计单位或者建筑施工企业在工程设计或者施工作业中，违反法律、行政法规和建筑工程质量、安全标准，降低工程质量。

### 2. 对建筑施工企业的要求

建筑工程实行总承包的，工程质量由工程总承包单位负责，总承包单位将建筑工程分包给其他单位的，应当对分包工程的质量与分包单位承担连带责任。

建筑施工企业必须按照工程设计要求、施工技术标准和合同的约定，对建筑材料、建筑构配件和设备进行检验，不合格的不得使用。建筑工程竣工时，屋顶、墙面不得留有渗漏、开裂等质量缺陷；对已经发现的质量缺陷，建筑施工企业应当修复。交付竣工验收的建筑工程，必须符合规定的建筑工程质量标准，有完整的工程技术经济资料和经签署的工程保修书，并具备国家规定的其他竣工条件。建筑工程竣工经验收合格后，方可交付使用；未经验收或者验收不合格的，不得交付使用。

### 3. 对建筑勘察设计单位的要求

建筑工程的勘察设计单位必须对其勘察、设计的质量负责。设计文件选用的建筑材料、建筑构配件和设备，应当注明其规格、型号、性能等技术指标，其质量要求必须符合国家规定的标准。

**【练习提高】**

**一、单项选择题（每题 1 分，每题的备选项中，只有 1 个最符合题意）**

1. 根据《建筑法》的规定，鼓励建筑施工企业为从事危险作业的职工办理的保险是（　　）。

A. 意外伤害险　　B. 工伤保险　　C. 安全责任险　　D. 财产险

2. 根据《建筑法》的规定，下列关于建设工程依法实行工程监理的说法，正确的是（　　）。

A. 建设单位应当委托该工程的设计单位进行工程监理

B. 工程监理单位不得与被监理工程的承包单位有隶属关系

C. 工程监理单位不得与建设单位有隶属关系

D. 工程监理单位不能与该工程的设计单位有利害关系

3. 根据《建筑法》关于施工许可的规定，正确的是（　　）。

A. 建设单位应当自领取施工许可证之日起 1 个月内开工

B. 因故不能按期开工的，应当向发证机关申请延期

C. 延期以两次为限，每次不超过六个月

D. 中止施工满 3 年的工程恢复施工前，建设单位应当报发证机关核验施工许可证

**二、多项选择题（每题 2 分，每题的备选项中，有 2 个或 2 个以上符合题意，至少有 1 个错项。错选，本题不得分；少选，所选的每个选项得 0.5 分）**

1. 根据《建筑法》关于施工许可证有效期的下列说法，正确的有（　　）。

A. 自领取施工许可证之日起 3 个月内不能按期开工的，应当申请延期

B. 施工许可证延期以 1 次为限，且不超过 6 个月

C. 施工许可证延期以 2 次为限，每次不超过 3 个月

D. 因故中止施工的，应当自中止施工之日起 1 个月内向施工许可证发证机关报告

E. 中止施工满 6 个月以上的工程恢复施工前，应当报施工许可证发证机关核验

2. 根据《建筑法》关于总承包单位与分包单位对建设工程承担质量责任的下列说法，正确的有（　　）。

A. 分包单位按照分包合同的约定对其分包工程的质量向总承包单位及建设单位负责

B. 分包单位对分包工程的质量负责，总承包单位未尽到相应监管义务的，承担相应的补充责任

C. 建设工程实行总承包的，总承包单位应当对全部建设工程质量负责

D. 总承包单位和分包单位就分包工程对建设单位承担连带责任

E. 建筑工程总承包单位按照总承包合同的约定对建设单位负责

## 综合练习

**一、单项选择题（每题 1 分，每题的备选项中，只有 1 个最符合题意）**

1. 依据《矿山安全法》，矿山企业工会发现危及职工生命安全的情况时，有权采取的措施有（　　）。

A. 立即做出停止作业的决定

B. 向矿山企业行政方面建议组织员工撤离危险现场

C. 立即组织员工撤离危险现场

D. 立即启动企业安全生产应急救援预案

2. 根据《矿山安全法》，下列关于矿山企业开采安全保障的说法，正确的是（　　）。

A. 矿山企业必须对作业场所中的湿度和温度进行检测，保证符合安全要求

B. 矿山企业必要时可以对井下空气含氧量进行检测，保证符合作业要求

C. 矿山企业使用的有特殊要求的设备、器材、安全检测仪器，可以由非专业厂家生产

D. 矿山闭坑后，对可能引起的危害，矿山企业应当采取预防措施

3. 某人员密集的超市突然发生火灾，依据《消防法》的规定，该超市现场工作人员应优先采取的行动是（　　）。

A. 立即报告值班经理，经理接到报告后向消防救援队报警

B. 立即抢运超市的重要货物，等待消防救援队的救援

C. 等待消防救援队的救援，因为商场没有设立专职消防队

D. 立即报警，并立即组织、引导顾客疏散，组织力量扑救

4. 根据《消防法》，下列关于灭火救援的说法，正确的是（　　）。

A. 专职消防队参加火灾以外的其他重大灾害事故的应急救援工作，由设区的市级以上人民政府统一领导

B. 火灾现场总指挥根据扑救火灾的需要，有权决定使用各种水源

C. 消防车前往执行应急救援任务时，不受行驶速度、行驶路线的限制，但不得逆向行驶

D. 设区的市级以上地方人民政府应当组织有关部门针对本行政区域内的火灾特点制定应急预案

5. 根据《消防法》，下列应当建立专职消防队的单位是（　　）。

A. 位于市中心的大型购物超市　　B. 位于市中心的大型歌剧院

C. 位于市郊的小型民用机场　　D. 位于市郊的中型水电站

6. 根据《道路交通安全法》，下列关于道路通行的说法，正确的是（　　）。

A. 学校、医院、养老院门前的道路没有行人过街设施的，应当施划人行横道线，设置提示标示

B. 施工作业单位应当在批准的路段和时间内施工作业，并在施工作业地点的去车方向设置安全警示标志

C. 在城市道路范围内，政府有关部门不得施划停车泊位

D. 工程建设需要穿越道路架设管线设施时，施工单位应当首先征得公安交通管理部门同意

7. 根据《道路交通安全法》，下列关于高速公路车辆通行的说法，正确的是（　　）。

A. 某公司运货的全挂拖斗车在高速公路上行驶，时速不得低于 70 千米

B. 王某驾驶的私家车在高速公路上行驶赶往医院，时速可以达到 130 千米

C. 公安机关的人民警察依法执行紧急公务时，可以在高速公路上拦截检查行驶的车辆

D. 人民法院的执法人员依法执行紧急公务时，有权在高速公路上拦截检查行驶的车辆

8. 李某驾驶机动车到一交叉路口时，发现没有信号灯也没有交通警察，路面也没有交通标志、标线。根据《道路交通安全法》等法律法规，李某通过该路口的正确做法是（　　）。

A. 见其他车辆和行人，进入路口后加速通过

B. 欲左转弯，应尽快在对面直行的车辆前通过

C. 减速慢行，并让行人和优先通行的车辆先行

D. 发现前车行驶速度较慢，加速超越通过

9. 根据《特种设备安全法》，下列关于特种设备检验、检测人员执业要求的说法，正确的是（　　）。

A. 注册安全工程师执业范围包括安全检验、检测，可以在特种设备检验、检测机构从事特种设备的检验、检测工作

B. 特种设备检验、检测机构的检验、检测人员可以同时在两个以上检验、检测机构中执业

C. 特种设备检验、检测机构的检验、检测人员在为客户服务时，可以推荐质量、声誉好的特种设备

D. 特种设备检验、检测机构的检验、检测人员应当经考核取得检验、检测人员资格，方可从事检验、检测工作

10. 根据《特种设备安全法》，下列设备的安全监督管理适用该法的是（　　）。

A. 核材料运输车辆　　B. 大型游乐设施

C. 航天特种设备　　D. 军用起重设施

11. 依据《特种设备安全法》的规定，下列关于特种设备的生产、经营、使用的说法，正确的是（　　）。

A. 压力容器的使用单位应当向特种设备安全监管部门办理使用登记

B. 锅炉改造完成后，施工单位应当及时将改造方案等相关资料归档保存

C. 进口大型起重机，应当向进口地的安全监管部门履行提前告知义务

D. 电梯安装验收合格、交付使用后，使用单位应当对电梯的安全性能负责

12. 某大厦内甲、乙、丙三个公司对大厦的一部电梯拥有共同产权，其中甲公司占 55%、乙公司占 30%、丙公司占 15%。三个公司共同委托大厦物业管理方丁公司负责

管理电梯，电梯主要由丙公司日常使用。依据《特种设备安全法》，应向特种设备检验机构提出定期检验申请的单位是（　　）。

A. 甲公司　　B. 乙公司　　C. 丙公司　　D. 丁公司

13. 根据《特种设备安全法》，下列关于特种设备安全监管的说法，正确的是（　　）。

A. 负责特种设备安全监管的部门在特定情形下，可以要求对已经依法在其他地方取得许可的特种设备生产单位重新取得许可

B. 负责特种设备安全监管的部门在紧急情况下，要求有关单位采取紧急处置措施的，应当随后补发特种设备安全监察指令书

C. 负责特种设备安全监管的部门实施安全监督检查时，应当由三名以上特种设备安全监察人员参加

D. 负责特种设备安全监管的工作人员经本部门负责人同意，方可监制特种设备

14. 根据《建筑法》，下列关于建设工程分包的说法，正确的有（　　）。

A. 总承包单位可以将建设工程部分非主体结构的施工分包给其他施工企业

B. 总承包单位可以将全部建设工程拆分成若干部分后全部分包给其他施工企业

C. 总承包单位可以将建设工程主体结构中技术较为复杂的部分分包给其他施工企业

D. 总承包单位经建设单位同意后，可以将建设工程的关键性工作分包给其他企业

**二、多项选择题（每题2分，每题的备选项中，有2个或2个以上符合题意，至少有1个错项。错选，本题不得分；少选，所选的每个选项得0.5分）**

1. 《矿山安全法》对矿山的急救组织和设备所做的规定有（　　）。

A. 医疗急救组织中必须都是专职的医护人员，并有资格证书

B. 提供安全技术措施专项费用

C. 配备必要的装备、器材和药物

D. 建立由专职或者兼职人员组成的救护和医疗急救组织

E. 组织安全生产检查，消除事故隐患

2. 根据《消防法》，下列关于某广告制作公司应当履行的消防安全职责，正确的是（　　）。

A. 建立消防档案，设置防火标志

B. 组织防火检查，及时消除火灾隐患

C. 保障疏散通道、安全出口、消防车通道畅通

D. 定期组织消防安全培训和消防演练

E. 对建筑消防设施每三年全面检测一次，确保完好有效，将完整准确的检测记录存档备查

3. 根据《消防法》，生产经营单位应当履行的消防安全职责有（　　）。

A. 组织进行有针对性的消防演练

B. 对建筑消防设施每年至少进行一次全面检测，确保完好有效，检测记录应当完整准确，存档备查

C. 按照国家标准、行业标准配置消防设施、器材，设置消防安全标志，并定期组织检验、维修，确保完好有效

D. 保障疏散通道、安全出口、消防车通道畅通，保证防火防烟分区、防火间距符合消防技术标准

E. 指导、支持和帮助属地村民委员会、居民委员会开展群众性的消防工作

4. 依据《道路交通安全法》的规定，下列有关道路通行条件的说法，正确的有（　　）。

A. 交通信号灯中的黄灯表示停止

B. 未经许可，任何单位和个人不得占用道路从事非交通活动

C. 挖掘道路施工作业完毕，应当迅速清除道路上的障碍物，消除事故隐患后，立即恢复通行

D. 学校、幼儿园、医院、养老院门前的道路没有行人过街设施的，应当施画人行横道线，设置提示标志

E. 城市主要道路的人行道，应当按照规划设置盲道

5. 根据《道路交通安全法》，下列关于道路通行的做法，正确的有（　　）。

A. 适逢临近春节，某货运机动车顺路搭载了 3 名急于回老家的客人

B. 在允许拖拉机通行的道路上，张某驾驶拖拉机拒绝别人搭载

C. 为装修新房，王某将装修用的木材塞满自家的客运机动车，上路行驶

D. 某客运机动车核定载客人数为 18 人，实际载客 21 人，其中 3 人为儿童

E. 某残疾人驾驶机动轮椅车在非机动车道内行驶时，最高时速为 14 千米

6. 依据《特种设备安全法》的规定，下列关于电梯的生产、安装的说法，正确的有（　　）。

A. 企业需经负责特种设备安全监督管理的部门许可，方可从事电梯生产

B. 生产企业可以委托取得相应许可的单位为客户安装电梯

C. 电梯安装单位对电梯安全性能负责

D. 施工单位应当在电梯安装前，向企业所在地县级特种设备安全监管部门书面告知拟安装情况

E. 电梯的安装过程，应当经特种设备检验机构按照安全技术规范的要求进行监督检验

7. 某新建商贸大厦安装了一台从国外进口的观光电梯，大厦物业公司在日常使用该设备时，制定了相关的安全管理规定。根据《特种设备安全法》，下列观光电梯管理规定中，正确的有（　　）。

A. 使用前应当向进口地安监部门履行提前告知义务

B. 投入使用后 30 日内，须取得使用登记证书

C. 物业公司应当定期维护保养观光电梯

D. 出现异常情况，使用单位应立即停止运行，消除事故隐患后方可继续使用

E. 需配备专职的特种设备安全管理人员

8. 根据《特种设备安全法》，特种设备使用单位应当建立特种设备安全技术档案。安全技术档案应当包括的内容有（　　）。

A. 特种设备的日常使用状况记录

B. 特种设备的设计文件、产品质量合格证明

C. 特种设备的登记标志

D. 特种设备作业人员资格证明

E. 特种设备的监督检验证明

9. 根据《特种设备安全法》，下列特种设备运营使用单位应当设置特种设备安全管理机构或者配备专职的特种设备安全管理人员的有（　　）。

A. 压力管道　B. 电梯　C. 锅炉　D. 客运索道

E. 大型游乐设施

10. 根据《建筑法》，申请领取施工许可证应具备的条件有（　　）。

A. 已办理建筑工程用地批准手续　B. 已经确定建筑施工单位

C. 已确定工程监理单位　D. 建设资金全部到位

E. 设置了安全生产管理机构

## 参考答案

### 第一节

一、单项选择题

1. C　2. D　3. A　4. D　5. C

二、多项选择题

1. ADE　2. ABE

### 第二节

一、单项选择题

1. C　2. B　3. C　4. B　5. C　6. A

二、多项选择题

1. ABCE　2. ACD　3. ABCD

### 第三节

一、单项选择题

1. A　2. B　3. C　4. D　5. C

二、多项选择题

1. BCD　2. ABE　3. CD

### 第四节

一、单项选择题

1. A　2. B　3. C　4. B　5. D　6. C　7. B

二、多项选择题

1. BCD　2. ABD　3. BCD　4. ABCE

第五节

一、单项选择题

1. A　2. B　3. B

二、多项选择题

1. ACD　2. CDE

综合练习

一、单项选择题

1. B　2. D　3. D　4. B　5. C　6. A　7. C　8. C　9. D　10. B　11. A　12. D　13. B　14. A

二、多项选择题

1. CD　2. BC　3. ABCD　4. BDE　5. BE　6. ABE　7. BDE　8. ABE　9. BDE　10. ABD

# 第五章　安全生产相关法律

**考试内容及要求**

1.《中华人民共和国刑法》中与安全生产有关内容和《最高人民法院、最高人民检察院关于办理危害生产安全刑事案件适用法律若干问题的解释》。依照生产安全刑事犯罪和处罚的基本规定，分析生产安全犯罪应承担的刑事责任，判断生产安全犯罪的主体、定罪标准及相关疑难问题的法律适用。

2.《中华人民共和国行政处罚法》。依照本法分析、解决涉及安全生产的行政处罚的种类和设定，行政处罚的实施机关，行政处罚的管辖和适用，行政处罚的决定，行政处罚的执行以及行政管理相对人的合法权益保护等方面的有关法律问题，判断违法行为及应负的法律责任。

3.《中华人民共和国劳动法》。依照本法分析劳动安全卫生、女职工和未成年工特殊保护、社会保险和福利、劳动安全卫生监督检查等方面的有关法律问题，判断违法行为及应负的法律责任。

4.《中华人民共和国劳动合同法》。依照本法分析劳动合同制度中关于安全生产的有关法律问题，判断违法行为及应负的法律责任。

5.《中华人民共和国突发事件应对法》。依照本法分析突发事件的预防与应急准备、监测与预警、应急处置与救援等方面的有关法律问题，判断违法行为及应负的法律责任。

6.《中华人民共和国职业病防治法》。依照本法分析职业病危害预防、劳动过程中的防护与管理等方面的有关法律问题，判断违法行为及应负的法律责任。

## 第一节　刑　　法

**【本节重点】**

熟悉刑法的基本理论，掌握有关人员犯罪及其刑事责任，以及关于安全生产犯罪适用《刑法》的司法解释。

## 一、刑法的基本理论

### 1. 刑法的基本原则

（1）罪刑法定原则。《刑法》第三条规定："法律明文规定为犯罪行为的，依照法律定罪处刑；法律没有明文规定为犯罪行为的，不得定罪处刑。"

（2）适用刑法平等原则。《刑法》第四条规定："对任何人犯罪，在适用法律上一律平等。不允许任何人有超越法律的特权。"

（3）罪刑相适应原则。《刑法》第五条规定："刑罚的轻重，应当与犯罪分子所犯罪行和承担的刑事责任相适应。"

### 2. 犯罪的基本理论

（1）犯罪的定义。《刑法》第十三条规定："一切危害国家主权、领土完整和安全，分裂国家、颠覆人民民主专政的政权和推翻社会主义制度，破坏社会秩序和经济秩序，侵犯国有财产或者劳动群众集体所有的财产，侵犯公民私人所有的财产，侵犯公民的人身权利、民主权利和其他权利，以及其他危害社会的行为，依照法律应当受刑事处罚的，都是犯罪，但是情节显著轻微危害不大的，不认为是犯罪。"

（2）犯罪的基本特征。根据我国《刑法》第十三条的规定，犯罪这种行为具有以下三个基本特征：第一，犯罪是危害社会的行为，即具有一定的社会危害性。第二，犯罪是触犯刑律的行为，即具有刑事违法性。第三，犯罪是应受刑罚处罚的行为，即具有应受刑事处罚性。

（3）犯罪构成的要件。首先，犯罪构成所要求的主观要件和客观要件都必须是我国刑法所规定的；其次，犯罪构成是我国刑法的主观要件和客观要件的总和；最后，犯罪构成主观要件和客观要件说明的是犯罪成立所要求的基本事实特征，而不是一般的事实描述，更不是案件全部事实与情节不加选择的堆砌。

（4）犯罪的预备、未遂与中止。《刑法》第二十二条第一款规定："为了犯罪，准备工具，制造条件的，是犯罪预备。"《刑法》第二十三条规定："已经着手实行犯罪，由于犯罪分子意志以外的原因而未得逞的，是犯罪未遂。"《刑法》第二十四条规定："在犯罪过程中，自动放弃犯罪或者自动有效地防止犯罪结果发生的，是犯罪中止。对于中止犯，没有造成损害的，应当免除处罚；造成损害的，应当减轻处罚。"

（5）刑事责任。刑事责任是指依照刑事法律的规定，行为人实施刑事法律禁止的行为所必须承担的法律后果。这一后果只能由行为人自己承担。然而，某些行为从表面上看已经具备犯罪构成的要件，但实际上并不危害社会，不负刑事责任。如无责任能力人的行为、正当防卫、紧急避险、实施有益于社会的行为等。

### 3. 安全生产犯罪

《刑法》有关安全生产犯罪的罪名主要有：重大责任事故罪，强令违章冒险作业罪，重大劳动安全事故罪，大型群众性活动重大安全事故罪，不报、谎报安全事故罪，危险物品肇事罪，提供虚假证明文件罪以及国家工作人员职务犯罪等。

## 二、生产经营单位及其有关人员犯罪及其刑事责任

### 1. 重大责任事故罪

《刑法》第一百三十四条第一款规定："在生产、作业中违反有关安全管理的规定，因而发生重大伤亡事故或者造成其他严重后果的，处三年以下有期徒刑或者拘役；情节特别恶劣的，处三年以上七年以下有期徒刑。"

重大责任事故罪，是指在生产、作业中违反有关安全管理的规定，因而发生重大伤亡事故或者造成其他严重后果的行为。构成要件包括以下4个方面：

（1）本罪侵犯的客体是生产、作业的安全。

（2）客观方面表现为在生产、作业中违反有关安全生产的规定，因而发生重大伤亡事故或者造成其他严重后果的行为。

（3）犯罪主体为一般主体，包括对生产、作业负有组织、指挥或者管理职责的负责人、管理人员、实际控制人、投资人等人员，以及直接从事生产、作业的人员。

（4）主观方面表现为过失。

### 2. 强令违章冒险作业罪

《刑法》第一百三十四条第二款："强令他人违章冒险作业，因而发生重大伤亡事故或者造成其他严重后果的，处五年以下有期徒刑或者拘役；情节特别恶劣的，处五年以上有期徒刑。"

强令违章冒险作业罪，是指强令他人违章冒险作业，因而发生重大伤亡事故或者造成其他严重后果的行为。构成要件包括以下4个方面：

（1）本罪侵犯的客体是作业的安全。

（2）客观方面表现为强令他人违章冒险作业，因而发生重大伤亡事故或者造成其他严重后果的行为。

（3）犯罪主体为一般主体，包括对生产、作业负有组织、指挥或者管理职责的负责人、管理人员、实际控制人、投资人等人员。

（4）主观方面表现为过失。

### 3. 重大劳动安全事故罪

《刑法》第一百三十五条规定："安全生产设施或者安全生产条件不符合国家规定，因而发生重大伤亡事故或者造成其他严重后果的，对直接负责的主管人员和其他直接责任人员，处三年以下有期徒刑或者拘役；情节特别恶劣的，处三年以上七年以下有期徒刑。"

重大劳动安全事故罪，是指安全生产设施或者安全生产条件不符合国家规定，因而发生重大伤亡事故或者造成其他严重后果的行为。其构成要件是：

（1）本罪侵犯的客体是生产安全。

（2）客观方面表现为安全生产设施或者安全生产条件不符合国家规定，因而发生重大伤亡事故或者造成其他严重后果的行为。

（3）犯罪主体为一般主体，对安全生产设施或者安全生产条件不符合国家规定负有直接责任的生产经营单位负责人、管理人员、实际控制人、投资人，以及其他对安全生产设施或者安全生产条件负有管理、维护职责的人员。

（4）主观方面由过失构成。

**4. 大型群众性活动重大安全事故罪**

《刑法》第一百三十五条之一规定："举办大型群众性活动违反安全管理规定，因而发生重大伤亡事故或者造成其他严重后果的，对直接负责的主管人员和其他直接责任人员，处三年以下有期徒刑或者拘役；情节特别恶劣的，处三年以上七年以下有期徒刑。"

大型群众性活动重大安全事故罪，是指举办大型群众性活动违反安全管理规定，因而发生重大伤亡事故或者造成其他严重后果的行为。构成要件包括以下 4 个方面：

（1）本罪侵犯的客体是公共安全。

（2）客观方面表现为举办大型群众性活动违反安全管理规定，因而发生重大伤亡事故或者造成其他严重后果的行为。

（3）犯罪主体为对发生大型群众性活动重大安全事故"直接负责的主管人员和其他直接责任人员"。"直接负责的主管人员"，是指大型群众活动的策划者、组织者和举办者；"其他直接责任人员"，是指对大型活动的安全举行、应急预案负有具体落实和执行职责的人员。

（4）主观方面表现为过失。

**5. 不报、谎报安全事故罪**

《刑法》第一百三十九条之一规定："在安全事故发生后，负有报告职责的人员不报或者谎报事故情况，贻误事故抢救，情节严重的，处三年以下有期徒刑或者拘役；情节特别严重的，处三年以上七年以下有期徒刑。"

不报、谎报安全事故罪，是指在安全事故发生后，负有报告责任的人员不报或者谎报事故情况，贻误事故抢救，情节严重的行为。构成要件包括以下 4 个方面：

（1）本罪侵犯的客体是安全事故监管制度。

（2）客观方面表现为安全事故发生之后，负有报告职责的人员不报或者谎报事故情况，贻误事故抢救，情节严重的行为。

（3）犯罪主体为对安全事故"负有报告职责的人员"。即有组织、指挥或者管理职责的负责人、管理人员、实际控制人、投资人，以及其他负有报告职责的人员。

（4）主观方面表现为故意。

## 三、关于生产安全犯罪适用《刑法》的司法解释

根据《刑法》有关规定，最高人民法院、最高人民检察院 2015 年 12 月 14 日公布了《最高人民法院、最高人民检察院关于办理危害生产安全刑事案件适用法律若干问题的解释》（以下简称《若干问题的解释》）。

**1. 重大责任事故罪和重大劳动安全事故罪的定罪标准**

（1）《若干问题的解释》第六条第一款规定，实施《刑法》第一百三十四条第一款、第一百三十五条规定的行为，因而发生安全事故，具有下列情形之一的，应当认定为"造成严重后果"或者"发生重大伤亡事故或者造成其他严重后果"：

1）造成死亡一人以上，或者重伤三人以上的。

2）造成直接经济损失一百万元以上的。

3）造成其他严重后果或者重大安全事故的情形。

（2）《若干问题的解释》第七条第一款规定，实施《刑法》第一百三十四条第一款、第一百三十五条规定的行为，因而发生安全事故，具有下列情形之一的，对相关责任人员，处三年以上七年以下有期徒刑：

1）造成死亡三人以上或者重伤十人以上，负事故主要责任的。

2）造成直接经济损失五百万元以上，负事故主要责任的。

3）其他造成特别严重后果、情节特别恶劣或者后果特别严重的情形。

**2. 不报、谎报安全事故罪的定罪标准**

《若干问题的解释》第八条第一款规定，在安全事故发生后，负有报告职责的人员不报或者谎报事故情况，贻误事故抢救，具有下列情形之一的，应当认定为《刑法》第一百三十九条之一规定的“情节严重”：

（1）导致事故后果扩大，增加死亡一人以上，或者增加重伤三人以上，或者增加直接经济损失一百万元以上的。

（2）实施下列行为之一，致使不能及时有效开展事故抢救的：

1）决定不报、迟报、谎报事故情况或者指使、串通有关人员不报、迟报、谎报事故情况的。

2）在事故抢救期间擅离职守或者逃匿的。

3）伪造、破坏事故现场，或者转移、藏匿、毁灭遇难人员尸体，或者转移、藏匿受伤人员的。

4）毁灭、伪造、隐匿与事故有关的图纸、记录、计算机数据等资料以及其他证据的。

（3）其他情节严重的情形。《若干问题的解释》第八条第二款规定，具有下列情形之一的，应当认定为《刑法》第一百三十九条之一规定的“情节特别严重”：

1）导致事故后果扩大，增加死亡三人以上，或者增加重伤十人以上，或者增加直接经济损失五百万元以上的。

2）采用暴力、胁迫、命令等方式阻止他人报告事故情况，导致事故后果扩大的。

3）其他情节特别严重的情形。

**3. 疑难问题的法律适用依据**

（1）共同犯罪。《若干问题的解释》第九条规定，在安全事故发生后，与负有报告职责的人员串通，不报或者谎报事故情况，贻误事故抢救，情节严重的，依照《刑法》第一百三十九条之一的规定，以共犯论处。

（2）数罪并罚。《若干问题的解释》第十二条规定，实施“采取弄虚作假、行贿等手段，故意逃避、阻挠负有安全监督管理职责的部门实施监督检查”的行为，同时构成《刑法》第三百八十九条规定的犯罪的，依照数罪并罚的规定处罚。

## 【练习提高】

**一、单项选择题（每题 1 分，每题的备选项中，只有 1 个最符合题意）**

1. 依据《刑法》的规定，由于强令他人违章冒险作业而导致重大伤亡事故发生或者造成其他严重后果，情节特别恶劣的，应处有期徒刑（　　）。

A. 10 年以上　　B. 7 年以上　　C. 5 年以上　　D. 3 年以上

2. 某矿井井下工人在工作时发现矿井通风设备出现故障，遂向当班副矿长报告。副矿长因忙于其他事情，未及时安排人员维修，导致瓦斯聚集发生爆炸，造成 19 人死亡、1 人重伤。依据《刑法》的规定，副矿长的行为构成（　　）。

A. 玩忽职守罪　　B. 重大责任事故罪

C. 重大劳动安全事故罪　　D. 强令违章冒险作业罪

3. 某建筑公司承包一商业大厦建设项目，在未申报专项方案、未取得混凝土浇筑许可证的情况下，强令工人对大厦游泳场进行浇筑混凝土施工。施工过程中，钢管模板支架发生坍塌，造成 3 名工人死亡。根据《刑法》及相关司法解释，对该建筑公司的主要责任人视情节应当（　　）。

A. 处三年以下有期徒刑或者拘役　　B. 处三年以上七年以下有期徒刑

C. 处五年以上有期徒刑　　D. 处五年以下有期徒刑或者拘役

4. 某企业安全生产设施不符合国家规定，导致一起 9 人死亡的重大事故。依据《刑法》有关规定，该企业直接负责的主管人员涉嫌构成的罪名是（　　）。

A. 重大劳动安全事故罪　　B. 重大责任事故罪

C. 以危险方法危害公共安全罪　　D. 玩忽职守罪

5. 王某承包经营电镀厂，未按照国家标准为电镀设备安装漏电保护装置，导致 2 名工人作业时触电死亡。根据《刑法》的规定，陈某的行为构成（　　）。

A. 失职渎职罪　　B. 重大责任事故罪

C. 重大劳动安全事故罪　　D. 强令违章冒险作业罪

6. 某煤矿发生透水事故，当场死亡 2 人，主管安全生产的副总经理张某未向有关部门报告，贻误了事故抢险救援的时机，又导致 3 人死亡。依据《刑法》及相关规定，对张某的处罚，下列说法正确的是（　　）。

A. 处 3 年以下有期徒刑　　B. 处 3 年以上 7 年以下有期徒刑

C. 处 5 年以下有期徒刑　　D. 处 5 年以上有期徒刑

7. 某市政工程公司进行地下管道安装施工，项目经理赵某违反安全生产管理规定安排工人作业，造成 2 名工人死亡。根据《刑法》及相关司法解释，赵某的行为涉嫌构成（　　）。

A. 重大责任事故罪　　B. 一般责任事故罪

C. 强令违章冒险作业罪　　D. 重大劳动安全事故罪

**二、多项选择题（每题 2 分，每题的备选项中，有 2 个或 2 个以上符合题意，至少有 1 个错项。错选，本题不得分；少选，所选的每个选项得 0.5 分）**

1. 依据《最高人民法院、最高人民检察院关于办理危害生产安全刑事案件适用法律若干问题的解释》，下列应当认定为《刑法》第一百三十四条、第一百三十五条规定的具有“重大伤亡事故或者其他严重后果”的情形有（　　）。

A. 某施工工地发生坍塌事故，造成 3 人死亡

B. 某化工企业发生毒气泄漏事故，造成直接经济损失 130 万元

C. 某机械加工企业安全生产设施不符合国家规定，导致机械伤害事故，造成 1

名操作工当场死亡

D. 某采石场违章爆破作业，造成 2 人重伤

E. 某煤矿违法开采，发生透水事故，造成直接经济损失 90 万元，重伤 5 人

2. 依照《刑法》的规定，构成重大劳动安全事故罪所应具备的条件包括（　　）。

A. 劳动安全设施不符合国家规定

B. 经有关部门或者单位职工提出后，对事故隐患仍不采取措施

C. 导致重大伤亡事故或者造成其他严重后果

D. 导致伤亡事故或者造成其他后果

E. 造成财产损失

## 第二节　行政处罚法

【本节重点】

了解行政处罚的概念、种类和基本原则，熟悉行政处罚设定权的立法配置，掌握行政处罚的适用、行政处罚的决定及行政处罚的执行。

### 一、行政处罚概述

#### 1. 行政处罚的概念和种类

（1）行政处罚的概念。行政处罚是指国家行政机关和法律、法规授权的组织依照有关法律、法规和规章，对公民、法人或者其他组织违反行政管理秩序的行为所实施的行政惩戒。

（2）行政处罚的种类。以对违法行为人的何种权利采取制裁措施为标准，行政法学上通常将行政处罚的种类分为 4 种：

1）人身自由罚。即对违法公民的人身自由权利进行限制或剥夺的处罚。如行政拘留、劳动教养等。

2）行为罚。又称能力罚、资格罚，即以剥夺或限制人的资格为内容的处罚。如责令停产停业、吊销营业执照等。

3）财产罚。即使被处罚人的财产权利和利益受到损害的行政处罚。如罚款、没收违法所得、销毁违禁物品等。

4）声誉罚。即对违法者的名誉、荣誉、信誉或精神上的利益造成一定损害的行政处罚。如警告、通报批评、剥夺荣誉称号等。

为了规范行政处罚，《行政处罚法》对最常见的、实施最多的主要行政处罚的种类作了统一的概括性规定。《行政处罚法》第八条规定："行政处罚的种类：①警告；②罚款；③没收违法所得、没收非法财物；④责令停产停业；⑤暂扣或者吊销许可证、暂扣或者吊销执照；⑥行政拘留；⑦法律、行政法规规定的其他处罚。"其中，法律、行政法规规定的其他处罚包括责令停止违法行为、责令改正、关闭等。

### 2. 行政处罚的基本原则

（1）处罚公正、公开原则。处罚公正原则是指行政处罚的设定和实施必须与相对人的违法事实、性质、情节以及社会危害程度相当。处罚公开原则就是指行政处罚的依据、过程及结果必须公开。

（2）权利保障原则。行政相对人享有陈述权、申辩权、申请复议权、行政诉讼权、请求行政赔偿的权利以及要求举行听证的权利。

（3）一事不再罚原则。对当事人的同一个违法行为，不得给予两次以上罚款的行政处罚。但是如果一个违法行为，同时违反了两个以上的法律法规规定，可以分别按照违反的法律进行处罚，但处罚的结果可以在一定范围内折算。

### 3. 行政相对人的权利

（1）陈述权。当行政处罚实施机关对行政相对人实施行政处罚时，行政相对人有权如实陈述与行政处罚相关的事实、情节。行政处罚实施机关应当告知并保证行政相对人行使陈述权，不得以任何理由和借口剥夺、阻止行政相对人行使陈述权。

（2）申辩权。行政相对人对行政处罚实施机关给予的行政处罚的违法事实认定、证据提取、适用法律和行政处罚种类、幅度持有异议的，有权为自己辩解并提出证据，要求行政处罚实施机关予以调查核实。

（3）复议权。公民、法人或者其他组织对行政处罚不服的，有权依法申请行政复议。

（4）诉讼权。公民、法人或者其他组织对行政处罚不服的，有权依法提起行政诉讼。

（5）索赔权。公民、法人或者其他组织因行政机关违法给予行政处罚受到损害的，有权依法提出赔偿要求。

## 二、行政处罚设定权的立法配置

### 1. 法律设定的行政处罚

《行政处罚法》第九条规定：“法律可以设定各种行政处罚。”而且在第二款中规定：“限制人身自由的行政处罚，只能由法律设定。”

### 2. 行政法规设定的行政处罚

《行政处罚法》第十条规定：“行政法规可以设定除限制人身自由以外的行政处罚。法律对违法行为已经作出行政处罚规定，行政法规需要作出具体规定的，必须在法律规定的给予行政处罚的行为、种类和幅度的范围内规定。”

### 3. 地方性法规设定的行政处罚

《行政处罚法》第十一条规定：“地方性法规可以设定除限制人身自由、吊销企业营业执照以外的行政处罚。法律、行政法规对违法行为已经作出行政处罚规定，地方性法规需要作出具体规定的，必须在法律、行政法规规定的给予行政处罚的行为、种类和幅度的范围内规定。”

### 4. 部门规章设定的行政处罚

国务院各部委制定的规章可以在法律、行政法规规定给予行政处罚的行为、种类和幅度的范围内作出具体规定。尚未制定法律、行政法规的，国务院各部委制定的规章对违反行政管理秩序的行为，可以设定警告和一定数量罚款的行政处罚。罚款的行政处罚的数量为 3 万元以下，超过限额的，应当报国务院批准。

**5. 地方政府规章设定的行政处罚**

省、自治区、直辖市人民政府和省、自治区人民政府所在地的市人民政府以及国务院批准的较大的市人民政府制定的规章，可以在法律、法规规定的给予行政处罚的行为、种类和幅度的范围内作出具体规定。尚未制定法律、法规的，上述人民政府制定的规章对违反行政管理秩序的行为，可以设定警告或者一定数量罚款的行政处罚。罚款的限额由省、自治区、直辖市人民政府规定。

## 三、行政处罚的实施主体

**1. 具有法定处罚权的国家行政机关**

《行政处罚法》第十六条规定："国务院或者经国务院授权的省、自治区、直辖市人民政府可以决定一个行政机关行使有关行政机关的行政处罚权，但限制人身自由的行政处罚权只能由公安机关行使。"

**2. 法律、法规授权的组织**

接受授权的组织应当是具有管理公共事务职能的组织，这种主体属于非行政机关的行政执法主体。

**3. 受行政机关依法委托的组织**

受委托组织必须符合下列条件：一是依法成立的管理公共事务的事业组织；二是具有熟悉有关法律、法规、规章和业务的工作人员；三是对违法行为需要进行技术检查或者技术鉴定的，应当有条件组织进行相应的技术检查或者技术鉴定。

## 四、处罚的管辖和适用

**1. 行政处罚的管辖**

行政处罚的管辖，是指行政处罚实施主体之间对违法案件实施行政处罚的权限分工。

（1）职能管辖，是指依法管理不同事项的行政机关依据各自的法定职权在实施行政处罚上所作的分工。

（2）地域管辖，又称一般管辖或者属地管辖，它是以违法行为发生地作为确定管辖权的依据，以违法行为发生地的行政机关管辖为一般原则。《行政处罚法》第二十条规定："行政处罚由违法行为发生地的县级以上地方人民政府具有行政处罚权的行政机关管辖。法律、行政法规另有规定的除外。"

（3）级别管辖，是指根据行政机关的级别确定其管辖范围，县级以上地方人民政府具有行政处罚权的行政机关有权实施行政处罚，县级以下的行政机关无权实施行政处罚。

（4）指定管辖，是指两个以上行政机关对同一违法行为均享有行政处罚权时，为共同管辖，而共同管辖的处理规则一般是由行政机关相互协商或按惯例等方式解决，但当异议无法消除，行政机关管辖权发生争议时，应当报请他们共同的上一级行政机关，由上一级行政机关来确定由谁管辖。

### 2. 行政处罚的适用

行政处罚的适用是处罚实施主体对违法案件具体运用行政处罚法规实施处罚的活动。

（1）从轻或者减轻处罚。从轻处罚是指在行政处罚的法定种类和幅度内，适用较轻的种类或者处罚的下限给予处罚，但不能低于法定处罚幅度的最低限度。减轻处罚是指在法定处罚幅度的最低限以下给予处罚。根据《行政处罚法》的规定，从轻或者减轻处罚适用以下情况：①已满 14 周岁不满 18 周岁的人有违法行为的。②主动消除或者减轻违法行为危害后果的。③受他人胁迫有违法行为的。④配合行政机关查处违法行为有立功表现的。⑤其他依法从轻或者减轻行政处罚的。

（2）不予处罚的规定。不予处罚是指行为人虽然实施了违法行为，但由于具有特定的情形而不给予处罚。《行政处罚法》规定有下列情形的不予处罚：①不满 14 周岁的人有违法行为的。②精神病人在不能辨认或者不能控制自己行为时有违法行为的。③违法行为轻微并及时纠正，没有造成危害后果的。

（3）行政处罚的追诉时效。违法行为在二年内未被发现的，不再给予行政处罚。法律另有规定的除外。前款规定的期限，从违法行为发生之日起计算；违法行为有连续或者继续状态的，从行为终了之日起计算。

（4）适用上的其他问题。

1）案件移送。违法行为构成犯罪的，行政机关必须移交司法机关，依法追究刑事责任。

2）责令改正规则。行政机关实施行政处罚时，应当责令当事人改正或者限期改正违法行为。

3）罚刑可相抵规则。违法行为构成犯罪，人民法院判处拘役或者有期徒刑时，行政机关已经给予当事人行政拘留的，应当依法折抵刑期。违法行为构成犯罪，人民法院判处罚金时，行政机关已经给予当事人罚款的，应当折抵相应罚金。

## 五、行政处罚的决定程序

行政处罚的决定程序是指处罚主体在决定给予处罚过程中所要遵循的步骤与方式。行政处罚决定程序有简易和一般两种程序，听证是一般程序中的特殊程序，不是独立程序。

### 1. 简易程序

处罚的简易程序又称为当场处罚程序，指在具备某些条件的情况下，由执法人员当场作出行政处罚的决定的步骤、方式、时限和形式等过程。《行政处罚法》第三十三条规定：“违法事实确凿并有法定依据，对公民处以 50 元以下、对法人或者其他组织处以 1 000 元以下罚款或者警告的行政处罚的，可以当场作出行政处罚决定。”简易程序包括：①表明身份；②说明处罚理由；③给予当事人陈述和申辩的机会；④制作笔录；⑤制作当场处罚决定书；⑥备案。

### 2. 一般程序

除了当场作出的行政处罚以外，其他行政处罚应当适用一般程序。一般程序包括：①立案。②调查取证。③审查调查结果。在决定作出前依法应向当事人履行告知义务，听取当事人的陈述、申辩。④制作行政处罚决定书。行政处罚决定书应当在宣告后当场交付当事人；当事人不在场的，行政机关应当在七日内依照民事诉讼法的有关规定，将行政处罚决定书送达当事人。行政机关在调查或者进行检查时，执法人员不得少于两人，并应当向当事人或者有关人员出示证件。

**3. 听证程序**

《行政处罚法》第四十二条规定："行政机关作出责令停产停业、吊销许可证或者执照、较大数额罚款等行政处罚决定之前，应当告知当事人有要求举行听证的权利；当事人要求听证的，行政机关应当组织听证。当事人不承担行政机关组织听证的费用。"

根据《行政处罚法》第四十二条的规定，听证依照以下程序组织：

（1）当事人要求听证的，应当在行政机关告知后三日内提出。

（2）行政机关应当在听证的七日前，通知当事人举行听证的时间、地点。

（3）除涉及国家秘密、商业秘密或者个人隐私外，听证公开举行。

（4）听证由行政机关指定的非本案调查人员主持；当事人认为主持人与本案有直接利害关系的，有权申请回避。

（5）当事人可以亲自参加听证，也可以委托一至二人代理。

（6）举行听证时，调查人员提出当事人违法的事实、证据和行政处罚建议；当事人进行申辩和质证。

（7）听证应当制作笔录；笔录应当交当事人审核无误后签字或者盖章。

## 六、行政处罚的执行

**1. 执行程序**

在行政处罚决定作出后，作出罚款决定的行政机关及其工作人员不能自行收缴罚款，而由当事人自收到处罚决定书之日起 15 日内到指定的银行缴纳罚款，银行将收缴的罚款直接上缴国库。但在以下情况下，可以当场收缴罚款：①依法给予 20 元以下罚款的。②不当场收缴事后难以执行的。③在边远、水上、交通不便地区，当事人向指定的银行缴纳罚款确有困难，经当事人提出，行政机关及其执法人员可以当场收缴罚款。行政机关及其执法人员当场收缴罚款的，必须向当事人出具省、自治区、直辖市财政部门统一制发的罚款收据；不出具财政部门统一制发的罚款收据的，当事人有权拒绝缴纳罚款。执法人员当场收缴的罚款，应当自收缴罚款之日起二日内，交至行政机关；在水上当场收缴的罚款，应当自抵岸之日起二日内交至行政机关；行政机关应当在二日内将罚款缴付指定的银行。

**2. 行政处罚的强制执行**

行政处罚决定做出之后，当事人应当在法定期限内自觉履行处罚决定所设定的义务。当事人对行政处罚决定不服申请行政复议或者提起行政诉讼的，行政处罚不停止执行，法律另有规定的除外。如果当事人没有正当理由逾期不履行，则需强制执行。根据《行政处罚法》的规定实行强制执行有三种措施：①到期不缴纳罚款的，每日按罚款数额的 3%加处罚款；②查封、扣押的财物拍卖或者将冻结的存款划拨抵缴罚款；③申请人民法院强制执行。

## 【练习提高】

**一、单项选择题（每题 1 分，每题的备选项中，只有 1 个最符合题意）**

1. 根据不同的标准，行政处罚有不同的分类，下列行政处罚中属于行为罚的是（　　）。

A. 罚款　　B. 销毁违禁物品

C. 责令停产停业　　D. 没收违法所得

2. 某企业因存在重大违法行为，被行政机关责令停产停业。依据《行政处罚法》的规定，下列关于行政处罚听证的说法，正确的是（　　）。

A. 该企业要求听证的，应当在行政机关告知后七日内提出

B. 单位听证的费用应该由行政机关和该企业合理分担

C. 行政机关应在听证的七日前，通知该企业举行听证的时间、地点

D. 听证一般不向社会公开，经该企业申请且行政机关同意的可以公开

3. 根据《行政处罚法》，行政机关作出（　　）行政处罚决定前，应当告知当事人有要求举行听证的权利。

A. 责令停产停业　　B. 警告

C. 对个人处以 50 元罚款　　D. 对单位处以 1 000 元罚款

4. 依据《行政处罚法》的行政处罚决定程序，当调查终结，行政机关负责人应当审查调查结果，酌情作出决定。下列决定正确的是（　　）。

A. 违法行为轻微的，不得给予行政处罚

B. 确有应受行政处罚的违法行为的，从重作出行政处罚决定

C. 违法行为已构成犯罪的，应当予以行政处罚后移送司法机关

D. 违法事实不能成立的，不得给予行政处罚

5. 依据《行政处罚法》的规定，行政当事人无正当理由拒不履行行政机关的处罚规定时，行政机关可以采取的措施是（　　）。

A. 依法将查封、扣押的财物抵缴罚款

B. 将冻结的存款划拨抵缴罚款

C. 实施强制执行

D. 向人民法院提起诉讼

6. 依据《行政处罚法》的规定，下列关于行政处罚执行程序的说法，正确的是（　　）。

A. 除法定可当场收缴罚款的情形外，作出行政处罚决定的行政机关及其执法人员不得自行收缴罚款

B. 当事人对行政处罚决定不服申请行政复议或者提起行政诉讼的，行政处罚暂缓执行

C. 当事人拒不履行法定义务的，行政机关只能申请法院强制执行

D. 行政机关及其执法人员当场收缴罚款的，必须向当事人出具本部门统一制发的罚款收据

7. 下列关于行政处罚听证的表述，正确的是（　　）。

A. 只要当事人要求听证的，实施处罚的行政机关就应当组织听证

B. 当事人不承担行政机关组织听证的费用

C. 当事人必须亲自参加听证

D. 听证可由案件的调查人员主持

8. 依据《行政处罚法》的规定，违法行为在两年内未被发现的，不再给予行政处罚。违法行为的期限从（　　）起计算。

A. 违法行为发现之日

B. 违法行为发生之日

C. 违法行为终了之日

D. 违法行为发生之日起，但违法行为有连续或者继续状态的，从行为终了之日起

**二、多项选择题（每题 2 分，每题的备选项中，有 2 个或 2 个以上符合题意，至少有 1 个错项。错选，本题不得分；少选，所选的每个选项得 0.5 分）**

1. 依据《行政处罚法》的规定，下列关于行政处罚设定的说法，正确的有（　　）。

A. 限制人身自由的行政处罚，只能由法律设定

B. 行政法规可以设定除限制人身自由、吊销营业执照以外的行政处罚

C. 地方性法规可以设定除限制人身自由、吊销营业执照以外的行政处罚

D. 地方性法规必须在法律法规规定的给予行政处罚的行为、种类和幅度范围内作出规定

E. 尚未制定法律、行政法规的，国务院部、委员会制定的规章对违反行政管理秩序的行为，可以设定警告或者一定数量罚款的行政处罚

2. 依据《行政处罚法》的规定，下列情形中，可以从轻处罚的有（　　）。

A. 不满 14 周岁的人有违法行为的

B. 违法行为在两年后被发现的

C. 配合行政机关查处违法行为有立功表现的

D. 受他人胁迫有违法行为的

E. 违法行为轻微并及时纠正，未造成危害后果的

3. 根据《行政处罚法》，关于行政处罚管辖的说法，正确的是（　　）。

A. 地域管辖以违法行为发生地的行政机关管辖为一般原则

B. 对管辖发生争议的，报请共同的上一级行政机关指定管辖

C. 行政处罚由具有行政处罚权的行政机关在法定职权范围内实施

D. 行政处罚由违法行为发生地的县级以上人民政府具有行政处罚权的行政机关管辖

E. 行政处罚由违法行为人所在地的县级以上人民政府具有行政处罚权的行政机关管辖

# 第三节　劳　动　法

【本节重点】

熟悉劳动者的权利和义务、用人单位安全卫生的义务，重点掌握女职工和未成年工的特殊保护。

## 一、劳动安全卫生的规定

### 1. 劳动者的权利

《劳动法》第三条在劳动卫生方面赋予了劳动者享有以下权利：劳动者享有平等就业和选择职业的权利、取得劳动报酬的权利、休息休假的权利、获得劳动安全卫生保护的权利、接受职业技能培训的权利、享受社会保险和福利的权利、提请劳动争议处理的权利以及法律规定的其他劳动权利。同时，根据《劳动法》相关规定，劳动者有权依法参加和组织工会。劳动者依照法律规定，通过职工大会、职工代表大会或者其他形式，参与民主管理或者就保护劳动者合法权益与用人单位进行平等协商。

### 2. 劳动者的义务

《劳动法》第三条设定了劳动者需要履行的4项义务：一是劳动者应当完成劳动任务。二是劳动者应当提高职业技能。三是劳动者应当执行劳动安全卫生规程。四是劳动者应当遵守劳动纪律和职业道德。

### 3. 用人单位的义务

《劳动法》第五十二条规定："用人单位必须建立、健全劳动安全卫生制度，严格执行国家劳动安全卫生规程和标准，对劳动者进行劳动安全卫生教育，防止劳动过程中的事故，减少职业危害。"

《劳动法》同时规定，用人单位的劳动安全卫生设施必须符合国家规定的标准。新建、改建、扩建工程的劳动安全卫生设施必须与主体工程同时设计、同时施工、同时投入生产和使用。而且，用人单位必须为劳动者提供符合国家规定的劳动安全卫生条件和必要的劳动防护用品，对从事有职业危害作业的劳动者应当定期进行健康检查。

## 二、女职工和未成年工特殊保护

国家对女工和未成年工实行特殊保护。未成年工是指年满16周岁未满18周岁的劳动者。

### 1. 女工保护

一是禁止用人单位安排女工从事矿山井下、国家规定的第四级体力劳动强度的劳动和其他禁忌从事的劳动。二是禁止用人单位安排女职工在经期从事高处、低温、冷水作业和国家规定的第三级体力劳动强度的劳动。三是禁止用人单位安排女职工在怀孕期间从事国家规定的第三级体力劳动强度的劳动和孕期禁忌从事的活动。对怀孕7

个月以上的职工，不得安排其延长工作时间和夜班劳动。四是禁止用人单位安排女职工在哺乳未满 1 周岁婴儿期间从事国家规定的第三级体力劳动强度的劳动和哺乳期禁忌从事的其他劳动，不得延长其工作时间和安排夜班劳动。

**2. 未成年工保护**

一是禁止用人单位安排未成年工从事矿山井下、有毒有害、国家规定的第四级体力劳动强度的劳动和其他禁忌从事的劳动。二是要求用人单位应当对未成年工定期进行健康检查。

**【练习提高】**

**一、单项选择题（每题 1 分，每题的备选项中，只有 1 个最符合题意）**

1. 依据《劳动法》的规定，用人单位不得安排女职工在哺乳未满 1 周岁的婴儿期间从事的工作是（　　）。

A. 第一级体力劳动强度的劳动　　B. 夜班劳动

C. 机加工　　D. 驾驶机动车

2. 公司有女职工和未成年工。根据《劳动法》，下列对女职工和未成年工特殊保护的做法中，正确的是（　　）。

A. 安排 17 周岁员工李某从事矿山井下的劳动

B. 安排女职工金某生育期间休两个月的产假

C. 安排怀孕七个月以上的女职工胡某加班

D. 安排 16 周岁员工王某从事第二级体力劳动强度的后勤保障工作

3. 某女职工处于哺乳未满 1 周岁的婴儿期间，根据《劳动法》的规定，用人单位对该女职工工作的安排，正确的是（　　）。

A. 可以安排夜班劳动

B. 可以适当延长其工作时间

C. 安排国家规定的第二级体力劳动强度的劳动

D. 安排国家规定的第三级体力劳动强度的劳动

**二、多项选择题（每题 2 分，每题的备选项中，有 2 个或 2 个以上符合题意，至少有 1 个错项。错选，本题不得分；少选，所选的每个选项得 0.5 分）**

1. 某医院年轻女职工较多，并且处于生育和哺乳高峰期，该医院安排（　　）违反了《劳动法》。

A. 怀孕 3 个月女职工值夜班或者加班工作

B. 怀孕 8 个月女职工值夜班或者加班工作

C. 哺乳出生未满 12 个月婴儿女职工从事国家规定的第三级体力劳动强度的劳动

D. 哺乳出生未满 9 个月婴儿女职工值夜班或者加班工作

E. 怀孕 3 个月女职工从事国家规定的第三级体力劳动强度的劳动

2. 根据《劳动法》，下列关于妇女、未成年人劳动保护的说法，正确的有（　　）。

A. 企业应当为未成年工定期进行健康检查
B. 企业不得聘用未满 18 周岁的未成年人
C. 企业不得安排未成年人从事有毒有害的劳动
D. 企业不得安排女职工从事高处、低温、冷水作业
E. 企业不得安排女职工从事国家规定的第四级体力劳动强度的劳动

## 第四节　劳动合同法

**【本节重点】**

了解劳动合同的内容、试用期的约定，熟悉用人单位依法解除劳动合同的权利，掌握禁止用人单位单方解除劳动合同的情形。

### 一、《劳动合同法》的基础理论

**1. 适用范围**

《劳动合同法》第二条规定，中华人民共和国境内的企业、个体经济组织、民办非企业单位等组织与劳动者建立劳动关系，订立、履行、变更、解除或者终止劳动合同，适用本法。国家机关、事业单位、社会团体和与其建立劳动关系的劳动者，订立、履行、变更、解除或者终止劳动合同，依照本法执行。

**2. 劳动合同订立的基本原则**

订立劳动合同，应当遵循合法、公平、平等自愿、协商一致、诚实信用的原则。依法订立的劳动合同具有约束力，用人单位与劳动者应当履行劳动合同约定的义务。

**3. 协调劳动关系的三方机制**

协调劳动关系三方机制，是指政府、雇主和工人之间，就制定和实施经济和社会政策而进行的所有交往和活动。即由政府、雇主组织和工会通过一定的组织机构和运作机制共同处理所涉及劳动关系的问题。

（1）三方机制的组成。三方机制应当由代表政府的劳动行政部门、代表职工的地方总工会和代表用人单位的企业代表组成，而且这三方的职能不能相互替代，各有侧重和相互独立，相互没有隶属关系。

（2）三方机制针对的问题。主要解决的是有关劳动关系的重大问题，如劳动就业、劳动报酬、社会保险、职业培训、劳动争议、劳动安全卫生、工作时间和休息休假、集体合同和劳动合同等。

### 二、劳动合同的建立及相关权利义务

**1. 劳动合同的建立**

（1）劳动合同的订立。用人单位自用工之日起即与劳动者建立劳动关系。所谓劳动关系，是指劳动者与用人单位在实现劳动过程中建立的社会关系。

（2）劳动合同的内容。劳动合同应当具备以下条款：①用人单位的名称、住所和法定代表人或者主要负责人。②劳动者的姓名、住址和居民身份证或者其他有效身份证件号码。③劳动合同期限。④工作内容和工作地点。⑤工作时间和休息休假。⑥劳动报酬。⑦社会保险。⑧劳动保护、劳动条件和职业危害防护。⑨法律、法规规定应当纳入劳动合同的其他事项。

**2. 试用期的约定**

劳动合同期限三个月以上不满一年的，试用期不得超过一个月；劳动合同期限一年以上不满三年的，试用期不得超过二个月；三年以上固定期限和无固定期限的劳动合同，试用期不得超过六个月。同一用人单位与同一劳动者只能约定一次试用期。以完成一定工作任务为期限的劳动合同或者劳动合同期限不满三个月的，不得约定试用期。试用期包含在劳动合同期限内。劳动合同仅约定试用期的，试用期不成立，该期限为劳动合同期限。劳动者在试用期的工资不得低于本单位相同岗位最低档工资或者劳动合同约定工资的百分之八十，并不得低于用人单位所在地的最低工资标准。

## 三、劳动合同履行及相关权利义务

**1. 劳动者解除合同及获得经济补偿的权利**

劳动者提前三十日以书面形式通知用人单位，可以解除劳动合同。劳动者在试用期内提前三日通知用人单位，可以解除劳动合同。

用人单位有下列情形之一的，劳动者可以解除劳动合同：①未按照劳动合同约定提供劳动保护或者劳动条件的。②未及时足额支付劳动报酬的。③未依法为劳动者缴纳社会保险费的。④用人单位的规章制度违反法律、法规的规定，损害劳动者权益的。⑤因本法第二十六条第一款规定的情形致使劳动合同无效的。

用人单位以暴力、威胁或者非法限制人身自由的手段强迫劳动者劳动的，或者用人单位违章指挥、强令冒险作业危及劳动者人身安全的，劳动者可以立即解除劳动合同，不需事先告知用人单位。

**2. 用人单位依法解除劳动合同的权利**

用人单位在以下情形下，可以解除劳动合同：与劳动者协商一致，可以解除劳动合同；劳动者有违法、违纪、违规行为的，可以解除劳动合同；用人单位可以依法进行经济性裁员；劳动者不能从事或者胜任工作的，或者劳动合同订立时依据的客观情况发生重大变化，致使劳动合同无法履行的，用人单位提前三十日以书面形式通知劳动者本人或者额外支付劳动者一个月工资后，可以解除劳动合同。

**3. 禁止用人单位单方解除情形**

劳动者有下列两种情形之一的，用人单位不得解除劳动合同：

（1）从事接触职业病危害作业的劳动者未进行离岗前职业健康检查，或者疑似职业病病人在诊断或者医学观察期间的。

（2）在本单位患职业病或者因工负伤并被确认丧失或者部分丧失劳动能力的。

## 四、有关劳动合同违法行为应负的法律责任

**1. 用人单位订立劳动合同违法的法律责任**

（1）《劳动合同法》第八十二条规定，用人单位自用工之日起超过 1 个月不满 1 年未与劳动者订立书面劳动合同的，应当向劳动者每月支付 2 倍的工资。用人单位违反规定不与劳动者订立无固定期限的劳动合同的，自应当订立无固定期限劳动合同之日起向劳动者每月支付 2 倍的工资。

（2）《劳动合同法》第八十三条规定，用人单位违反本法规定与劳动者约定试用期的，由劳动行政部门责令改正；违法约定的试用期已经履行的，由用人单位以劳动者试用期满月工资为标准，按已经履行的超过法定试用期的期间向劳动者支付赔偿金。

**2. 用人单位履行劳动合同违法的法律责任**

《劳动合同法》第八十五条规定，用人单位有下列情形之一的，由劳动行政部门责令限期支付劳动报酬、加班费或者经济补偿；劳动报酬低于当地最低工资标准的，应当支付其差额部分；逾期不支付的，责令用人单位按应支付金额 50%以上 100%以下的标准向劳动者加付赔偿金：

（1）未按照劳动合同的约定或者国家规定及时足额支付劳动者劳动报酬的。

（2）低于当地最低工资标准支付劳动者工资的。

（3）安排加班不支付加班费的。

（4）解除或者终止劳动合同，未依照本法规定向劳动者支付经济补偿的。

**3. 用人单位违法解除和终止劳动合同的法律责任**

（1）《劳动合同法》第八十七条规定，用人单位违反《劳动合同法》的规定解除或者终止劳动合同的，应当依照本法第四十七条规定的经济补偿标准的 2 倍向劳动者支付赔偿金。

（2）《劳动合同法》第八十四条第三款规定，劳动者依法解除或者终止劳动合同，用人单位扣押劳动者档案或者其他物品的，依照前款规定处罚，即由劳动行政部门责令限期退还劳动者本人，并以每人 500 元以上 2 000 元以下的标准处以罚款；给劳动者造成损害的，应当承担赔偿责任。

**【练习提高】**

**一、单项选择题（每题 1 分，每题的备选项中，只有 1 个最符合题意）**

1. 依据《劳动合同法》的规定，用人单位自用工之日起，超过 1 个月不满 1 年未与劳动者订立书面劳动合同的，应向劳动者每月支付（　　）的工资。

A. 1 倍　　B. 2 倍　　C. 3 倍　　D. 5 倍

2. 根据《劳动合同法》的规定，劳动者在试用期的工资不得低于本单位相同岗位最低档工资或者劳动合同约定工资的（　　），并不得低于用人单位所在地的最低工资标准。

A. 90%　　B. 80%　　C. 60%　　D. 50%

3. 甲应聘到一建筑施工单位，双方于 2018 年 6 月 30 日签订为期 3 年的劳动合同，

其中约定试用期3个月，次日合同开始履行。2018年10月10日，甲拟解除劳动合同，依据《劳动合同法》，正确的是（　　）。

A. 必须取得用人单位同意

B. 口头通知用人单位即可

C. 应提前30日以书面形式通知用人单位

D. 应报请劳动行政主管部门同意后以书面形式通知用人单位

**二、多项选择题（每题2分，每题的备选项中，有2个或2个以上符合题意，至少有1个错项。错选，本题不得分；少选，所选的每个选项得0.5分）**

1. 下列情形中，用人单位可以单方与劳动者解除劳动合同的有（　　）。

A. 在试用期间被证明不符合录用条件的

B. 严重违反用人单位规章制度的

C. 被依法追究民事责任的

D. 不能胜任工作，经过培训或者调整工作岗位，仍不能胜任工作的

E. 严重失职，营私舞弊，对用人单位利益造成重大损害的

2. 依据《劳动合同法》，劳动合同履行过程中，劳动者不需事先告知用人单位，可以立即与用人单位解除劳动合同的情形有（　　）。

A. 用人单位未及时足额支付劳动报酬

B. 用人单位濒临破产

C. 用人单位未依法缴纳社会保险费

D. 用人单位违章指挥、强令冒险作业危及劳动者人身安全

E. 用人单位以暴力、威胁手段强迫劳动者劳动

## 第五节　突发事件应对法

**【本节重点】**

熟悉突发事件的分类与分级，了解应对突发事件时政府部门的分工，掌握突发事件的预防与应急准备、突发事件的监测与预警、突发事件的处置与救援。

### 一、突发事件及其应对的分工

#### 1. 突发事件的概念

《突发事件应对法》所指的突发事件，是指突然发生，造成或者可能造成严重社会危害，需要采取应急处置措施予以应对的自然灾害、事故灾难、公共卫生事件和社会安全事件。

#### 2. 突发事件的分类与分级

《突发事件应对法》按照事件的性质、过程和机理的不同，将突发事件分为4类，即自然灾害、事故灾难、公共卫生事件和社会安全事件。其中事故灾难主要包括工矿

商贸等企业的各类安全事故、交通运输事故、公共设施和设备事故、环境污染和生态破坏事件等。

《突发事件应对法》按照社会危害程序、影响范围、突发事件性质、可控性、行业特点等因素，将突发事件分为特别重大、重大、较大和一般四级。分级的目的是落实“分级负责”和“分级响应”的措施。

**3. 应对突发事件时政府部门的分工**

《突发事件应对法》第七条规定，县级人民政府对本行政区域内突发事件的应对工作负责；涉及两个以上行政区域的，由有关行政区域共同的上一级人民政府负责，或者由各有关行政区域的上一级人民政府共同负责。

（1）各级人民政府应对突发事件的分工负责。较大和一般突发事件，分别由发生地设区的市级人民政府和县级人民政府统一领导和协调应急处置工作。重大和特别重大自然灾害、公共卫生事件、事故灾难的应急处置工作由发生地省级人民政府统一领导和协调，其中影响全国或者跨省级行政区域的特别重大事件由国务院统一领导和协调。社会安全事件在必要时上级人民政府可以直接组织处置。

（2）国务院有关部门对突发事件的应对工作负责。《突发事件应对法》规定由国务院有关部门对特定领域和行业的突发事件的应对工作负责，但是并不排除突发事件发生地人民政府的应急责任，事件发生地人民政府应当积极配合并提供必要支持。

## 二、预防与应急准备

**1. 建立、健全应急预案体系**

（1）应急预案体系。突发事件应急预案分为两个层次：一是国家级应急预案，包括突发事件总体应急预案、专项应急预案和部门应急预案；二是地方级应急预案，即地方各级人民政府和县级以上地方各级人民政府有关部门根据有关法律、法规、规章、上级人民政府及其有关部门的应急预案以及本地区的实际情况，制定相应的突发事件应急预案。此外，企事业单位也应根据有关法律法规制定应急预案；举办大型会展和文化体育等重大活动，主办单位也要制定应急预案。

应急预案的制定、修订程序由国务院规定。应急预案制定单位应当根据实际情况和形势的变化，适时修订应急预案。

（2）应急预案的内容。基本内容包括突发事件应急管理工作的组织指挥体系与职责和突发事件的预防与预警机制、处置程序、应急保障措施以及事后恢复与重建措施等内容。其中应急保障措施内容比较多，包括人力资源保障、财力保障、物资保障、基本生活保障、医疗卫生保障、交通运输保障、治安维护、人员防护、通信保障、公共设施和科技支撑等。

**2. 单位预防与应对突发事件的义务**

（1）所有单位预防突发事件的义务。一是建立、健全安全生产管理责任制；二是组织制定本单位安全管理规章制度和安全操作规程；三是各单位的主要负责人应当组织力量开展事故隐患普查，全面掌握事故隐患情况，采取措施，动态管理和监控风险。

（2）高危行业企业预防突发事件的义务。矿山、建筑施工单位和易燃易爆物品、危险化学品、放射性物品等危险物品的生产、经营、储运、使用单位，应当制定具体应急预案，并对生产经营场所、有危险物品的建筑物、构筑物及周边环境开展事故隐患排查，及时采取措施消除事故隐患，防止发生突发事件。

（3）人员密集场所经营单位预防突发事件的义务。公共交通工具、公共场所和其他人员密集场所的经营单位或者管理单位应当制定具体应急预案，为交通工具和有关场所配备报警装置和必要的应急救援设备、设施，注明其使用方法，并显著标明安全撤离的通道、路线，保证安全通道、出口的畅通。

**3. 应急能力建设**

《突发事件应对法》规定县级以上人民政府应当整合应急资源，建立综合性或者专业性的应急救援队伍，对有关部门负责处置突发事件职责的工作人员定期培训，为专业应急救援人员购买人身意外伤害保险，配备必要的防护装备与器材，组织开展应急宣传普及和必要的演练，开展学校应急教育，为保障突发事件应对工作提供经费，建立应急通信保障，完善公用通信网，鼓励并发展保险事业，鼓励并扶持应急教学科研等内容。

## 三、监测与预警

**1. 突发事件信息的收集与报告**

政府及有关部门、专业机构应当通过多种途径收集突发事件信息，县级人民政府应当在居民委员会、村民委员会和有关单位建立专职或者兼职信息报告员制度，公民、法人和其他组织也有报告突发事件信息的义务。对收集到的信息应当及时汇总分析，对突发事件的可能性及其可能造成的影响进行评估，认为可能发生重大或者特别重大突发事件的，应当立即报告或者通报。

**2. 突发事件监测制度**

《突发事件应对法》第四十一条规定，县级以上人民政府及其有关部门应当根据自然灾害、事故灾难和公共卫生事件的种类和特点，建立、健全基础信息数据库，完善监测网络，划分监测区域，确定监测点，明确监测项目，提供必要的设备、设施，配备专职或者兼职人员，对可能发生的突发事件进行监测。

**3. 突发事件预警**

国家将自然灾害、事故灾难和公共卫生事件预警分为一级、二级、三级和四级，分别用红色、橙色、黄色和蓝色标示，一级为最高级别。《突发事件应对法》授权国务院或国务院规定的部门制定预警级别划分标准。

当可以预警的突发事件即将发生或者发生的可能性增大时，县级以上地方人民政府应当发布相应级别的警报，并宣布有关地区进入预警期。

**4. 警报后的措施**

（1）三级、四级警报后的措施。三级、四级警报后，县级以上地方各级人民政府应当采取如下 5 种措施：一是启动应急预案；二是责令有关部门、专业机构、监测网点和负有特定职责的人员收集、报告有关信息，向社会公布反映突发事件信息的渠道，加强监测、预报和预警；三是组织对突发事件信息进行分析评估，预测事件的可能性与影响范围和强度，以及可能发生的突发事件的级别；四是向社会公布预测的信息和分析评估的结果，并对信息的报道进行管理；五是及时发布警告、宣传减灾常识和公布咨询电话。

（2）一级、二级警报后的措施。县级以上人民政府除采取三级和四级警报后的措施之外，还要采取如下八种措施：一是责令应急救援队伍、负有特定职责的人员进入待命状态，并动员后备人员做好参加应急救援和处置工作的准备；二是调集应急救援所需物资、设备、工具，准备应急设施和避难场所，并确保其处于良好状态、随时可以投入正常使用；三是加强对重点单位、重要部位和重要基础设施的安全保卫，维护社会治安秩序；四是采取必要措施，确保交通、通信、供水、排水、供电、供气、供热等公共设施的安全和正常运行；五是及时向社会发布有关采取特定措施避免或者减轻危害的建议、劝告；六是转移、疏散或者撤离易受突发事件危害的人员并予以妥善安置，转移重要财产；七是关闭或者限制使用易受突发事件危害的场所，控制或者限制容易导致危害扩大的公共场所的活动；八是法律、法规、规章规定的其他必要的防范性、保护性措施。

## 四、应急处置与救援

### 1. 应急处置措施

（1）应急处置措施的法定条件、主体和要求。处置措施的法定条件是突发事件发生，实施的主体是履行统一领导职责或者组织处置突发事件的人民政府；具体要求是应当针对突发事件的性质、特点和危害程度；途径是组织有关部门，调动应急救援队伍和社会力量。

（2）自然灾害、事故灾难或者公共卫生事件发生后的应急处置措施。《突发事件应对法》规定了 10 项措施：一是救助性措施，主要是对公民人身的救助；二是控制性措施，主要是针对场所的强制措施；三是保障性措施，主要是针对生命线工程系统；四是保护性措施，阻止事件蔓延传播；五是调用急需的物资、设备、设施和工具；六是组织公民参与救援；七是保障生活必需品的供应；八是稳定市场的经济性管制；九是维护社会稳定和治安的措施；十是防止次生事件和衍生事件的措施。

### 2. 应急救援

突发事件发生后，发生地的居民委员会、村民委员会和其他组织应当按照当地人民政府的决定、命令，组织群众开展自救和互救，协助维护社会秩序。发生地的公民应当服从指挥和安排，配合人民政府采取应急处置措施，积极参加应急救援工作。

## 五、事后恢复与重建

突发事件的威胁和危害得到控制或者消除后，履行统一领导职责或者组织处置突发事件的人民政府应当停止执行应急处置措施，并采取必要措施防止发生次生、衍生事件或者重新引发社会安全事件；承担恢复与重建职责；请求上一级政府支持恢复重建工作；制定善后工作计划并组织实施；及时查明事件经过与原因，总结经验教训。

## 【练习提高】

**一、单项选择题（每题 1 分，每题的备选项中，只有 1 个最符合题意）**

1. 依据《突发事件应对法》的规定，事故灾难的预警级别按照发生的紧急程度、发展态势和可能造成的危害程度分为一级、二级、三级、四级，其中四级标示的颜色是（　　）。

A. 蓝色　　B. 橙色　　C. 红色　　D. 黄色

2. 依据《突发事件应对法》的规定，下列关于突发事件的预防与应急准备的说法，正确的是（　　）。

A. 应急预案制定机关应当按照本机关规定的修订程序修订应急预案

B. 各单位都应当制定具体应急预案，并及时采取措施消除隐患，防止发生突发事件

C. 新闻媒体应当无偿开展突发事件预防与应急、自救与互救知识的公益宣传

D. 可能引发社会安全事件的矛盾纠纷均应由县级以上人民政府及其他有关部门负责调解处理

3. 依据《突发事件应对法》的规定，下列关于突发事件的预防与应急准备的说法，正确的是（　　）。

A. 乡镇人民政府应当建立应急救援物资、生活必需品和应急处置装备的储备制度

B. 学校应当把应急知识教育纳入教学内容，对学生进行相关知识教育

C. 国务院有关部门组织制定国家突发事件专项应急预案，并适时修订

D. 新闻媒体应当按照无偿与有偿相结合的原则，积极开展突发事件预防与应急知识的宣传

4. 依据《突发事件应对法》的规定，国家将自然灾害、事故灾难和公共卫生事件的预警级别，按照突发事件发生的紧急程度、发展势态和可能造成的危害程度分为一级、二级、三级和四级，标示的颜色分别是（　　）。

A. 红色、黄色、蓝色和绿色　　B. 红色、橙色、黄色和绿色

C. 红色、紫色、橙色和黄色　　D. 红色、橙色、黄色和蓝色

5. 某市气象局发布蓝色高温预警，预计某日大部分地区日最高气温将达到 35 ℃以上。依据《突发事件应对法》的规定，该预警的级别是（　　）。

A. 一级预警　　B. 二级预警　　C. 三级预警　　D. 四级预警

6. 某市发生泥石流灾害，该市人民政府启动应急预案，统一领导市应急管理、市自然资源等部门和泥石流灾害发生地县人民政府采取有效措施进行处置。根据《突发事件应对法》，应急处置工作结束后，由（　　）负责组织进行损失评估，恢复生产、生活、工作和社会秩序。

A. 市人民政府　　B. 市应急管理部门

C. 市自然资源部门　　D. 县人民政府

**二、多项选择题（每题2分，每题的备选项中，有2个或2个以上符合题意，至少有1个错项。错选，本题不得分；少选，所选的每个选项得0.5分）**

1. 关于所有单位预防突发事件的义务，下列说法正确的有（　　）。

A. 建立、健全安全管理制度

B. 掌握并及时处理本单位存在的可能引发社会安全事件的问题

C. 及时消除事故隐患

D. 不定期检查本单位各项安全防范措施的落实情况

E. 对本单位可能发生的突发事件和采取安全防范措施的情况，应当按照规定及时报告

2. 下列各项属于县级以上人民政府应急能力建设内容的有（　　）。

A. 组织开展应急宣传普及和必要的演练

B. 建立应急通信保障

C. 开展学校应急教育

D. 鼓励并发展保险事业

E. 对有关部门负责处置突发事件职责的工作人员定期考核

## 第六节　职业病防治法

**【本节重点】**

了解职业病的范围，熟悉职业病防治的基本方针、基本制度，掌握职业病前期预防的要求、劳动过程中职业病的防护与管理，熟悉职业病诊断与职业病病人的保障。

### 一、职业病的范围

依据《职业病防治法》第二条的规定，职业病是指企业、事业单位和个体经济组织等用人单位的劳动者在职业活动中，因接触粉尘、放射性物质和其他有毒、有害因素而引起的疾病。职业病的分类和目录由国务院卫生行政部门会同国务院劳动保障行政部门制定、调整并公布。

### 二、职业病防治的基本方针、机制

**1. 职业病防治的基本方针**

“预防为主、防治结合”是职业病防治工作必须坚持的基本方针。

**2. 职业病防治工作机制**

《职业病防治法》确立了用人单位负责、行政机关监管、行业自律、职工参与和社会监督的工作机制。

## 三、前期预防要求

### 1. 工作场所的职业卫生要求

产生职业病危害的用人单位，其工作场所应当符合下列职业卫生要求：

（1）职业病危害因素的强度或者浓度符合国家职业卫生标准。

（2）有与职业病危害防护相适应的设施。

（3）生产布局合理，符合有害与无害作业分开的原则。

（4）有配套的更衣间、洗浴间、孕妇休息间等卫生设施。

（5）设备、工具、用具等设施符合保护劳动者生理、心理健康的要求。

（6）法律、行政法规和国务院卫生行政部门关于保护劳动者健康的其他要求。

### 2. 职业病危害项目申报

用人单位工作场所存在职业病目录所列职业病的危害因素的，应当及时、如实向所在地卫生行政部门申报危害项目，接受监督。

### 3. 建设项目职业病危害预评价

新建、扩建、改建建设项目和技术改造、技术引进项目（以下统称建设项目）可能产生职业病危害的，建设单位在可行性论证阶段应当进行职业病危害预评价。医疗机构建设项目可能产生放射性职业病危害的，建设单位应当向卫生行政部门提交放射性职业病危害预评价报告。卫生行政部门应当自收到预评价报告之日起三十日内，作出审核决定并书面通知建设单位。未提交预评价报告或者预评价报告未经卫生行政部门审核同意的，不得开工建设。

### 4. 职业病危害防护设施

建设项目的职业病防护设施所需费用应当纳入建设项目工程预算，并与主体工程同时设计、同时施工、同时投入生产和使用。建设项目的职业病防护设施设计应当符合国家职业卫生标准和卫生要求；其中，医疗机构放射性职业病危害严重的建设项目的防护设施设计，应当经卫生行政部门审查同意后，方可施工。

## 四、劳动过程中职业病的防护与管理

### 1. 用人单位职业病防治措施

（1）设置或者指定职业卫生管理机构或者组织，配备专职或者兼职的职业卫生管理人员，负责本单位的职业病防治工作。

（2）制定职业病防治计划和实施方案。

（3）建立、健全职业卫生管理制度和操作规程。

（4）建立、健全职业卫生档案和劳动者健康监护档案。

（5）建立、健全工作场所职业病危害因素监测及评价制度。

（6）建立、健全职业病危害事故应急救援预案。

### 2. 职业病防护资金投入

用人单位应当保障职业病防治所需的资金投入，不得挤占、挪用，并对因资金投入不足导致的后果承担责任。

**3. 职业病防护设施和防护用品**

用人单位必须采用有效的职业病防护设施，并为劳动者提供个人使用的职业病防护用品。用人单位为劳动者个人提供的职业病防护用品必须符合防治职业病的要求；不符合要求的，不得使用。

**4. 用人单位职业病管理**

（1）职业危害公告和警示。产生职业病危害的用人单位，应当在醒目位置设置公告栏，公布有关职业病防治的规章制度、操作规程、职业病危害事故应急救援措施和工作场所职业病危害因素检测结果。对产生严重职业病危害的作业岗位，应当在其醒目位置，设置警示标志和中文警示说明。警示说明应当载明产生职业病危害的种类、后果、预防以及应急救治措施等内容。

（2）防护设备和应急设施。对可能发生急性职业损伤的有毒、有害工作场所，用人单位应当设置报警装置，配置现场急救用品、冲洗设备、应急撤离通道和必要的泄险区。对放射工作场所和放射性同位素的运输、储存，用人单位必须配置防护设备和报警装置，保证接触放射性的工作人员佩戴个人剂量计。对职业病防护设备、应急救援设施和个人使用的职业病防护用品，用人单位应当进行经常性的维护、检修，定期检测其性能和效果，确保其处于正常状态，不得擅自拆除或者停止使用。

（3）职业病危害因素的监测、检测、评价及治理。用人单位应当实施由专人负责的职业病危害因素日常监测，并确保监测系统处于正常运行状态。用人单位应当按照国务院卫生行政部门的规定，定期对工作场所进行职业病危害因素检测、评价。检测、评价结果存入用人单位职业卫生档案，定期向所在地卫生行政部门报告并向劳动者公布。职业病危害因素检测、评价由依法设立的取得国务院卫生行政部门或者设区的市级以上地方人民政府卫生行政部门按照职责分工给予资质认可的职业卫生技术服务机构进行。发现工作场所职业病危害因素不符合国家职业卫生标准和卫生要求时，用人单位应当立即采取相应治理措施，仍然达不到国家职业卫生标准和卫生要求的，必须停止存在职业病危害因素的作业。

（4）向用人单位提供可能产生职业病危害的设备的规定要求。向用人单位提供可能产生职业病危害的设备的，应当提供中文说明书，并在设备的醒目位置设置警示标志和中文警示说明。

（5）向用人单位提供可能产生职业病危害的化学原料及放射性物质的物品的规定要求。向用人单位提供可能产生职业病危害的化学品、放射性同位素和含有放射性物质的材料的，应当提供中文说明书。

（6）职业病危害如实告知。用人单位与劳动者订立劳动合同时，应当将工作过程中可能产生的职业病危害及其后果、职业病防护措施和待遇等如实告知劳动者，并在劳动合同中写明，不得隐瞒或者欺骗。劳动者在已订立劳动合同期间因工作岗位或者工作内容变更，从事与所订立劳动合同中未告知的存在职业病危害的作业时，用人单位应当向劳动者履行如实告知的义务，并协商变更原劳动合同相关条款。

（7）职业卫生培训要求。用人单位的主要负责人和职业卫生管理人员应当接受职业卫生培训，遵守职业病防治法律、法规，依法组织本单位的职业病防治工作。用人单位应当对劳动者进行上岗前的职业卫生培训和在岗期间的定期职业卫生培训，普及职业卫生知识，督促劳动者遵守职业病防治法律、法规、规章和操作规程，指导劳动者正确使用职业病防护设备和个人使用的职业病防护用品。

（8）职业健康检查。对从事接触职业病危害的作业的劳动者，用人单位应当组织上岗前、在岗期间和离岗时的职业健康检查，并将检查结果书面告知劳动者。职业健康检查费用由用人单位承担。对在职业健康检查中发现有与所从事的职业相关的健康损害的劳动者，应当调离原工作岗位，并妥善安置；对未进行离岗前职业健康检查的劳动者不得解除或者终止与其订立的劳动合同。

（9）职业健康监护档案。用人单位应当为劳动者建立职业健康监护档案，并按照规定的期限妥善保存。职业健康监护档案应当包括劳动者的职业史、职业病危害接触史、职业健康检查结果和职业病诊疗等有关个人健康资料。劳动者离开用人单位时，有权索取本人职业健康监护档案复印件，用人单位应当如实、无偿提供，并在所提供的复印件上签章。

（10）急性职业病危害事故。发生或者可能发生急性职业病危害事故时，用人单位应当立即采取应急救援和控制措施，并及时报告所在地卫生行政部门和有关部门。

（11）据实列支职业病防治费用。用人单位按照职业病防治要求，用于预防和治理职业病危害、工作场所卫生检测、健康监护和职业卫生培训等费用，按照国家有关规定，在生产成本中据实列支。

## 五、职业病诊断与职业病病人保障

### 1. 职业病诊断

（1）职业病诊断机构选择。职业病诊断应当由取得《医疗机构执业许可证》的医疗卫生机构承担。劳动者可以在用人单位所在地、本人户籍所在地或者经常居住地依法承担职业病诊断的医疗卫生机构进行职业病诊断。

（2）职业病诊断因素与程序。职业病诊断，应当综合分析病人的职业史、职业病危害接触史和工作场所职业病危害因素情况、临床表现以及辅助检查结果等因素。没有证据否定职业病危害因素与病人临床表现之间的必然联系的，应当诊断为职业病。

（3）职业病诊断资料提供、调查及判定。职业病诊断、鉴定机构需要了解工作场所职业病危害因素情况时，可以对工作场所进行现场调查，也可以向卫生行政部门提出，卫生行政部门应当在十日内组织现场调查。职业病诊断、鉴定过程中，用人单位不提供工作场所职业病危害因素检测结果等资料的，诊断、鉴定机构应当结合劳动者的临床表现、辅助检查结果和劳动者的职业史、职业病危害接触史，并参考劳动者的自述、卫生行政部门提供的日常监督检查信息等，作出职业病诊断、鉴定结论。

（4）职业病诊断、鉴定中相关争议处理。职业病诊断、鉴定过程中，劳动者无法提供由用人单位掌握管理的与仲裁主张有关的证据的，仲裁庭应当要求用人单位在指定期限内提供；用人单位在指定期限内不提供的，应当承担不利后果。用人单位对仲裁裁决不服的，可以在职业病诊断、鉴定程序结束之日起十五日内依法向人民法院提起诉讼；诉讼期间，劳动者的治疗费用按照职业病待遇规定的途径支付。

（5）职业病报告义务。用人单位和医疗卫生机构发现职业病病人或者疑似职业病病人时，应当及时向所在地卫生行政部门报告。确诊为职业病的，用人单位还应当向所在地劳动保障行政部门报告。

**2. 职业病病人保障**

（1）疑似职业病待遇。医疗卫生机构发现疑似职业病病人时，应当告知劳动者本人并及时通知用人单位。用人单位应当及时安排对疑似职业病病人进行诊断；在疑似职业病病人诊断或者医学观察期间，不得解除或者终止与其订立的劳动合同。疑似职业病病人在诊断、医学观察期间的费用，由用人单位承担。

（2）职业病待遇。用人单位应当按照国家有关规定，安排职业病病人进行治疗、康复和定期检查。对不适宜继续从事原工作的职业病病人，应当调离原岗位，并妥善安置。对从事接触职业病危害的作业的劳动者，应当给予适当岗位津贴。职业病病人除依法享有工伤保险外，依照有关民事法律，尚有获得赔偿的权利的，有权向用人单位提出赔偿要求。

**3. 特殊情况保障**

（1）劳动者被诊断患有职业病，但用人单位没有依法参加工伤保险，其医疗和生活保障由该用人单位承担。职业病病人变动工作单位，其依法享有的待遇不变。

（2）用人单位在发生分立、合并、解散、破产等情形时，应当对从事接触职业病危害的作业的劳动者进行职业健康检查，并按照国家有关规定妥善安置职业病病人。

**4. 医疗病人社会救助**

用人单位已经不存在或者无法确认劳动关系的职业病病人，可以向地方人民政府医疗保障、民政部门申请医疗救助和生活等方面的救助。地方各级人民政府应当根据本地区的实际情况，采取其他措施，使前款规定的职业病病人获得医疗救治。

## 六、职业病防治监督检查

县级以上人民政府职业卫生监督管理部门对职业病防治工作进行监督检查，有权采取下列措施：

（1）进入被检查单位和职业病危害现场，了解情况，调查取证；查阅或者复制与违反职业病防治法律、法规的行为有关的资料和采集样品；责令违反职业病防治法律、法规的单位和个人停止违法行为。

（2）发生职业病危害事故或者有证据证明危害状态可能导致职业病危害事故发生时，卫生行政部门可以采取下列临时控制措施：

1）责令暂停导致职业病危害事故的作业。

2）封存造成职业病危害事故或者可能导致职业病危害事故发生的材料和设备。

3）组织控制职业病危害事故现场。

在职业病危害事故或者危害状态得到有效控制后，卫生行政部门应当及时解除控制措施。

**【练习提高】**

### 一、单项选择题（每题 1 分，每题的备选项中，只有 1 个最符合题意）

1. 依据《职业病防治法》的规定，下列患病情形中，当事人所患疾病不属于职业病的是（　　）。

A. 某水泥生产企业的水泥包装工在工作中因长期接触粉尘而罹患水泥尘肺

B. 某高校实验室实验员因工作长期接触放射性物质而罹患放射性皮肤疾病

C. 某家庭作坊劳动者在制鞋活动中因接触有毒黏结剂而罹患苯所致白血病

D. 某锅炉压力容器制造厂电焊工人因长期从事电弧焊作业而罹患腰椎疾病

2. 张某为某汽车制造厂机加工岗位工人，与该单位签订为期 3 年的劳动合同。工作一年后，该单位将其从机加工岗位调到喷漆岗位工作。依据《职业病防治法》的规定，下列关于张某在劳动过程中职业病防护与管理的做法，正确的是（　　）。

A. 张某因该单位未事先告知喷漆岗位职业危害而不服从调动，用人单位因此解除与其签订的劳动合同

B. 张某因该单位喷漆岗位未配备职业病防护装置而不服从调动，用人单位因此解除与其签订的劳动合同

C. 张某因该单位未事先告知喷漆职业危害，拒绝从事新岗位工作

D. 张某到新岗位后，该单位保持原劳动合同，未协商变更相关条款

3. 某矿山企业新建项目可能产生职业病危害，应当进行职业病危害预评价，根据《职业病防治法》，关于该矿山企业新建项目职业病危害预评价的说法，正确的是（　　）。

A. 矿山企业应当在项目实施阶段进行职业病危害预评价

B. 职业病危害预评价报告不包括对劳动者健康影响的评价

C. 矿山企业应当在可行性论证阶段进行职业病危害预评价

D. 职业病危害预评价应当经卫生行政部门审核同意

4. 根据《职业病防治法》，在建设项目竣工验收前，建设单位应当进行（　　）。

A. 职业病危害预评价　　B. 职业病危害现状评价

C. 职业病危害条件论证　　D. 职业病危害控制效果评价

5. 依据《职业病防治法》的规定，产生职业病危害的用人单位的设立，除应当符合法律、行政法规规定的设立条件外，其作业场所布局应遵循的原则是（　　）。

A. 生产作业与储存作业分开　　B. 有害作业与无害作业分开

C. 加工作业与包装作业分开　　D. 吊装作业与维修作业分开

6. 某化工厂要进行整体搬迁，依据《职业病防治法》的规定，建设单位应进行职业病危害预评价的时间是（　　）。

A. 可行性论证阶段　　B. 初步设计阶段

C. 总体设计阶段　　D. 试运行阶段

7. 某化工企业所在的县级市有一家职业病检查机构，依据《职业病防治法》的规定，下列关于职业病诊断的说法，正确的是（　　）。

A. 企业可以委托该机构对职工进行职业病诊断

B. 企业员工必须在该机构进行职业病诊断

C. 该机构进行职业病诊断时，须由三名以上具有职业病诊断资格的执业医师会诊

D. 该机构发现企业存在职业病病人，应及时向省级卫生行政部门和民政部门报告

8. 杨某曾在多个金矿从事风钻作业十多年，最近被诊断患有尘肺病。杨某拟向原工作过的单位索赔，但发现这些单位都已不存在。依据《职业病防治法》的规定，杨某可以向（　　）申请医疗救助和生活等方面救助。

A. 工伤保险机构　　B. 民政部门

C. 卫生行政部门　　D. 应急管理部门

**二、多项选择题（每题2分，每题的备选项中，有2个或2个以上符合题意，至少有1个错项。错选，本题不得分；少选，所选的每个选项得0.5分）**

1. 依据《职业病防治法》的规定，下列关于产生职业病危害的用人单位工作场所的职业卫生要求的说法，正确的有（　　）。

A. 有与职业病危害防护相适应的设施

B. 有配套的更衣间、洗浴间、孕妇休息间

C. 职业病危害因素的强度或者浓度符合国家或者国际职业卫生标准

D. 生产布局合理，有害与无害作业分开

E. 设备、工具、用具等设施符合保护劳动者生理、心理健康的要求

2. 依据《职业病防治法》的规定，下列关于劳动者劳动过程中职业病的防护与管理的说法，正确的有（　　）。

A. 用人单位应当定期对工作场所进行职业危害因素检测、评价。检测、评价机构存入用人单位职业健康监护档案，定期向所在地卫生行政部门报告并向劳动者公布

B. 对从事接触职业病危害作业的劳动者，用人单位应当组织上岗前、在岗期间和离岗时的职业健康检查，并将检查结果书面告知劳动者

C. 劳动者在已订立劳动合同期间因工作岗位或者工作内容变更，从事与所订立劳动合同中未告知的存在职业病危害的作业时，用人单位应当向劳动者履行如实告知的义务，原劳动合同不变更

D. 职业健康检查应当由取得《医疗机构执业许可证》的医疗卫生机构承担。职业健康检查费用由用人单位承担

E. 劳动者离开用人单位时，有权索取本人职业健康监护档案复印件，用人单位应当如实、无偿提供，并在所提供的复印件上签章

## 综合练习

**一、单项选择题（每题1分，每题的备选项中，只有1个最符合题意）**

1. 某化工企业因安全生产设施不符合国家规定，发生事故，造成6人死亡的严重后果。依据《刑法》的规定，直接负责的主管人员触犯的刑法罪名是（　　）。

A. 重大责任事故罪　　B. 重大劳动安全事故罪

C. 危险物品肇事罪　　D. 玩忽职守罪

2. 某煤矿带班副矿长杨某，在明知井下瓦斯传感器不能准确检测瓦斯数据，存在重大事故隐患的情况下，仍强行组织工人下井作业，最终发生爆炸事故，导致6人死亡。依据《刑法》的有关规定，对杨某应予判处（　　）。

A. 三年以下有期徒刑　　B. 三年以上七年以下有期徒刑
C. 五年以下有期徒刑　　D. 五年以上有期徒刑

3. 某建筑施工公司的安全生产条件不符合国家规定，导致施工现场发生了重大伤亡事故。根据《刑法》及相关司法解释，该施工单位相关负责人涉嫌构成（　　）。
A. 重大劳动安全事故罪　　B. 重大责任事故罪
C. 玩忽职守罪　　D. 强令违章冒险作业罪

4. 某煤矿发生煤层着火事故，为保护采掘设备不受损害，总工程师刘某强令作业人员冒险进入巷道进行抢救，结果造成 5 人死亡。依据《刑法》有关规定，刘某应当被判处的刑罚是（　　）。
A. 3 年以下有期徒刑　　B. 5 年以下有期徒刑
C. 3 年以上 5 年以下有期徒刑　　D. 5 年以上有期徒刑

5. 某机械加工企业工人甲在工作时发现某设备出现故障，遂向车间副主任乙报告。车间副主任乙接到报告后立即安排维修工丙维修，维修工丙检修不到位即离开现场，车间副主任乙也未做检查验收。该台设备运行十几分钟后又发生故障，造成 1 人死亡、1 人重伤。依据《刑法》及相关规定，下列关于对有关人员刑事责任追究的说法，正确的是（　　）。
A. 工人甲可能触犯重大责任事故罪
B. 车间主任乙可能触犯重大劳动安全事故罪
C. 维修工丙可能触犯重大劳动安全事故罪
D. 维修工丙可能触犯重大责任事故罪

6. 某煤矿安全监察机构对煤矿企业进行安全监察时，发现安全监控系统不完善，决定对该煤矿企业作出行政处罚，依据《行政处罚法》的规定，下列关于当场作出行政处罚的做法，正确的是（　　）。
A. 当场制作对该企业处 1 000 元罚款的行政处罚决定书，宣读后，交付在场的企业负责人
B. 当场制作对该企业处 500 元罚款的行政处罚决定书，宣读后，交付在场的企业负责人
C. 当场口头作出罚款 1 000 元的行政处罚决定，10 日后补办书面决定书并送达给该企业
D. 当场口头作出罚款 1 000 元的行政处罚决定，10 日后补为书面决定书并以挂号函件方式邮寄给该企业

7. 依据《行政处罚法》，行政处罚决定书应当在宣告后当场交付当事人；当事人不在场的，行政机关应当依照《行政处罚法》的有关规定将行政处罚决定书送达当事人，送达期限为（　　）。
A. 5 天　　B. 7 天　　C. 10 天　　D. 30 天

8. 根据《行政处罚法》，当事人没有正当理由逾期不履行行政处罚决定的，作出行政处罚决定的行政机关依法有权（　　）。
A. 将查封的财物作价充抵罚款　　B. 每日按罚款数额的 5%加处罚款
C. 申请公安机关强制执行　　D. 将冻结的银行存款划拨抵缴罚款

9. 某行政机关给予某用人单位 3 000 元罚款。依据《行政处罚法》的规定，下列关于行政处罚执行的说法，正确的是（　　）。

A. 该单位对行政处罚决定不服申请行政复议的，行政处罚应当停止执行

B. 执法人员应当当场收缴罚款，并出具罚款收据

C. 该单位应当自收到行政处罚决定书之日起 15 日内，到指定的银行缴纳罚款

D. 该单位到期未缴纳罚款，行政机关可每日按罚款数额的千分之三加处罚款

10. 某市安全监管部门对该市一机械加工厂进行执法检查，发现该企业多套安全设备的安装、使用不符合国家标准，遂依法作出罚款 5 万元的行政处罚。根据《行政处罚法》，下列关于该罚款收缴的说法，正确的是（　　）。

A. 该市安全监管部门作出处罚决定后，执法人员应当当场收缴罚款，将罚款交到银行

B. 该公司自收到行政处罚决定书之日起 7 日内应当到该市安全监督管理部门缴纳罚款，安全监管部门将收缴的罚款直接上缴银行

C. 该公司自收到行政处罚决定书之日起 15 日内应当到指定银行缴纳罚款，银行将收缴的罚款直接上缴国库

D. 该公司自收到行政处罚决定书之日起 30 日内应当到该市安全监督管理部门缴纳罚款，安全监管部门将收缴的罚款直接上缴国库

11. 某汽车制造公司从技校毕业生中招收了一批新员工，拟安排从事喷漆作业。依据《劳动法》的规定，该公司拟安排从事喷漆作业的新员工应至少年满（　　）周岁。

A. 16　　B. 18　　C. 20　　D. 22

12. 某企业生产经营发生严重困难需要裁员，依据《劳动法》，下列情形中，用人单位不得解除或终止与劳动者订立的劳动合同的是（　　）。

A. 劳动者患病后，在规定的医疗期满后不能从事原工作，也不能从事另行安排的工作的

B. 从事接触职业病危害作业的劳动者，离岗前未进行职业健康体检的

C. 劳动者经过培训或者调整工作岗位，仍不能胜任工作的

D. 劳动者在本单位患职业病，康复后未丧失劳动能力的

13. 某自来水公司的安全设施不符合国家规定，造成 2 名工人在进行管道维修作业时死亡。根据《刑法》及相关司法解释，关于犯罪主体及其罪名的说法，正确的是（　　）。

A. 自来水公司直接责任人员涉嫌构成重大责任事故罪

B. 自来水公司负责人涉嫌构成强令违章冒险作业罪

C. 自来水公司安全管理人员涉嫌构成重大责任事故罪

D. 自来水公司直接负责的主管人员涉嫌构成重大劳动安全事故罪

14. 甲、乙、丙、丁均是某煤矿企业的员工、依据《劳动合同法》的规定，下列关于劳动合同解除的说法，正确的是（　　）。

A. 企业如果强令甲冒险作业并危及其人身安全，甲有权拒绝作业，但不能立即解除劳动合同

B. 乙非因工负伤，在规定的医疗期内，企业可以和乙解除劳动合同

C. 丙为疑似职业病病人，目前正在诊断期间，企业此时不能解除劳动合同

D. 丁经过企业培训后仍然不能胜任现在的工作，企业提前 15 日以书面形式通知丁后，可以解除劳动合同

15. 根据《劳动合同法》，用人单位（　　）的，劳动者可以立即解除劳动合同，无须事先告知用人单位。

A. 未依法为劳动者缴纳社会保险费

B. 违章指挥危及劳动者人身安全

C. 未及时足额支付劳动报酬

D. 未按照劳动合同约定提供劳动条件

16. 张某与某公司签订了劳动合同，该公司为其提供专项培训费用进行专业技术培训，张某取得电焊工特种作业资格证并上岗作业。该公司由于转产进行裁员，与张某解除了劳动合同。依据《劳动合同法》的规定，下列关于张某与该公司权利义务的说法，正确的是（　　）。

A. 张某应向该公司返还为其支付的专业技术培训费

B. 该公司在解除与张某的劳动合同前，应组织对张某进行离岗前职业健康检查

C. 张某离职后 3 年内不得到与该公司从事同类业务的有竞争关系的其他用人单位就业

D. 该公司可以直接单方解除与张某的劳动合同

17. 某公司丢失一枚放射源，可能会危害公共安全，依据《突发事件应对法》的规定，下列关于该公司报告的做法，正确的是（　　）。

A. 及时向当地人民政府报告

B. 待确定捡拾者后报告当地人民政府

C. 待确定伤害情况后报告当地人民政府

D. 待确定放射源是否泄漏后报告当地人民政府

18. 依据《突发事件应对法》的规定，社会安全事件发生后，针对事件的性质和特点，依照有关法律、行政法规和国家其他有关规定，采取应急处置措施的部门是（　　）。

A. 人民法院　　　　B. 应急管理部门

C. 公安机关　　　　D. 突发事件应急小组

19. 2019 年 3 月的一天，长江某段江面突起浓雾，能见度不足 200 米，为防止水上碰撞等突发事件的发生，该段海事局交管中心发布了水上交通橙色预警。根据《突发事件应对法》，该预警级别为（　　）。

A. 一级　　B. 三级　　C. 四级　　D. 二级

20. 根据《突发事件应对法》，社会安全事件发生后，应由人民政府组织，并由公安机关采取的应急处置措施是（　　）。

A. 立即抢修被损坏的交通、通信、供水、排水、供电、供气、供热等公共设施

B. 对特定区域内的建筑物、交通工具、设施以及电力、水等供应进行控制

C. 实施医疗救护和卫生防疫措施

D. 保障食品、饮用水、燃料等基本生活必需品的供应

21. 依据《突发事件应对法》的规定，下列关于突发事件的应急处置与救援的说法，正确的是（　　）。

A. 突发事件发生后，履行统一领导职责或者组织处置突发事件的安全监管部门应当针对其性质、特点和危害程度，立即组织有关部门，调动应急救援队伍和社会力量，采取应急处置措施

B. 突发事件发生后，应当视具体情况采取应急措施，不得为稳定市场而采取经济性处置措施

C. 突发事件发生后，组织处置突发事件的人民政府，必要时可以向单位和个人征用应急救援所需设备、设施、场地、交通工具和其他物资

D. 受到自然灾害危害或者发生事故灾难、公共卫生事件的单位，应当立即组织本单位应急救援队伍和工作人员营救受害人员，采取必要措施，同时向所在地市级人民政府报告

22. 某市汛期持续多日大雨，市人民政府发布洪灾警报，启动防汛抢险应急预案，责令市水利等部门加强水文监测，及时报告有关信息，责令防汛抢险大队和有关人员进入待命状态，动员后备人员做好参加防汛抢险工作准备。根据《突发事件应对法》，该市人民政府发布的洪灾警报级别属于（　　）。

A. 蓝色警报　　B. 黄色预警

C. 三级或四级警报　　D. 一级或二级警报

23. 根据《职业病防治法》的规定，下列关于劳动过程中的防护与管理的说法，正确的是（　　）。

A. 用人单位应当每隔两年对工作场所进行职业病危害因素检测、评价，检测、评价结果存入用人单位职业健康监护档案

B. 对可能发生急性职业损伤的有毒、有害工作场所，用人单位应当设置报警装置，配置现场急救用品、冲洗设备等

C. 职业危害因素检测、评价由依法设立的县级以上卫生行政部门认可的职业卫生服务机构进行

D. 发现工作场所职业病危害因素不符合国家职业卫生标准和卫生要求时，用人单位应当立即停止存在职业病危害因素的作业

24. 职业病病人依法享受国家规定的职业病待遇。依据《职业病防治法》的规定，下列关于职业病病人保障的说法中，正确的是（　　）。

A. 用人单位未依法参加工伤保险的，其职业病病人的医疗费用由用人单位承担

B. 职业病病人享有职业病待遇后，无权再提出赔偿要求

C. 因本人意愿到新单位工作后，职业病病人不再享有职业病相应待遇

D. 用人单位在条件允许的情况下，应对不宜继续从事原工作的职业病病人调换岗位

25. 依据《职业病防治法》的规定，下列关于职业病病人保障的说法，错误的

是（　　）。

A. 职业病病人变动工作岗位，其依法享有的待遇不变

B. 用人单位应当按照国家有关规定安排职业病病人进行治疗、康复和定期检查

C. 用人单位对从事接触职业病危害作业的劳动者，应当给予适当的岗位津贴

D. 用人单位对不适宜继续从事原工作的职业病病人，可给予当事人一次性补助后解除劳动合同

26. 张某对职业病诊断有异议，遂向当地市级人民政府卫生行政部门申请鉴定，张某对鉴定结论不服。依据《职业病防治法》的规定，张某应向（　　）申请再鉴定。

A. 当地市级卫生行政部门　　B. 省级卫生行政部门

C. 当地市级人力资源社会保障部门　D. 省级人力资源社会保障部门

**二、多项选择题（每题 2 分，每题的备选项中，有 2 个或 2 个以上符合题意，至少有 1 个错项。错选，本题不得分；少选，所选的每个选项得 0.5 分）**

1. 依据《最高人民法院、最高人民检察院关于办理危害生产安全刑事案件适用法律若干问题的解释》，企业发生生产安全事故后，可能被判处 3 年以下有期徒刑的情形有（　　）。

A. 贻误事故抢救，导致事故后果扩大，增加死亡 2 人

B. 贻误事故抢救，导致事故后果扩大，增加间接经济损失 100 万元以上

C. 毁灭、伪造、隐匿与事故有关的计算机数据，致使不能及时有效开展事故抢救

D. 指使、串通有关人员不报、谎报事故情况，致使不能及时有效开展事故抢救

E. 采用命令式阻止他人报告事故情况导致事故后果扩大，增加重伤 1 人

2. 根据《行政处罚法》，可以从轻或者减轻处罚的情形有（　　）。

A. 主动消除或者减轻违法行为危害后果的

B. 不满 14 周岁的人有违法行为的

C. 受他人胁迫有违法行为的

D. 违法行为轻微并及时纠正，没有造成危害后果的

E. 配合行政机关查处违法行为有立功表现的

3. 依据《行政处罚法》的规定，下列有关行政处罚适用的表述，正确的有（　　）。

A. 行政处罚的追诉时效为 3 年

B. 行政处罚由违法行为发生地的乡镇人民政府行政机关管辖

C. 行为人的违法行为受他人胁迫做出的，应当依法从轻或减轻处罚

D. 行为人的违法行为轻微并及时纠正，没有造成危害后果的，不予行政处罚

E. 行为人的违法行为构成犯罪的，行政机关将案件移送司法机关，依法追究刑事责任

4. 依据《劳动法》的规定，禁止用人单位安排未成年工从事的劳动有（　　）。

A. 矿山井下劳动

B. 有毒有害劳动

C. 低温作业劳动

D. 国家规定的第三级体力劳动强度的劳动

E. 国家规定的第四级体力劳动强度的劳动

5. 某矿区由于长期私挖滥采留下重大水害隐患，近日该地区有雷雨天气，地方政府为防范矿井水害事故发生，发布了三级警报。根据《突发事件应对法》，警报发布后，地方政府应当采取的措施是（　　）。

A. 责令有关部门、专业机构和负有特定职责的人员收集、报告有关情况

B. 责令矿山应急救援队伍，负有特定职责的人员进入待命状态

C. 加强对重点煤矿、重要部位和重要基础设施的安全保卫工作

D. 启动应急预案

E. 转移、疏散或者撤离易受雷雨危害的煤矿人员并予以妥善安置

## 参考答案

### 第一节

**一、单项选择题**

1. C　2. B　3. C　4. A　5. C　6. B　7. A

**二、多项选择题**

1. BCE　2. AC

### 第二节

**一、单项选择题**

1. C　2. C　3. A　4. D　5. B　6. A　7. B　8. D

**二、多项选择题**

1. ACDE　2. CD　3. ABCD

### 第三节

**一、单项选择题**

1. B　2. D　3. C

**二、多项选择题**

1. BCDE　2. ACE

### 第四节

**一、单项选择题**

1. B　2. B　3. C

**二、多项选择题**

1. ABE　2. DE

第五节

一、单项选择题

1. A　2. C　3. B　4. D　5. D　6. A

二、多项选择题

1. ABCE　2. ABCD

第六节

一、单项选择题

1. D　2. C　3. C　4. D　5. B　6. A　7. A　8. B

二、多项选择题

1. ABDE　2. ABDE

综合练习

一、单项选择题

1. B　2. D　3. A　4. D　5. D　6. B　7. B　8. D　9. C　10. C　11. A　12. B　13. D　14. C　15. B　16. B　17. A　18. C　19. D　20. B　21. C　22. D　23. B　24. A　25. D　26. B

二、多项选择题

1. ACD　2. ACE　3. CDE　4. ABE　5. AD

# 第六章　安全生产行政法规

**考试内容及要求**

1.《安全生产许可证条例》。依照本条例分析企业取得安全生产许可证应具备的条件、应遵守的程序和安全生产许可监督管理等方面的有关法律问题，判断违法行为及应负的法律责任。

2.《煤矿安全监察条例》。依照本条例分析煤矿安全监察和煤矿事故调查处理方面的有关法律问题，判断违法行为及应负的法律责任。

3.《国务院关于预防煤矿生产安全事故的特别规定》。依照本规定判断煤矿的重大安全生产隐患和行为，分析煤矿停产整顿、关闭的有关法律问题，判断违法行为及应负的法律责任。

4.《建设工程安全生产管理条例》。依照本条例分析建设工程建设、勘察、设计、施工及工程监理等方面的有关法律问题，判断违法行为及应负的法律责任。

5.《危险化学品安全管理条例》。依照本条例分析危险化学品生产、储存、使用、经营、运输以及事故应急救援等方面的有关法律问题，判断违法行为及应负的法律责任。

6.《烟花爆竹安全管理条例》。依照本条例分析烟花爆竹生产、经营、运输和烟花爆竹燃放等方面的有关法律问题，判断违法行为及应负的法律责任。

7.《民用爆炸物品安全管理条例》。依照本条例分析民用爆炸物品生产、销售、购买、运输、储存以及爆破作业等方面的有关法律问题，判断违法行为及应负的法律责任。

8.《特种设备安全监察条例》。依照本条例分析特种设备生产、使用、检验检测、监督检查以及事故预防和调查处理等方面的有关法律问题，判断违法行为及应负的法律责任。

9.《生产安全事故应急条例》。依照本条例分析生产安全事故应急工作体制、应急准备和应急救援等方面的有关法律问题，判断违法行为及应负的法律责任。

10.《生产安全事故报告和调查处理条例》。依照本条例分析生产安全事故报告、调查和处理等方面的有关法律问题，判断违法行为及应负的法律责任。

11.《工伤保险条例》。依照本条例分析工伤保险费缴纳、工伤认定、劳动能力鉴定和给予工伤人员工伤保险待遇等方面的有关法律问题，判断违法行为及应负的法律责任。

12.《大型群众性活动安全管理条例》。依照本条例分析大型群众性活动安全责任、安全管理等方面的有关法律问题，判断违法行为及应负的法律责任。

13.《女职工劳动保护特别规定》。依照本规定分析女职工禁忌从事的劳动范围、孕产期从业等方面的有关法律问题，判断违法行为及应负的法律责任。

## 第一节　安全生产许可证条例

【本节重点】

熟悉取得安全生产许可证的条件和程序，掌握安全生产许可证的颁发与管理。

### 一、安全生产许可制度的适用范围

国家对矿山企业、建筑施工企业和危险化学品、烟花爆竹、民用爆炸物品生产企业实行安全生产许可制度，是指这5类危险性较大的企业，必须依照法定条件、程序，向有关管理机关申请领取安全生产许可证，方可进行生产。

#### 1. 空间范围

《安全生产许可证条例》的适用范围涵盖了在我国国家主权所涉及范围内从事的矿产资源开发、建筑施工和危险化学品、烟花爆竹、民用爆炸物品生产等活动。

#### 2. 时间范围

依照国务院令第397号的决定，《安全生产许可证条例》自公布之日起施行，这就是说，它的生效时间为2004年1月13日。对于《安全生产许可证条例》公布生效之后新开办的矿山企业、建筑施工企业和危险化学品、烟花爆竹、民用爆炸物品生产企业，必须依法申请取得安全生产许可证；未取得安全生产许可证的，不得从事生产经营活动。另外，在该条例施行前，已经进行生产的企业，应当自该条例施行之日起1年内，按照规定申请办理安全生产许可证。

#### 3. 主体及其行为范围

《安全生产许可证条例》对人的效力范围包括从事矿产资源开发、建筑施工和危险化学品、烟花爆竹、民用爆炸物品生产等活动的自然人，又包括法人和非企业法人单位。

## 二、取得安全生产许可证的条件和程序

### 1. 取得安全生产许可证的条件

（1）三类六种企业。《安全生产许可证条例》将施行许可制度的企业分为六种：矿山企业分为煤矿企业和非煤矿矿山企业两种，危险物品生产企业分为危险化学品生产企业、烟花爆竹生产企业和民用爆炸物品生产企业三种，加上建筑施工企业共为六种。

（2）基本安全生产条件需要细化为具体的、可操作的安全生产条件。《安全生产许可证条例》第六条规定，企业取得安全生产许可证，应当具备下列安全生产条件：

1）建立、健全安全生产责任制，制定完备的安全生产规章制度和操作规程。

2）安全投入符合安全生产要求。

3）设置安全生产管理机构，配备专职安全生产管理人员。

4）主要负责人和安全生产管理人员经考核合格。

5）特种作业人员经有关业务主管部门考核合格，取得特种作业人员操作资格证书。

6）从业人员经安全生产教育和培训合格。

7）依法参加工伤保险，为从业人员缴纳工伤保险费。

8）厂房、作业场所和安全设施、设备、工艺符合有关安全生产法律、法规、标准和规程的要求。

9）有职业危害防治措施，并为从业人员配备符合国家标准或者行业标准的劳动防护用品。

10）依法进行安全评价。

11）有重大危险源检测、评估、监控措施和应急救援预案。

12）有生产安全事故应急救援预案、应急救援组织或者应急救援人员，配备必要的应急救援器材、设备。

13）法律、法规规定的其他条件。

### 2. 取得安全生产许可证的程序

（1）公开申请事项和要求。安全生产许可证颁发管理机关应当将有关申请领取安全生产许可证的时间、地点、机关和应当提交的文件、资料向社会公布。

（2）企业应当依法提出申请。安全生产许可证必须在企业建成投产前提出申请，如不提出申请并未取得安全生产许可证，不得从事生产活动。

（3）申请人应当提交相关文件、资料。每种企业需要提交的相关文件、资料不尽相同，应由有关安全生产许可证颁发管理机关作出具体规定。

（4）受理申请及审查。审查工作分为两部分，一部分是形式审查（对资料是否齐全、真实、合法进行检查核实），另一部分是实质性审查（对实际安全生产条件进行实地审查或者核实）。

（5）决定。经审查或者核实后，企业具备法定安全生产条件的，颁发安全生产许可证。安全生产许可证颁发管理机关完成审查和发证工作的时限是自收到申请之日起 45 日之内。

（6）期限与延续。安全生产许可证有效期为 3 年，不设年检。

1）有效期满的例行延续。安全生产许可证有效期满需要延期的，企业应当于期满前3个月向原安全生产许可证颁发管理机关办理延期手续。

2）有效期满的免审延续。企业安全生产状况良好、没有发生死亡事故的企业予以免审延期的特殊规定，但需要注意，符合该规定的企业虽然不需经过审查即可延续3年，但不是自动延期，应当在有效期满前向原安全生产许可证颁发管理机关提出延期的申请，经其同意后方可免审延续3年。

（7）补办与变更。企业持有的安全生产许可证如遇损毁、丢失等情况，需要向原安全生产许可证颁发管理机关申请补办。经过审核，应当重新颁发安全生产许可证。另外，已经取得安全生产许可证的企业的有关事项发生变化，也需要及时办理安全生产许可证变更手续。

（8）档案管理与公告。《安全生产许可证条例》第十条要求安全生产许可证颁发管理机关定期向社会公布企业取得安全生产许可证的情况。

## 三、安全生产许可监督管理的规定

### 1. 安全生产许可证发证机关的层级

（1）两级发证。即国务院与省、自治区、直辖市两级人民政府的负有安全生产监督管理职责的部门为安全生产许可证的发证机关。

（2）一级发证。省、自治区、直辖市人民政府民用爆炸物品行业主管部门、建设主管部门为安全生产许可证的发证机关。

### 2. 煤矿企业安全生产许可证的颁发和管理

（1）发证对象。煤矿企业以矿（井）为单位，取得安全生产许可证。

（2）发证机关。国家煤矿安全监察机构负责中央管理的煤矿企业安全生产许可证的颁发和管理。在省、自治区、直辖市设立的煤矿安全监察机构负责前款规定以外的其他煤矿企业安全生产许可证的颁发和管理，并接受国家煤矿安全监察机构的指导和监督。

### 3. 非煤矿山企业安全生产许可证的颁发和管理

（1）发证对象。非煤矿种包括固态、液态和气态3种。

（2）发证机关。国务院安全生产监督管理部门和省、自治区、直辖市人民政府安全生产监督管理部门。

### 4. 危险化学品和烟花爆竹生产企业安全生产许可证的颁发和管理

（1）发证对象。危险化学品生产企业包括两类，一类是最终产品是危险化学品的生产企业，另一类是中间产品是危险化学品的生产企业。

（2）发证机关。国务院安全生产监督管理部门负责中央管理的危险化学品和烟花爆竹生产企业安全生产许可证的颁发和管理，省、自治区、直辖市人民政府安全生产监督管理部门负责其他危险化学品、烟花爆竹生产企业安全生产许可证的颁发和管理。

### 5. 建筑施工企业安全生产许可证的颁发和管理

（1）发证对象。施工单位不论是否具有法人资格，都要申请领取建筑施工许可证。

（2）发证机关。省、自治区、直辖市人民政府建设主管部门负责建筑施工企业安全生产许可证的颁发和管理，并接受国务院建设主管部门的指导和监督。

**6. 民用爆炸物品生产企业安全生产许可证的颁发和管理**

《安全生产许可证条例》第五条规定，省、自治区、直辖市人民政府民用爆炸物品行业主管部门负责民用爆炸物品生产企业安全生产许可证的颁发和管理，并接受国务院民用爆炸物品行业主管部门的指导和监督。

**【练习提高】**

**一、单项选择题（每题 1 分，每题的备选项中，只有 1 个最符合题意）**

1. 某危险化学品生产企业的安全生产许可证在有效期内，严格遵守安全生产的法律法规，未发生死亡事故。依据《安全生产许可证条例》规定，下列关于其安全生产许可证有效期满延期的说法，正确的是（　　）。

A. 应当在有效期满前提出延期的申请，经同意可免审延续 1 年

B. 应当在有效期满前提出延期的申请，经同意可免审延续 2 年

C. 应当在有效期满前提出延期的申请，经同意可免审延续 3 年

D. 应当在有效期满前提出延期的申请，经同意可免审延续 5 年

2. 根据《安全生产许可证条例》，企业依法参加（　　），为从业人员缴纳保险费，是取得安全生产许可证的必备条件。

A. 人身意外伤害险　　B. 工伤保险

C. 重大疾病险　　D. 第三者责任险

3. 某危险化学品生产经营企业于 2016 年 6 月 10 日向省安全监管部门申请办理安全生产许可证，省安全监管部门于 2016 年 7 月 15 日向该企业颁发了安全生产许可证。依据《安全生产许可证条例》的规定，该企业申请办理安全生产许可证延期手续合适的日期是（　　）。

A. 2019 年 3 月 10 日　　B. 2019 年 6 月 10 日

C. 2019 年 4 月 15 日　　D. 2019 年 7 月 15 日

**二、多项选择题（每题 2 分，每题的备选项中，有 2 个或 2 个以上符合题意，至少有 1 个错项。错选，本题不得分；少选，所选的每个选项得 0.5 分）**

1. 某铁矿石生产企业近日通过试生产，需向本省安全生产许可证颁发机关申请取得非煤矿山安全生产许可证。依据《安全生产许可证条例》的规定，下列说法正确的是（　　）。

A. 该企业须配备专职或兼职安全生产管理人员

B. 该企业主要负责人和安全生产管理人员须取得安全资格证书

C. 该企业从业人员经安全生产教育和培训合格

D. 该企业须为从业人员投保人身意外伤害保险

E. 该企业依法进行安全评价

2. 根据《安全生产许可证条例》，（　　）应当申请安全生产许可证。

A. 矿山企业、危险物品生产企业、建筑施工企业

B. 矿山企业、危险物品生产企业、机械加工企业

C. 矿山企业、食品加工企业、危险物品生产企业

D. 危险物品生产企业、电子生产企业、家具制造企业
E. 非煤矿山企业、烟花爆竹生产企业、危险物品生产企业

## 第二节　煤矿安全监察条例

【本节重点】

熟悉煤矿安全监察体制、煤矿安全监察机构的职责、煤矿安全监察员的职权，掌握煤矿安全监察的内容。

### 一、煤矿安全监察体制

1999 年 12 月 30 日，国务院批准《煤矿安全监察体制改革实施方案》，决定建立专门从事煤矿安全监察工作的、自上而下垂直管理的煤矿安全监察机构。国家煤矿安全监察局、省（自治区、直辖市）煤矿安全监察局、煤矿安全监察办事处三级设置，既形成了完整的煤矿安全监察体系，又保证了安全监察的独立性。

### 二、煤矿安全监察机构及其职责

#### 1. 煤矿安全监察机构的设置

（1）煤矿安全监察机构的设置。《煤矿安全监察条例》所称的“国家煤矿安全监察机构”是指原国家安全生产监督管理总局（应急管理部）管理的国家煤矿安全监察局，“地区煤矿安全监察机构”是指省、自治区、直辖市煤矿安全监察局，“煤矿安全监察办事处”是指地区煤矿安全监察分局。

（2）煤矿安全监察机构的法律地位。《煤矿安全监察条例》明确规定，国家对煤矿安全实行监察制度。国务院决定设立的煤矿安全监察机构按照国务院规定的职责，依照本条例的规定实施安全监察。地方人民政府应当加强煤矿安全管理工作，支持和协助煤矿安全监察机构依法对煤矿实施安全监察。煤矿安全监察机构依法行使职权，不受任何组织和个人的非法干涉。煤矿及其有关人员必须接受并配合煤矿安全监察人员依法实施的安全监察，不得拒绝、阻挠。

#### 2. 煤矿安全监察机构的职责

依照《煤矿安全监察条例》的规定，煤矿安全监察机构的职责包括 4 个方面：

（1）行政处罚权。国家煤矿安全监察局、省级煤矿安全监察局和煤矿安全监察分局，对煤矿及其有关人员违反有关安全生产的法律、行政法规、部门规章、国家标准、行业标准和规程的行为有权实施行政处罚。省级煤矿安全监察局、煤矿安全监察分局实施行政处罚按照属地原则进行管辖。国家煤矿安全监察局认为应由其实施行政处罚的，由国家煤矿安全监察局管辖。两个以上煤矿安全监察机构因行政处罚管辖权发生争议的，由其共同的上一级煤矿安全监察机构指定管辖。

（2）安全检查权。地区煤矿安全监察机构、煤矿安全监察分局应当对煤矿实施经

常性的安全检查；对事故多发地区的煤矿，应当实施重点安全检查。国家煤矿安全监察机构根据煤矿安全工作的实际情况，组织对全国煤矿的全面安全检查或者重点安全抽查。地区煤矿安全监察机构、煤矿安全监察分局应当对每个煤矿建立煤矿安全监察档案。煤矿安全监察人员对每次检查的内容、发现的问题及其处理情况，应当作详细记录，并由参加检查的煤矿安全监察人员签名后归档。

（3）建议报告权。煤矿安全监察机构在实施安全监察过程中，发现煤矿存在的安全问题涉及有关人民政府或其有关部门的，应当向有关人民政府或其有关部门提出建议，并向上级人民政府或其有关部门报告。

（4）事故调查处理权。煤矿安全监察机构负责组织煤矿事故的调查处理。

## 三、煤矿安全监察员的职权

依照《煤矿安全监察条例》和《煤矿安全监察员管理办法》的规定，煤矿安全监察员依法履行下列职责：

（1）有权随时进入煤矿作业现场进行检查，调阅有关资料，参加煤矿安全生产会议，向有关单位或者人员了解情况。

（2）在检查中发现影响煤矿安全的违法行为，有权当场予以纠正或者要求限期改正。

（3）进行现场检查时，发现存在事故隐患的，有权要求煤矿立即消除或者限期解决；发现威胁职工生命安全的紧急情况时，有权要求立即停止作业，下达立即从危险区域内撤出作业人员的命令，并立即将紧急情况和处理措施报告煤矿安全监察机构。

（4）发现煤矿作业场所的瓦斯、粉尘或者其他有毒有害气体的浓度超过国家安全标准或者行业安全标准的，煤矿擅自开采保安煤柱的，或者采用危及相邻煤矿生产安全的决水、爆破、贯通巷道等危险方法进行采矿作业的，有权责令立即停止作业，并将有关情况报告煤矿安全监察机构。

（5）发现煤矿矿长或者其他主管人员违章指挥工人或者强令工人违章、冒险作业，或者发现工人违章作业的，有权立即责令纠正或者责令立即停止作业。

（6）发现煤矿使用的设施、设备、器材、劳动防护用品不符合国家安全标准或者行业安全标准的，有权责令其停止使用；需要查封或者扣押的，应当及时报告煤矿安全监察机构依法处理。

（7）法律、法规赋予的其他权力。

## 四、煤矿安全监察的主要内容

煤矿安全监察内容是实施煤矿安全监察的重要事项，《煤矿安全监察条例》对此作出了以下 8 个方面的规定。

### 1. 煤矿安全生产责任制

煤矿安全监察机构发现煤矿未依法建立安全生产责任制的，有权责令限期改正。

### 2. 煤矿安全生产组织保障

（1）设置安全生产机构或者配备安全生产人员。煤矿安全监察机构发现煤矿未设置安全生产机构或者配备安全生产人员的，应当责令限期改正。

（2）矿长安全任职资格。煤矿安全监察机构发现煤矿矿长不具备安全专业知识的，应当责令限期改正。

（3）特种作业人员持证上岗。煤矿安全监察机构发现煤矿特种作业人员未取得资格证书上岗作业的，应当责令限期改正。

（4）职工岗前教育培训。煤矿安全监察机构发现煤矿分配职工上岗作业前，未进行安全教育和培训的，应当责令限期改正。

**3. 安全技措费的提取和使用**

煤矿安全监察机构对煤矿安全技术措施专项费用的提取和使用情况进行监督，对未依法提取或者使用的，应当责令限期改正。

**4. 安全设施设计审查**

煤矿建设工程设计必须符合煤矿安全规程和行业技术规范的要求。煤矿建设工程安全设施设计必须经煤矿安全监察机构审查同意；未经审查同意的，不得施工。煤矿安全监察机构审查煤矿建设工程安全设施设计，应当自收到申请审查的设计资料之日起 30 日内审查完毕，签署同意或者不同意的意见，并书面答复。

**5. 安全设施验收和安全条件审查**

煤矿建设工程竣工后或者投产前，应当经煤矿安全监察机构对其安全设施和条件进行验收；未经验收或者验收不合格的，不得投入生产。煤矿安全监察机构对煤矿建设工程安全设施和条件进行验收，应当自收到申请验收文件之日起 30 日内验收完毕，签署合格或者不合格的意见，并书面答复。

**6. 作业现场检查和复查**

（1）煤矿安全监察机构发现煤矿矿井通风、防火、防水、防瓦斯、防毒、防尘等安全设施和条件不符合国家安全标准、行业安全标准、煤矿安全规程和行业技术规范要求的，应当责令立即停止作业或者责令限期达到要求。

（2）煤矿安全监察机构发现作业场所有未使用专用防爆电气设备、专用放炮器、人员专用升降容器、使用明火明电等违法行为的，有权责令立即停止作业，限期改正。有关煤矿或者作业场所经复查合格的，方可恢复作业。

（3）煤矿安全监察人员发现煤矿矿长或者其他主管人员违章指挥工人或者强令工人违章、冒险作业，或者发现工人违章作业的，应当立即纠正或者责令立即停止作业。

（4）煤矿安全监察人员发现煤矿未向职工发放保障安全生产所需的劳动防护用品的，应当责令限期改正。

（5）煤矿安全监察机构依照《煤矿安全监察条例》的规定责令煤矿限期解决事故隐患、限期改正影响煤矿安全的违法行为或者限期使安全设施和条件达到要求的，应当在限期届满时及时对煤矿执行情况进行复查并签署复查意见；经有关煤矿申请，也可以在限期内进行复查并签署复查意见。

煤矿安全监察机构及其煤矿安全监察人员依照《煤矿安全监察条例》的规定责令煤矿立即停止作业，责令立即停止使用不符合国家安全标准或者行业安全标准的设备、器材、仪器、仪表、劳动防护用品，或者责令关闭矿井的，应当对煤矿的执行情况随时进行检查。

7. 专用设备监督检查

煤矿安全监察机构发现煤矿矿井使用的设备、器材、仪器、仪表、劳动防护用品不符合国家安全标准或者行业安全标准的，应当责令限期改正。

8. 事故预防和应急计划

煤矿安全监察机构监督煤矿制订事故预防和应急计划，并检查煤矿制定的发现和消除事故隐患的措施及其落实情况。

## 五、煤矿事故调查处理的规定

煤矿生产安全事故是指各类煤矿（包括与煤炭生产直接相关的煤矿地面生产系统、附属场所）发生的生产安全事故。特别重大事故由国务院组织事故调查组进行调查，或者根据国务院授权，由原国家安全生产监督管理总局（应急管理部）组织国务院事故调查组进行调查。重大事故由省级煤矿安全监察机构组织事故调查组进行调查。较大事故由煤矿安全监察分局组织事故调查组进行调查。一般事故中造成人员死亡的，由煤矿安全监察分局组织事故调查组进行调查；没有造成人员死亡的，煤矿安全监察分局可以委托地方人民政府负责煤矿安全生产监督管理的部门或者事故发生单位组织事故调查组进行调查。

【练习提高】

一、单项选择题（每题 1 分，每题的备选项中，只有 1 个最符合题意）

1. 根据《煤矿安全监察条例》，煤矿安全监察机构应当自收到申请审查的设计资料之日起（　　）日内，审查完毕煤矿建设工程安全设施设计。

A. 15　　B. 45　　C. 30　　D. 60

2. 依据《煤矿安全监察条例》的规定，下列关于煤矿安全监察执法检查的说法，正确的是（　　）。

A. 煤矿安全监察机构发现煤矿未依法建立安全生产责任制的，有权责令停业整顿

B. 煤矿安全监察机构发现煤矿未设置安全生产管理机构或者配备安全生产管理人员的，应当责令停业整顿

C. 煤矿建设工程安全设施设计必须经煤矿安全监察机构审查同意，未经审查同意的，不得施工

D. 煤矿安全监察机构审查煤矿建设工程安全设施设计，应当自收到申请审查的设计资料之日起 45 日内审查完毕

3. 根据《煤矿安全监察条例》，煤矿安全监察机构发现某煤矿作业场所瓦斯浓度超过国家安全标准，应当采取的现场处理措施是（　　）。

A. 责令限期改正　　B. 责令限期达到要求

C. 责令立即停止作业　　D. 责令关闭

4. 根据《煤矿安全监察条例》，下列关于煤矿安全监察内容的说法中，正确的是（　　）。

A. 煤矿安全监察机构发现煤矿进行独眼井开采的，应当责令立即停止作业或者责令限期改正

B. 煤矿安全监察机构对煤矿建设工程安全设施和条件进行验收，应当自收到申请验收文件之日起 60 日内验收完毕

C. 煤矿安全监察机构依照本条例的规定责令煤矿限期解决事故隐患、限期改正影响煤矿安全的违法行为或者限期使安全设施和条件达到要求，不得在限期内进行复查和签署复查意见

D. 煤矿安全监察机构及其煤矿安全监察人员履行安全监察职责，发出安全监察指令，应当采用书面通知形式，紧急情况下需要采取紧急处理措施，来不及书面通知的，应当随后补充书面通知

**二、多项选择题（每题 2 分，每题的备选项中，有 2 个或 2 个以上符合题意，至少有 1 个错项。错选，本题不得分；少选，所选的每个选项得 0.5 分）**

根据《煤矿安全监察条例》的规定，煤矿安全监察机构的职责包括（　　）。

A. 行政处罚权　　B. 安全检查权　　C. 建议报告权　　D. 事故调查处理权

E. 关闭非法煤矿权

## 第三节　国务院关于预防煤矿生产安全事故的特别规定

**【本节重点】**

了解 15 种重大安全生产隐患，熟悉煤矿行政许可与非法煤矿的界定，掌握停产整顿、关闭煤矿的要求。

### 一、重大安全生产隐患的范围

《国务院关于预防煤矿生产安全事故的特别规定》（以下简称《特别规定》）第八条第二款明确列举了 15 种必须排除的煤矿重大安全生产隐患和应当及时改正的严重违法行为。

（1）超能力、超强度或者超定员组织生产的。

（2）瓦斯超限作业的。

（3）煤与瓦斯突出矿井，未依照规定实施防突出措施的。

（4）高瓦斯矿井未建立瓦斯抽放系统和监控系统，或者瓦斯监控系统不能正常运行的。

（5）通风系统不完善、不可靠的。

（6）有严重水患，未采取有效措施的。

（7）超层越界开采的。

（8）有冲击地压危险，未采取有效措施的。

（9）自然发火严重，未采取有效措施的。

（10）使用明令禁止使用或者淘汰的设备、工艺的。

（11）年产 6 万吨以上的煤矿没有双回路供电系统的。

（12）新建煤矿边建设边生产，煤矿改扩建期间，在改扩建的区域生产，或者在其他区域的生产超出安全设计规定的范围和规模的。

（13）煤矿实行整体承包生产经营后，未重新取得安全生产许可证，从事生产的，或者承包方再次转包的，以及煤矿将井下采掘工作面和井巷维修作业进行劳务承包的。

（14）煤矿改制期间，未明确安全生产责任人和安全管理机构的，或者在完成改制后，未重新取得或者变更采矿许可证、安全生产许可证和营业执照的。

（15）有其他重大安全生产隐患的。

## 二、煤矿行政许可的规定

《特别规定》第五条规定，煤矿未依法取得采矿许可证、安全生产许可证、营业执照和矿长未依法取得矿长安全资格证的，煤矿不得从事生产。擅自从事生产的，属非法煤矿。该条明确了煤矿取得法定资质、矿长取得法定资格和煤矿合法与非法的界限 3 个问题。

### 1. 依法取得有关证照

（1）采矿许可证。采矿许可证是煤矿取得采矿权的法定凭证，依照矿产资源法律法规和现行职责分工的规定，煤矿采矿许可证的颁发管理机关是县级以上人民政府国土资源管理部门。

（2）安全生产许可证。依照《安全生产许可证条例》规定，煤矿企业必须依法申请领取安全生产许可证。煤矿安全生产许可证的颁发管理机关是国家煤矿安全监察机构。

（3）营业执照。依照我国企业登记法律、法规的规定，煤矿企业必须依法办理工商登记并取得企业法人营业执照，才能作为市场主体从事生产经营活动。

### 2. 有关人员依法取得资格证书

（1）矿长安全资格证。煤炭法律、法规对煤矿矿长任职的安全资格条件单独作出规定，对矿长安全资格实行行政许可。煤矿矿长安全资格证的颁发管理机关是国家煤矿安全监察机构。

（2）特种作业人员操作资格证。特种作业人员必须经过专门的安全培训并经考核合格，方可上岗作业。煤矿特种作业人员操作资格证书的颁发管理机关是国家煤矿安全监察机构。

### 3. 非法煤矿的界定

《特别规定》第五条对非法煤矿的界定，明确了两个问题：

（1）合法与非法的根本界限在于煤矿是否依法取得法定的行政许可。煤矿企业只有依法申请领取“两证一照”，才能从事煤炭生产经营。未依法申请领取“两证一照”擅自从事生产的，属于无证（照）非法煤矿，其权益不但不受法律保护，还要被依法取缔或者关闭。

（2）法定证照必须齐全有效。煤矿从事生产，必须依法申请领取采矿许可证和安全生产许可证，依法办理工商注册登记并取得企业法人营业执照。一是“两证一照”

缺一不可，必须依法取得。二是证照不全的，不得生产。三是被责令停产整顿或者暂扣证照的，不得生产。

## 三、停产整顿的规定

《特别规定》第八条规定，煤矿有重大安全生产隐患和行为的，应当立即停止生产，排除隐患。

### 1. 停产整顿

（1）存在重大安全生产隐患和违法行为是法律明令禁止的。凡是存在重大安全生产隐患和违法行为的煤矿都有义务排除隐患或者进行整顿，不得继续生产。

（2）重大安全生产隐患和违法行为的发现。及时发现煤矿存在的重大安全生产隐患和违法行为，是煤矿企业的法定义务。应当发现而没有发现煤矿自身存在的重大安全生产隐患和违法行为，就是一种违法行为，应当承担相应的法律责任。

（3）重大安全生产隐患和违法行为一经发现，必须立即停止生产，排除隐患。这里突出了法律的时效性，即煤矿自己发现的，必须立即排除，不得拖延排除，不得边生产边排除。

### 2. 停产整顿期间的监督检查

《特别规定》关于煤矿停产整顿期间的监督检查，采取了下列两项措施：

（1）暂扣证照。《特别规定》第十一条规定："对被责令停产整顿的煤矿，颁发证照的部门应当暂扣采矿许可证、安全生产许可证、营业执照和矿长安全资格证。"

（2）采取有效措施进行监督检查。《特别规定》第十二条规定："对被停产整顿的煤矿，在停产整顿期间，由有关地方人民政府采取有效措施进行监督检查。"

### 3. 停产整顿后的整改复查

（1）复产验收。《特别规定》第十一条第二款规定："被责令停产整顿的煤矿应当制定整改方案，落实整改措施和安全技术规定；整改结束后要求恢复生产的，应当由县级以上地方人民政府负责煤矿安全监督管理的部门自收到恢复生产申请之日起 60 日内组织验收完毕。"

（2）经验收后依法作出处理决定。《特别规定》第十一条规定了 3 种处理措施，一是验收合格的，经组织验收的地方人民政府负责煤矿安全监督管理的部门的主要负责人签字，并经有关煤矿安全监察机构主要负责人审核同意，报请有关地方人民政府主要负责人签字批准，煤矿方可恢复生产。二是经验收不合格的，由有关地方人民政府予以关闭。三是被责令停产整顿的煤矿擅自从事生产的，县级以上地方人民政府负责煤矿安全监督管理的部门、煤矿安全监察机构应当提请有关地方人民政府予以关闭，没收违法所得，并处违法所得 1 倍以上 5 倍以下的罚款；构成犯罪的，依法追究刑事责任。

（3）在法定期限内多次发现有重大隐患仍然生产的，予以关闭。《特别规定》对在短期内屡次发现存在重大安全生产隐患的，规定对 3 个月内 2 次或者 2 次以上发现有重大安全生产隐患，仍然进行生产的煤矿，县级以上地方人民政府负责煤矿安全生产监督管理的部门、煤矿安全监察机构应当提请有关地方人民政府关闭该煤矿，并由颁发证照的部门立即吊销矿长安全资格证，该煤矿的法定代表人和矿长 5 年内不得再担任任何煤矿的法定代表人或者矿长。

## 四、关闭煤矿的要求

### 1. 非法煤矿的关闭

（1）应予关闭的非法煤矿。《特别规定》不仅界定了非法煤矿，而且还明确了应予关闭的非法煤矿的 4 种情形：

1）无证照或者证照不全擅自生产的。

2）在 3 个月内 2 次或者 2 次以上发现有重大安全生产隐患的。

3）停产整顿期间擅自从事生产的。

4）经整顿验收不合格的。

（2）关闭煤矿的决定程序。《特别规定》从下列两个方面作出了规定：

1）有关部门向有关地方人民政府提出关闭的建议。不论地方人民政府负责安全生产监督管理的部门还是国家煤矿安全监察机构，只要是在履行各自职责的过程中发现的非法煤矿，都有权向所在地的人民政府提出关闭煤矿的建议。在提出关闭建议的同时，还应当依法责令其停止生产。

2）有关地方人民政府在法定时限内做出决定。接到负责安全生产监督管理的部门、煤矿安全监察机构关于关闭煤矿的建议后，有关县级以上地方人民政府应当在 7 日内作出关闭或者不予关闭的决定，并由其主要负责人签字存档。对决定关闭的，有关地方人民政府应当立即组织实施。

（3）关闭煤矿的具体要求。《特别规定》提出了关闭煤矿应当达到的 5 项要求：

1）吊销相应证照。

2）停止供应并处理火工用品。

3）停止供电，拆除矿井生产设备、供电、通信线路。

4）封闭、填实矿井井筒，平整井口场地，恢复地貌。

5）妥善遣散从业人员。

为了保护和合理利用煤炭资源，决定关闭的煤矿仍有开采价值的，经依法批准可以进行拍卖。

### 2. 无安全保障煤矿的关闭

除了非法煤矿必须予以关闭之外，还有一类因非人为原因而存在重大安全生产隐患也需要予以关闭的煤矿，即无安全保障的煤矿。

（1）存在不可抗力的重大自然灾害威胁。由于煤炭赋存条件先天存在着瓦斯突出、自然发火、冲击地压、水害威胁等自然灾害，造成对于某些安全生产隐患是不可预见、不可抗拒、不可改变的。存在这些不可抗力的因素致使煤矿安全无保障的，应予关闭。

（2）现有科学技术难以有效防治。对目前科技未知的灾害威胁虽不能克服，但可以通过关闭煤矿而避免事故发生。因此，对于不能预防的重大自然灾害威胁，采取关闭措施才是科学的、经济的、安全的。

（3）对安全生产无保障的煤矿应当先予停止生产。发现无安全保障的煤矿，不能任其继续生产，必须及时采取果断措施。《特别规定》第十五条要求县级以上地方人民政府负责煤矿安全生产监督管理的部门、煤矿安全监察机构应当责令其立即停止生产。

（4）关闭的程序和实施。县级以上地方人民政府负责煤矿安全生产监督管理的部门、煤矿安全监察机构责令其立即停止生产后，还应提请有关地方人民政府组织专家进行论证。政府根据论证结论作出是否关闭的决定，并组织实施。决定是否关闭和组织实施关闭无安全保障的煤矿的行政主体，是有关地方人民政府。

**【练习提高】**

**一、单项选择题（每题1分，每题的备选项中，只有1个最符合题意）**

1. 某煤矿因存在通风系统不合理、采区工作面数量严重超规定要求的重大事故隐患，被当地煤矿安全监察机构责令停产整顿。依据《特别规定》，下列关于煤矿安全监察内容的说法，正确的是（　　）。

A. 煤矿安全监管部门自收到复产申请之日起应在45日内组织验收完毕

B. 验收合格后，经煤矿安全监察机构主要负责人审核同意，即可恢复生产

C. 该煤矿擅自从事生产，煤矿安全监察机构应提请有关地方人民政府予以关闭

D. 因存在重大事故隐患，该煤矿被关闭，该矿长3年内不得担任任何煤矿的矿长

2. 根据《特别规定》，煤矿安全监察机构监督检查中，对3个月内2次或者2次以上发现有重大生产安全事故隐患仍然进行生产的煤矿，应当（　　）。

A. 责令停产整顿　　B. 提请人民政府关闭该煤矿

C. 责令限期改正　　D. 暂扣证照并处以罚款

3. 依据《特别规定》，下列关于煤矿停产整顿的说法，正确的是（　　）。

A. 高瓦斯矿井未建立瓦斯抽放系统和监控系统，仍然进行生产的，由县级以上地方人民政府有关部门责令停产整顿，并处20万元以下的罚款

B. 对1月内2次以上发现有重大安全生产隐患，仍然进行生产的煤矿，由县级以上地方人民政府有关部门责令立即停产整顿

C. 对被责令停产整顿的煤矿，在停产整顿期间，由有关地方人民政府采取有效措施进行监督检查

D. 被责令停产整顿的煤矿擅自从事生产的，由县级以上地方人民政府有关部门予以关闭

**二、多项选择题（每题2分，每题的备选项中，有2个或2个以上符合题意，至少有1个错项。错选，本题不得分；少选，所选的每个选项得0.5分）**

1. 根据《特别规定》，下列关于关闭煤矿的说法，正确的有（　　）。

A. 停产整顿期间，擅自从事生产的煤矿，应予以关闭

B. 经整顿验收不合格的煤矿，应予以关闭

C. 证照不全从事生产的煤矿，应予以关闭

D. 对1个月内3次或者3次以上发现未依照国家有关规定对井下作业人员进行安全生产教育和培训或者特种作业人员无证上岗的煤矿，应予以关闭

E. 对6个月内2次或者2次以上发现有重大安全生产隐患的煤矿，应予以关闭

2. 根据《特别规定》，煤矿建成后，未取得安全生产许可证和（　　），从事生产

的，不得从事生产。

A. 矿长资格证　　B. 煤炭生产许可证
C. 矿长安全资格证　　D. 采矿许可证
E. 营业执照

3. 根据《特别规定》，关闭煤矿应当达到的要求有（　　）。

A. 吊销相关证照，停止供应并处理火工用品
B. 销毁煤矿的生产设计图纸及水文地质资料
C. 停止供电，拆除矿井生产设备、供电、通信线路
D. 封闭、填实矿井井筒，平整井口场地，恢复地貌
E. 妥善遣散从业人员

## 第四节　建设工程安全生产管理条例

【本节重点】

熟悉建设单位、监理单位的安全责任，了解设计、勘察单位的安全责任，重点掌握施工单位的安全责任。

### 一、建设单位的安全责任

**1. 建设单位应当如实向施工单位提供有关施工资料**

《建设工程安全生产管理条例》第六条规定，建设单位应当向施工单位提供施工现场及毗邻区域内供水、排水、供电、供气、供热、通信、广播电视等地下管线资料，气象和水文观测资料，相邻建筑物和构筑物、地下工程的有关资料，并保证资料的真实、准确、完整。

**2. 建设单位不得向有关单位提出非法要求，不得压缩合同工期**

《建设工程安全生产管理条例》第七条规定，建设单位不得对勘察、设计、施工、工程监理等单位提出不符合建设工程安全生产法律、法规和强制性标准规定的要求，不得要求压缩合同的工期。

**3. 必须保证必要的安全投入**

《建设工程安全生产管理条例》第八条规定，建设单位在编制工程概算时，应当确定建设工程安全作业环境及安全施工措施所需要的费用。工程概算是指在初步设计阶段，根据初步设计的图纸、概算定额或概算指标、费用定额及其他有关文件，概略计算的拟建工程费用。

**4. 不得明示或者暗示施工单位购买不符合安全要求的设备、设施、器材和用具**

《建设工程安全生产管理条例》第九条进一步规定，建设单位不得明示或者暗示施工单位购买、租赁、使用不符合安全施工要求的安全防护用具、机械设备、施工机具及配件、消防设施和器材。

#### 5. 开工前报送有关安全施工措施的资料

依照《建设工程安全生产管理条例》第十条的规定，建设单位在申请领取施工许可证时，应当提供建设工程有关安全施工措施的资料。依法批准开工报告的建设工程，建设单位应当自开工报告批准之日起 15 日内，将保证安全施工的措施报送建设工程所在地的县级以上地方人民政府建设行政主管部门或者其他有关部门备案。建设单位在申请领取施工许可证前，应当提供下列安全施工措施的资料：

（1）施工现场总平面布置图。

（2）临时设施规划方案和已搭建情况。

（3）施工现场安全防护设施（防护网、棚）搭设（设置）计划。

（4）施工进度计划，安全措施费用计划。

（5）施工组织设计（方案、措施）。

（6）拟进入现场使用的起重机械设备（塔式起重机、物料提升机、外用电梯）的型号、数量。

（7）工程项目负责人、安全管理人员和特种作业人员持证上岗情况。

（8）建设单位安全监督人员和工程监理人员的花名册。

#### 6. 关于拆除工程的特殊规定

《建设工程安全生产管理条例》第十一条规定，建设单位应当将拆除工程发包给具有相应资质等级的施工单位。建设单位应当在拆除工程施工 15 日前，将相关资料报送建设工程所在地县级以上地方人民政府建设行政主管部门或者其他有关部门备案。

实施大型爆破作业，或在城镇与其他居民聚集的地方，风景名胜区和重要工程设施附近进行控制爆破作业，施工单位必须事先将爆破作业方案，报县、市以上主管部门批准，并征得所在地县、市公安局同意，方准实施爆破作业。

### 二、勘察、设计单位的安全责任

#### 1. 勘察单位的安全责任

建设工程勘察是指根据工程要求，查明、分析、评价建设场地的地质地理环境特征和岩土工程条件，编制建设工程勘察文件的活动。

#### 2. 设计单位的安全责任

建设工程设计，是指根据建设工程的要求，对建设工程所需的技术、经济、资源、环境等条件进行综合分析、论证，编制建设工程设计文件的活动。

### 三、工程监理单位的安全责任

工程监理是工程监理单位受建设单位的委托，依据法律、法规及有关的技术标准、设计文件和建设工程承包合同、委托监理合同，代表建设单位对承包单位在施工质量、建设工期、建设资金使用等方面实施监督管理的活动。

（1）工程监理单位应当审查施工组织设计中的安全技术措施或者专项施工方案是否符合工程建设强制性标准。

（2）工程监理单位在实施监理过程中，发现事故隐患的，应当要求施工单位整改；

情节严重的，应当要求施工单位停止施工，并及时报告建设单位。施工单位拒不整改或者不停止施工的，工程监理单位应当及时向有关主管部门报告。

（3）工程监理单位和监理工程师应当按照法律、法规和工程建设强制性标准实施监理，对建设工程安全生产承担监理职责。

## 四、有关单位的安全责任

### 1. 提供机械设备和配件的单位的安全责任

为建设工程提供机械设备和配件的单位，应当按照安全施工的要求配备齐全有效的保险、限位等安全设施和装置，对其提供的施工机械设备和配件等产品的质量和安全性能负责，对因产品质量造成生产安全事故的，应当承担相应的法律责任。

### 2. 出租单位的安全责任

一是出租机械设备、施工机具及配件，应当具有生产（制造）许可证、产品合格证。二是应当对出租机械设备、施工机具及配件的安全性能进行检测，在签订租赁协议时，应当出具检测合格证明。三是禁止出租检测不合格的机械设备、施工机具及配件。

### 3. 现场安装、拆卸施工起重机械设施单位的安全责任

一是在施工现场安装、拆卸施工起重机械和整体提升脚手架、模板等自升式架设设施，必须具有相应的资质的单位承担。二是安装、拆卸起重机械、整体提升脚手架、模板等自升式架设设施，应当编制拆装方案、制定安全施工措施，并由专业技术人员现场监督。三是施工起重机械、整体提升脚手架、模板等自升式架设设施安装完毕后，安装单位应当自检，出具自检合格证明，并向施工单位进行安全使用说明，办理验收手续并签字。

## 五、施工单位的安全责任

### 1. 施工单位的安全资质

《建筑法》第二十六条规定，承包建筑工程的单位应当持有依法取得的资质证书，并在其资质等级许可的业务范围内承揽工程。禁止建筑施工企业超越本企业资质等级许可的业务范围或者以任何形式用其他建筑施工企业的名义承揽工程。禁止建筑施工企业以任何形式允许其他单位或者个人使用本企业的资质证书、营业执照，以本企业的名义承揽工程。建筑法律的有关规定确立的建筑市场准入制度，为施工单位的安全资质设定了法律规范。

### 2. 主要负责人和项目负责人的安全施工责任

（1）施工单位主要负责人的安全责任。《建设工程安全生产管理条例》第二十一条第一款规定，施工单位主要负责人依法对本单位的安全生产工作全面负责。其主要职责包括：

1）建立、健全安全生产责任制。

2）建立、健全安全教育培训制度。

3）制定安全生产规章制度和操作规程。

4）保证本单位安全生产条件所需资金的投入。

5）对所承担的建设工程进行定期和专项安全检查，并做好安全检查记录。

（2）项目负责人的安全责任。施工单位的项目负责人应当对建设工程项目的施工安全负全面责任，是本项目安全生产的第一责任人。《建设工程安全生产管理条例》第二十一条第二款规定，施工单位的项目负责人应当由取得相应执业资格的人员担任，对建设工程项目的安全施工负责，其职责主要包括：

1）落实安全生产责任制。

2）落实安全生产规章制度和操作规程。

3）确保安全生产费用的有效使用。

4）根据工程的特点组织制定安全施工措施，消除安全事故隐患。

5）及时、如实报告生产安全事故。

**3. 安全管理机构和安全管理人员的配置**

依据《建设工程安全生产管理条例》第二十三条的规定，施工单位应当设立安全生产管理机构，配备专职安全生产管理人员。专职安全生产管理人员的主要职责包括：

1）负责对安全生产进行现场监督检查。

2）发现安全事故隐患，及时向项目负责人和安全生产管理机构报告。

3）对于违章指挥、违章操作的，应当立即制止。

根据建设部《建筑施工企业安全生产管理机构设置及专职安全生产管理人员配备办法》的要求，总承包单位配备项目专职安全生产管理人员应当满足下列要求：①建筑工程、装修工程按照建筑面积配备：1 万平方米以下的工程不少于 1 人；1 万~5 万平方米的工程不少于 2 人；5 万平方米及以上的工程不少于 3 人，且按专业配备专职安全生产管理人员。②土木工程、线路管道、设备安装工程按照工程合同价配备：5 000 万元以下的工程不少于 1 人；5 000 万~1 亿元的工程不少于 2 人；1 亿元及以上的工程不少于 3 人，且按专业配备专职安全生产管理人员。分包单位配备项目专职安全生产管理人员应当满足下列要求：①专业承包单位应当配置至少 1 人，并根据所承担的分部分项工程的工程量和施工危险程度增加。②劳务分包单位施工人员在 50 人以下的，应当配备 1 名专职安全生产管理人员；50~200 人的，应当配备 2 名专职安全生产管理人员；200 人及以上的，应当配备 3 名及以上专职安全生产管理人员，并根据所承担的分部分项工程施工危险实际情况增加，不得少于工程施工人员总人数的 5‰。

**4. 总承包单位与分包单位的安全管理**

施工总承包，是指发包单位将建设工程的施工任务，包括土建施工和有关设施、设备安装调试的施工任务，全部发包给一家具备相应的施工总承包资质条件的承包单位，由该施工总承包单位对全过程向建设单位负责，直到工程竣工，向建设单位交付符合设计要求和合同约定的建设工程的承包方式。实行施工总承包的，施工现场由总承包单位全面统一负责，包括工程质量、建设工期、造价控制、施工组织等，由此，施工现场的安全生产也应当由施工总承包单位负责。此外，建筑工程主体结构的施工必须由总承包单位自行完成。

总承包单位依法将建设工程分包给其他单位的，分包合同中应当明确各自的安全生产方面的权利、义务。总承包单位和分包单位对分包工程的安全生产承担连带责任。分包单位应当服从总承包单位的安全生产管理，分包单位不服从管理导致生产安全事故的，由分包单位承担主要责任。

**5. 特种作业人员的资格管理**

《建设工程安全生产管理条例》第二十五条规定，垂直运输机械作业人员、安装拆卸工、爆破作业人员、起重信号工、登高架设作业人员等特种作业人员，必须按照国家有关规定经过专门的安全作业培训，并取得特种作业操作资格证书后，方可上岗作业。

**6. 施工现场的安全管理**

《建设工程安全生产管理条例》第三十条至第三十五条包括下列内容：

1）毗邻建筑物、构筑物和地下管线和现场围栏的安全管理。

2）现场消防安全管理。

3）保障施工人员的人身安全。

4）施工人员的安全生产权利与义务。

5）施工现场安全防护用具、机械设备、施工机具和配件的管理。

6）起重机械、脚手架、模板等设施的验收、检验和备案。

**7. 人身意外伤害保险**

《建设工程安全生产管理条例》第三十八条规定，施工单位应当为施工现场从事危险作业的人员办理意外伤害保险。意外伤害保险费由施工单位支付。实行施工总承包的，由总承包单位支付意外伤害保险费。意外伤害保险期限自建设工程开工之日起至竣工验收合格止。

**【练习提高】**

**一、单项选择题（每题 1 分，每题的备选项中，只有 1 个最符合题意）**

1.《建设工程安全生产管理条例》规定，建设工程安全作业环境及安全施工措施所需费用，应由（　　）承担。

A. 设计单位　　B. 建设单位　　C. 施工单位　　D. 监理单位

2. 依据《建设工程安全生产管理条例》的规定，施工组织设计中的安全技术或者专项施工方案应当符合工程建设强制性标准，负责符合性审查的单位是（　　）。

A. 建设单位　　B. 设计单位　　C. 监理单位　　D 施工单位

3. 依据《建设工程安全生产管理条例》的规定，下列关于建设工程相关单位安全责任的说法，正确的是（　　）。

A. 建设工程的合理工期应由施工单位和监理单位双方协商一致确定

B. 建设单位在编制工程概算时，应当确定建设工程的安全作业环境和安全施工所需费用

C. 工程设计单位应向施工单位提供施工现场内供水、排水、供电、通信等地下管线资料

D. 建设单位应当在开工报告批准之日 30 日内，将安全施工保证措施报送有关主管部门备案

4. 根据《建设工程安全生产管理条例》，关于建设单位安全生产的说法，正确的

是（　　）。

A. 建设单位经与施工单位协商，可以适当压缩合同工期

B. 建设单位在编制工程概算时，可以暂不考虑安全施工措施所需要费用

C. 在申请领取施工许可证时，建设单位应当提供建设工程有关安全施工措施的资料

D. 在拆除工程施工 15 日后，建设单位应当及时向所在地建设行政主管部门备案

5. 依据《建设工程安全生产管理条例》的规定，下列关于建设单位安全责任的说法，正确的是（　　）。

A. 建设单位必须设立安全生产管理机构，配备专职安全生产管理人员

B. 建设单位可视工程需要压缩合同约定的工期

C. 建设单位应当在拆除工程施工 30 日前，将有关资料报建设行政主管部门备案

D. 建设单位应当向施工单位提供有关施工资料

6.《建设工程安全生产管理条例》的规定，建设工程施工前应进行交底，施工单位的相关人员应对有关安全施工的技术要求向施工作业班组、作业人员作出详细说明，双方签字确认，进行交底的人员是（　　）。

A. 项目负责人　　B. 负责各项目的班组长

C. 专职安全生产管理人员　　D. 负责项目管理的技术人员

7. 建设单位是建筑工程的投资主体，在建筑活动中居于主导地位。依据《建设工程安全生产管理条例》的规定，下列关于建设单位安全责任的说法，正确的是（　　）。

A. 建设单位不得压缩合同约定的工期

B. 建设单位应当自开工报告批准之日起 10 日内，将保证安全施工的措施报送所在地建设行政主管部门或有关部门备案

C. 建设单位应当在拆除工程施工 10 日前，将有关资料报送所在地建设行政主管部门或有关部门备案

D. 建设单位应当根据工程需要，要求勘察单位向施工企业提供施工现场相邻建筑物的相关资料

8. 甲公司采取施工总承包方式将一建设工程发包给乙公司，乙公司又将该工程中的储罐区安装工程分包给丙公司，将厂房建造工程分包给丁公司，依据《建设工程安全生产管理条例》的规定，对该建设工程安全生产负总责的单位是（　　）。

A. 甲公司　　B. 乙公司　　C. 丙公司　　D. 丁公司

**二、多项选择题（每题 2 分，每题的备选项中，有 2 个或 2 个以上符合题意，至少有 1 个错项。错选，本题不得分；少选，所选的每个选项得 0.5 分）**

1. 依据《建设工程安全生产管理条例》，下列关于建设工程承包中施工总承包单位和分包单位安全责任的说法中，正确的是（　　）。

A. 建设工程实行施工总承包的，由建设单位和总承包单位对施工现场的安全生产负总责

B. 分包单位应当服从总承包单位的安全管理，分包单位不服从管理导致生产安全事故的，由分包单位承担主要责任

C. 总承包单位依法将建设工程分包给其他单位的，分包单位对分包工程的安全生产承担主要责任

D. 分包单位不服从管理导致生产安全事故的，分包单位和总承包单位对分包工程的安全生产承担连带责任

E. 总承包单位对施工现场全面统一负责

2. 根据《建设工程安全生产管理条例》，关于建设工程安全的说法，正确的有（　　）。

A. 监理单位应当与施工单位共同拟订安全技术措施或专项施工方案

B. 监理单位在监理中，发现事故隐患苗头，应当立即要求施工单位停止施工

C. 勘察单位提供的勘察文件应当真实、准确，满足建设工程安全生产的要求

D. 采用新结构、新材料、新工艺的建设工程，设计单位应当提出保障施工作业人员的措施建议

E. 如涉及地下管线的防护、外电防护、深基坑工程，设计单位应当在设计文件中注明

3. 建设单位是建设工程的投资主体。依据《建设工程安全生产管理条例》的规定，下列关于建设单位安全责任的说法，正确的是（　　）。

A. 建设单位可以根据市场需求压缩合同约定的工期

B. 建设单位应当根据工程需要向施工企业提供施工现场相邻建筑物的相关资料

C. 建设单位应当自开工报告批准之日起 10 日内，将保证安全施工的措施报送所在地建设行政主管部门或有关部门备案

D. 建设单位应当在拆除工程施工 10 日前，将有关资料报送所在地建设行政主管部门或有关部门备案

E. 建设单位在编制工程概算时，应当确定建设工程安全作业环境及安全施工措施所需要费用

## 第五节　危险化学品安全管理条例

**【本节重点】**

熟悉危险化学品安全管理条例的适用范围、危险化学品监督管理部门的职责，掌握危险化学品生产、储存、使用、经营、运输各环节的安全要求，了解危险化学品登记与事故应急救援的要求。

## 一、危险化学品安全管理的基本规定

### 1. 危险化学品的范围

《危险化学品安全管理条例》第三条规定："本条例所称危险化学品，是指具有毒害、腐蚀、爆炸、燃烧、助燃等性质，对人体、设施、环境具有危害的剧毒化学品和其他化学品。"

### 2.《危险化学品安全管理条例》的适用范围

（1）适用范围。《危险化学品安全管理条例》第二条规定："危险化学品生产、储存、使用、经营和运输的安全管理，适用本条例。废弃危险化学品的处置，依照有关环境保护的法律、行政法规和国家有关规定执行。"第九十八条规定："危险化学品的进出口管理，依照有关对外贸易的法律、行政法规、规章的规定执行；进口的危险化学品的储存、使用、经营、运输的安全管理，依照本条例的规定执行。"

（2）排除适用。《危险化学品安全管理条例》第九十七条规定，监控化学品、属于危险化学品的药品和农药的安全管理，依照本条例的规定执行；法律、行政法规另有规定的，依照其规定。民用爆炸物品、烟花爆竹、放射性物品、核能物质以及用于国防科研生产的危险化学品的安全管理，不适用本条例。法律、行政法规对燃气的安全管理另有规定的，依照其规定。危险化学品容器属于特种设备的，其安全管理依照有关特种设备安全的法律、行政法规的规定执行。

### 3. 危险化学品监督管理部门的职责

（1）安监部门负责危险化学品安全监督管理综合工作，组织确定、公布、调整危险化学品目录，对新建、改建、扩建生产、储存危险化学品（包括使用长输管道输送危险化学品）的建设项目进行安全条件审查，核发危险化学品安全生产许可证、危险化学品安全使用许可证和危险化学品经营许可证，并负责危险化学品登记工作。

（2）公安机关负责危险化学品的公共安全管理，核发剧毒化学品购买许可证、剧毒化学品道路运输通行证，并负责危险化学品运输车辆的道路交通安全管理。

（3）质检部门负责核发危险化学品及其包装物、容器（不包括储存危险化学品的固定式大型储罐）生产企业的工业产品生产许可证，并依法对其产品质量实施监督，负责对进出口危险化学品及其包装实施检验。

（4）环境保护主管部门负责废弃危险化学品处置的监督管理，组织危险化学品的环境危害性鉴定和环境风险程度评估，确定实施重点环境管理的危险化学品，负责危险化学品环境管理登记和新化学物质环境管理登记；依照职责分工调查相关危险化学品环境污染事故和生态破坏事件，负责危险化学品事故现场的应急环境监测。

（5）交通运输主管部门负责危险化学品道路运输、水路运输的许可以及运输工具的安全管理，对危险化学品水路运输安全实施监督，负责危险化学品道路运输企业、水路运输企业驾驶人员、船员、装卸管理人员、押运人员、申报人员、集装箱装箱现场检查员的资格认定。

（6）工商行政管理部门依据有关部门的许可证件，核发危险化学品生产、储存、经营、运输企业营业执照，查处危险化学品经营企业违法采购危险化学品的行为。

**4. 危险化学品安全监督管理部门的监督检查权**

依据《危险化学品安全管理条例》第七条的规定，负有危险化学品安全监督管理职责的部门依法进行监督检查，可以采取下列5项措施：

（1）进入危险化学品作业场所实施现场检查，向有关单位和人员了解情况，查阅、复制有关文件、资料。

（2）发现危险化学品事故隐患，责令立即消除或者限期消除。

（3）对不符合法律、行政法规、规章规定或者国家标准、行业标准要求的设施、设备、装置、器材、运输工具，责令立即停止使用。

（4）经本部门主要负责人批准，查封违法生产、储存、使用、经营危险化学品的场所，扣押违法生产、储存、使用、经营、运输的危险化学品以及用于违法生产、使用、运输危险化学品的原材料、设备、运输工具。

（5）发现影响危险化学品安全的违法行为，当场予以纠正或者责令限期改正。

负有危险化学品安全监督管理职责的部门依法进行监督检查，监督检查人员不得少于2人，并应当出示执法证件；有关单位和个人对依法进行的监督检查应当予以配合，不得拒绝、阻碍。

## 二、危险化学品生产、储存安全管理的规定

**1. 生产、储存危险化学品的规划**

依据《危险化学品安全管理条例》第十一条的规定，国家对危险化学品的生产、储存实行统筹规划、合理布局。国务院工业和信息化主管部门以及国务院其他有关部门依据各自职责，负责危险化学品生产、储存的行业规划和布局。地方人民政府组织编制城乡规划，应当根据本地区的实际情况，按照确保安全的原则，规划适当区域专门用于危险化学品的生产、储存。

**2. 新建、改建、扩建生产、储存建设项目的安全条件审查**

依据《危险化学品安全管理条例》第十二条的规定，新建、改建、扩建生产、储存危险化学品的建设项目（简称建设项目），应当由安全生产监督管理部门进行安全条件审查。建设单位应当对建设项目进行安全条件论证，委托具备国家规定的资质条件的机构对建设项目进行安全评价，并将安全条件论证和安全评价的情况报告报建设项目所在地设区的市级以上人民政府安全生产监督管理部门；安全生产监督管理部门应当自收到报告之日起45日内作出审查决定，并书面通知建设单位。

**3. 铺设危险化学品管道的生产、储存危险化学品单位的要求**

依据《危险化学品安全管理条例》第十三条的规定，进行可能危及危险化学品管道安全的施工作业，施工单位应当在开工的7日前书面通知管道所属单位，并与管道所属单位共同制定应急预案，采取相应的安全防护措施。管道所属单位应当指派专门人员到现场进行管道安全保护指导。

**4. 生产危险化学品单位依法取得相应许可证**

依据《危险化学品安全管理条例》第十四条的规定，危险化学品生产企业进行生产前，应当依照《安全生产许可证条例》的规定，取得危险化学品安全生产许可证。负责颁发危险化学品安全生产许可证、工业产品生产许可证的部门，应当将其颁发许

可证的情况及时向同级工业和信息化主管部门、环境保护主管部门和公安机关通报。

5. 危险化学品包装物、容器的安全管理

生产列入国家实行生产许可证制度的工业产品目录的危险化学品包装物、容器的企业，应当取得工业产品生产许可证；其生产的危险化学品包装物、容器经国务院质检部门认定的检验机构检验合格，方可出厂销售。运输危险化学品的船舶及其配载的容器，应当按照国家船舶检验规范进行生产，并经海事管理机构认定的船舶检验机构检验合格，方可投入使用。对重复使用的危险化学品包装物、容器，使用单位在重复使用前应当进行检查；发现存在安全隐患的，应当维修或者更换。使用单位应当对检查情况作出记录，记录的保存期限不得少于 2 年。

6. 生产装置和储存设施的选址

依据《危险化学品安全管理条例》第十九条的规定，危险化学品生产装置或者储存数量构成重大危险源的危险化学品储存设施（运输工具、加油站、加气站除外），与人员密集场所、公共设施、水源保护区、风景名胜区、自然保护区、军事管理区以及车站、码头、机场、地铁风亭以及地铁站出入口等场所、设施、区域的距离应当符合国家有关规定。已建的危险化学品生产装置或者储存数量构成重大危险源的危险化学品储存设施不符合规定的，由所在地设区的市级人民政府安全生产监督管理部门会同有关部门监督其所属单位在规定期限内进行整改；需要转产、停产、搬迁、关闭的，由本级人民政府决定并组织实施。储存数量构成重大危险源的危险化学品储存设施的选址，应当避开地震活动断层和容易发生洪灾、地质灾害的区域。

7. 生产、储存危险化学品单位安全设备设施的设置

依据《危险化学品安全管理条例》第二十条、第二十一条的规定，生产、储存危险化学品的单位，应当根据其生产、储存的危险化学品的种类和危险特性，在作业场所设置相应的监测、监控、通风、防晒、调温、防火、灭火、防爆、泄压、防毒、中和、防潮、防雷、防静电、防腐、防泄漏以及防护围堤或者隔离操作等安全设施、设备。生产、储存危险化学品的单位，应当在其作业场所设置通信、报警装置，并保证处于适用状态。

8. 生产、储存危险化学品的安全评价

依据《危险化学品安全管理条例》第二十二条的规定，生产、储存危险化学品的企业，应当委托具备国家规定的资质条件的机构，对本企业的安全生产条件每 3 年进行一次安全评价，提出安全评价报告。生产、储存危险化学品的企业，应当将安全评价报告以及整改方案的落实情况报所在地县级人民政府安全生产监督管理部门备案。在港区内储存危险化学品的企业，应当将安全评价报告以及整改方案的落实情况报港口行政管理部门备案。

9. 生产、储存剧毒化学品和易制爆危险化学品的专项管理

依据《危险化学品安全管理条例》第二十三条的规定，生产、储存剧毒化学品或者国务院公安部门规定的可用于制造爆炸物品的危险化学品（简称易制爆危险化学品）的单位，应当如实记录其生产、储存的剧毒化学品、易制爆危险化学品的数量、流向，并采取必要的安全防范措施，防止剧毒化学品、易制爆危险化学品丢失或者被盗；发现剧毒化学品、易制爆危险化学品丢失或者被盗的，应当立即向当地公安机关报告。

生产、储存剧毒化学品、易制爆危险化学品的单位，应当设置治安保卫机构，配备专职治安保卫人员。

**10. 危险化学品仓库的安全管理**

（1）危险化学品应当储存在专用仓库、专用场地或者专用储存室（统称专用仓库）内，并由专人负责管理；剧毒化学品以及储存数量构成重大危险源的其他危险化学品，应当在专用仓库内单独存放，并实行双人收发、双人保管制度。

（2）储存危险化学品的单位应当建立危险化学品出入库核查、登记制度。

（3）对剧毒化学品以及储存数量构成重大危险源的其他危险化学品，储存单位应当将其储存数量、储存地点以及管理人员的情况，报所在地县级人民政府安全生产监督管理部门（在港区内储存的，报港口行政管理部门）和公安机关备案。

（4）储存危险化学品的单位应当对其危险化学品专用仓库的安全设施、设备定期进行检测、检验。

**11. 危险化学品单位转产、停产、停业或者解散的安全管理**

依据《危险化学品安全管理条例》第二十七条的规定，生产、储存危险化学品的单位转产、停产、停业或者解散的，应当采取有效措施，及时、妥善处置其危险化学品生产装置、储存设施以及库存的危险化学品，不得丢弃危险化学品；处置方案应当报所在地县级人民政府安全生产监督管理部门、工业和信息化主管部门、环境保护主管部门和公安机关备案。

## 三、危险化学品使用安全管理的规定

**1. 安全使用许可证**

依据《危险化学品安全管理条例》第二十九条的规定，使用危险化学品从事生产并且使用量达到规定数量的化工企业（属于危险化学品生产企业的除外），应当依照本条例的规定取得危险化学品安全使用许可证。

（1）安全条件。依据《危险化学品安全管理条例》第三十条的规定，申请危险化学品安全使用许可证的化工企业，除应当符合本条例第二十八条的规定外，还应当具备下列条件：

1）有与所使用的危险化学品相适应的专业技术人员。

2）有安全管理机构和专职安全管理人员。

3）有符合国家规定的危险化学品事故应急预案和必要的应急救援器材、设备。

4）依法进行了安全评价。

（2）申办程序。依据《危险化学品安全管理条例》第三十一条的规定，申请危险化学品安全使用许可证的化工企业，应当向所在地设区的市级人民政府安全生产监督管理部门提出申请，并提交其符合申办规定条件的证明材料。设区的市级人民政府安全生产监督管理部门应当依法进行审查，自收到证明材料之日起45日内作出批准或者不予批准的决定。予以批准的，颁发危险化学品安全使用许可证；不予批准的，书面通知申请人并说明理由。

**2. 安全使用许可证的信息共享**

依据《危险化学品安全管理条例》第三十一条第二款的规定，安全生产监督管理部门应当将其颁发危险化学品安全使用许可证的情况及时向同级环境保护主管部门和公安机关通报。

## 四、危险化学品经营安全管理的规定

### 1. 经营许可证

依据《危险化学品安全管理条例》第三十三条的规定，国家对危险化学品经营（包括仓储经营，下同）实行许可制度。未经许可，任何单位和个人不得经营危险化学品。依法设立的危险化学品生产企业在其厂区范围内销售本企业生产的危险化学品，不需要取得危险化学品经营许可。

依据《港口法》的规定取得港口经营许可证的港口经营人，在港区内从事危险化学品仓储经营，不需要取得危险化学品经营许可。

申请人持危险化学品经营许可证向工商行政管理部门办理登记手续后，方可从事危险化学品经营活动。

（1）安全条件。依据《危险化学品安全管理条例》第三十四条的规定，从事危险化学品经营的企业应当具备下列条件：

1）有符合国家标准、行业标准的经营场所，储存危险化学品的，还应当有符合国家标准、行业标准的储存设施。

2）从业人员经过专业技术培训并经考核合格。

3）有健全的安全管理规章制度。

4）有专职安全管理人员。

5）有符合国家规定的危险化学品事故应急预案和必要的应急救援器材、设备。

（2）申办程序。依据《危险化学品安全管理条例》第三十五条的规定，从事剧毒化学品、易制爆危险化学品经营的企业，应当向所在地设区的市级人民政府安全生产监督管理部门提出申请，从事其他危险化学品经营的企业，应当向所在地县级人民政府安全生产监督管理部门提出申请（有储存设施的，应当向所在地设区的市级人民政府安全生产监督管理部门提出申请）。申请人应当提交其符合申办规定条件的证明材料。

设区的市级人民政府安全生产监督管理部门或者县级人民政府安全生产监督管理部门应当依法进行审查，并对申请人的经营场所、储存设施进行现场核查，自收到证明材料之日起30日内作出批准或者不予批准的决定。予以批准的，颁发危险化学品经营许可证；不予批准的，书面通知申请人并说明理由。

### 2. 经营许可证的信息共享

依据《危险化学品安全管理条例》第三十五条的规定，设区的市级人民政府安全生产监督管理部门和县级人民政府安全生产监督管理部门应当将其颁发危险化学品经营许可证的情况及时向同级环境保护主管部门和公安机关通报。

### 3. 危险化学品经营企业的安全管理

（1）危险化学品商店内只能存放民用小包装的危险化学品。

（2）危险化学品经营企业不得向未经许可从事危险化学品生产、经营活动的企业采购危险化学品，不得经营没有化学品安全技术说明书或者化学品安全标签的危险化学品。

4. 剧毒化学品购买许可证

(1) 申办条件。申请取得剧毒化学品购买许可证，申请人应当向所在地县级人民政府公安机关提交下列材料：①营业执照或者法人证书（登记证书）的复印件。②拟购买的剧毒化学品品种、数量的说明。③购买剧毒化学品用途的说明。④经办人的身份证明。

(2) 申办程序。县级人民政府公安机关应当自收到申办条件规定的材料之日起 3 日内，作出批准或者不予批准的决定。予以批准的，颁发剧毒化学品购买许可证；不予批准的，书面通知申请人并说明理由。

5. 购买剧毒化学品、易制爆危险化学品的安全规定

依据《危险化学品安全管理条例》的规定，对购买剧毒化学品、易制爆危险化学品作出如下规定：

(1) 依法取得危险化学品安全生产许可证、危险化学品安全使用许可证、危险化学品经营许可证的企业，凭相应的许可证件购买剧毒化学品、易制爆危险化学品。民用爆炸物品生产企业凭民用爆炸物品生产许可证购买易制爆危险化学品。

(2) 除依法取得危险化学品安全生产许可证、危险化学品安全使用许可证、危险化学品经营许可证的企业、民用爆炸物品生产企业以外，其他单位购买剧毒化学品的，应当向所在地县级人民政府公安机关申请取得剧毒化学品购买许可证；购买易制爆危险化学品的，应当持本单位出具的合法用途说明。

(3) 个人不得购买剧毒化学品（属于剧毒化学品的农药除外）和易制爆危险化学品。

6. 销售剧毒化学品、易制爆危险化学品的安全规定

依据《危险化学品安全管理条例》的规定，对销售剧毒化学品、易制爆危险化学品作出如下规定：

(1) 危险化学品生产企业、经营企业销售剧毒化学品、易制爆危险化学品，应当查验相关许可证件或者证明文件，不得向不具有相关许可证件或者证明文件的单位销售剧毒化学品、易制爆危险化学品。对持剧毒化学品购买许可证购买剧毒化学品的，应当按照许可证载明的品种、数量销售。

(2) 禁止向个人销售剧毒化学品（属于剧毒化学品的农药除外）和易制爆危险化学品。

(3) 危险化学品生产企业、经营企业销售剧毒化学品、易制爆危险化学品，应当如实记录购买单位的名称、地址、经办人的姓名、身份证号码以及所购买的剧毒化学品、易制爆危险化学品的品种、数量、用途。销售记录以及经办人的身份证明复印件、相关许可证件复印件或者证明文件的保存期限不得少于 1 年。

(4) 剧毒化学品、易制爆危险化学品的销售企业、购买单位应当在销售、购买后 5 日内，将所销售、购买的剧毒化学品、易制爆危险化学品的品种、数量以及流向信息报所在地县级人民政府公安机关备案，并输入计算机系统。

## 五、危险化学品运输安全管理的规定

1. 道路、水路运输的资质和资格

(1) 企业资质。从事危险化学品道路运输、水路运输的，应当分别依照有关道路

运输、水路运输的法律、行政法规的规定，取得危险货物道路运输许可、危险货物水路运输许可，并向工商行政管理部门办理登记手续。危险化学品道路运输企业、水路运输企业应当配备专职安全管理人员。

（2）人员资格。危险化学品道路运输企业、水路运输企业的驾驶人员、船员、装卸管理人员、押运人员、申报人员、集装箱装箱现场检查员应当经交通运输主管部门考核合格，取得从业资格。

**2. 装卸的安全管理**

依据《危险化学品安全管理条例》的规定，危险化学品的装卸作业应当遵守安全作业标准、规程和制度，并在装卸管理人员的现场指挥或者监控下进行。水路运输危险化学品的集装箱装箱作业应当在集装箱装箱现场检查员的指挥或者监控下进行，并符合积载、隔离的规范和要求；装箱作业完毕后，集装箱装箱现场检查员应当签署装箱证明书。

**3. 道路运输途中的安全管理**

依据《危险化学品安全管理条例》的规定，危险化学品运输途中应当遵守下列规定：

（1）运输危险化学品，应当根据危险化学品的危险特性采取相应的安全防护措施，并配备必要的防护用品和应急救援器材。

（2）用于运输危险化学品的槽罐以及其他容器应当封口严密，能够防止危险化学品在运输过程中因温度、湿度或者压力的变化发生渗漏、洒漏；槽罐以及其他容器的溢流和泄压装置应当设置准确、起闭灵活。

（3）危险化学品运输车辆应当悬挂或者喷涂符合国家标准要求的警示标志。

（4）通过道路运输危险化学品的，应当配备押运人员，并保证所运输的危险化学品处于押运人员的监控之下。

（5）运输危险化学品途中因住宿或者发生影响正常运输的情况，需要较长时间停车的，驾驶人员、押运人员应当采取相应的安全防范措施；运输剧毒化学品或者易制爆危险化学品的，还应当向当地公安机关报告。

（6）未经公安机关批准，运输危险化学品的车辆不得进入危险化学品运输车辆限制通行的区域。危险化学品运输车辆限制通行的区域由县级人民政府公安机关划定，并设置明显的标志。

**4. 剧毒化学品道路运输通行证**

通过道路运输剧毒化学品的，托运人应当向运输始发地或者目的地县级人民政府公安机关申请剧毒化学品道路运输通行证。

（1）申办条件。申请剧毒化学品道路运输通行证，托运人应当向县级人民政府公安机关提交相关材料。

（2）申办程序。县级人民政府公安机关应当自收到前款规定的材料之日起 7 日内，作出批准或者不予批准的决定。予以批准的，颁发剧毒化学品道路运输通行证；不予批准的，书面通知申请人并说明理由。

**5. 剧毒化学品、易制爆危险化学品丢失、被盗、被抢的安全管理**

依据《危险化学品安全管理条例》的规定，剧毒化学品、易制爆危险化学品在道路运输途中丢失、被盗、被抢或者出现流散、泄漏等情况的，驾驶人员、押运人员应当立即采取相应的警示措施和安全措施，并向当地公安机关报告。公安机关接到报告后，应当根据实际情况立即向安全生产监督管理部门、环境保护主管部门、卫生主管部门通报。

**6. 内河运输剧毒化学品和其他危险化学品的禁止规定**

依据《危险化学品安全管理条例》的规定，禁止通过内河封闭水域运输剧毒化学品以及国家规定禁止通过内河运输的其他危险化学品。内河封闭水域以外的内河水域，禁止运输国家规定禁止通过内河运输的剧毒化学品以及其他危险化学品。

禁止通过内河运输的剧毒化学品以及其他危险化学品的范围，由国务院交通运输主管部门会同国务院环境保护主管部门、工业和信息化主管部门、安全生产监督管理部门，根据危险化学品的危险特性、危险化学品对人体和水环境的危害程度以及消除危害后果的难易程度等因素规定并公布。

**7. 水路运输的安全管理**

依据《危险化学品安全管理条例》的规定，水路运输危险化学品应当遵守下列规定：

（1）海事管理机构应当根据危险化学品的种类和危险特性，确定船舶运输危险化学品的相关安全运输条件。拟交付船舶运输的化学品的相关安全运输条件不明确的，应当经国家海事管理机构认定的机构进行评估，明确相关安全运输条件并经海事管理机构确认后，方可交付船舶运输。

（2）通过内河运输危险化学品，应当由依法取得危险货物水路运输许可的水路运输企业承运，其他单位和个人不得承运。托运人应当委托依法取得危险货物水路运输许可的水路运输企业承运，不得委托其他单位和个人承运。

（3）通过内河运输危险化学品的船舶，其所有人或者经营人应当取得船舶污染损害责任保险证书或者财务担保证明。船舶污染损害责任保险证书或者财务担保证明的副本应当随船携带。

（4）用于危险化学品运输作业的内河码头、泊位，经交通运输主管部门按照国家有关规定验收合格后方可投入使用。

（5）船舶载运危险化学品进出内河港口，应当将危险化学品的名称、危险特性、包装以及进出港时间等事项，事先报告海事管理机构。海事管理机构接到报告后，应当在国务院交通运输主管部门规定的时间内作出是否同意的决定，通知报告人，同时通报港口行政管理部门。定船舶、定航线、定货种的船舶可以定期报告。

（6）在内河港口内进行危险化学品的装卸、过驳作业，应当将危险货物的名称、特性、包装和作业的时间、地点等事项报告港口行政管理部门。港口行政管理部门接到报告后，应当在国务院交通运输主管部门规定的时间内作出是否同意的决定，通知报告人，同时通报海事管理机构。

（7）载运危险化学品的船舶在内河航行，通过过船建筑物的，应当提前向交通运输主管部门申报，并接受交通运输主管部门的管理。

（8）载运危险化学品的船舶在内河航行、装卸或者停泊，应当悬挂专用的警示标志，按照规定显示专用信号。

（9）载运危险化学品的船舶在内河航行，按照国务院交通运输主管部门的规定需要引航的，应当申请引航。

## 六、危险化学品登记与事故应急救援

### 1. 危险化学品登记管理

依据《危险化学品安全管理条例》的规定，危险化学品生产企业、进口企业，应当向国务院安全生产监督管理部门负责危险化学品登记的机构办理危险化学品登记。对同一企业生产、进口的同一品种的危险化学品，不进行重复登记。

### 2. 危险化学品事故应急预案

依据《危险化学品安全管理条例》的规定，县级以上地方人民政府安全生产监督管理部门应当会同工业和信息化、环境保护、公安、卫生、交通、铁路、质检等部门，根据本地区实际情况，制定危险化学品事故应急预案，报本级人民政府批准。危险化学品单位应当制定本单位危险化学品事故应急预案，配备应急救援人员和必要的应急救援器材、设备，并定期组织应急救援演练。危险化学品单位应当将其危险化学品事故应急预案报所在地设区的市级人民政府安全生产监督管理部门备案。

### 3. 危险化学品事故应急救援

依据《危险化学品安全管理条例》的规定，发生危险化学品事故，事故单位主要负责人应当立即按照本单位危险化学品应急预案组织救援，并向当地安全生产监督管理部门和环境保护、公安、卫生主管部门报告；道路运输、水路运输过程中发生危险化学品事故的，驾驶人员、船员或者押运人员还应当向事故发生地交通运输主管部门报告。

## 【练习提高】

### 一、单项选择题（每题1分，每题的备选项中，只有1个最符合题意）

1. 根据《危险化学品安全管理条例》，生产、储存危险化学品的企业，应当委托具备国家规定资质条件的机构，对本企业安全生产条件每（　　）进行一次安全评价。

A. 3年　　B. 6个月　　C. 1年　　D. 2年

2. 依据《危险化学品安全管理条例》的规定，剧毒化学品、易制爆危险化学品的销售企业、购买单位，应当在销售、购买后（　　）日内，将其销售、购买的剧毒化学品、易制爆危险化学品的品种、数量以及流向信息报所在地县级人民政府公安机关备案。

A. 3　　B. 5　　C. 7　　D. 15

3. 依据《危险化学品安全管理条例》的规定，下列关于安全监管部门执法人员进行危险化学品监督检查的说法，正确的是（　　）。

A. 经所在地人民政府批准，查封违法生产、储存、使用、经营危险化学品的场所，扣押违法生产、储存、使用、经营、运输的危险化学品

B. 开展现场危险化学品监督检查工作，监督检查人员不得少于3人，并应当出示执法证件

C. 监督检查人员发现影响危险化学品安全的违法行为，当场予以纠正或者责令限期改正

D. 对不符合法律、行政法规、规章规定或者国家标准、行业标准要求的设施、设备、装置、器材、运输工具，监督检查人员立即扣押或查封

4. 根据《危险化学品安全管理条例》，关于危险化学品安全使用许可证管理的说法，正确的是（　　）。

A. 使用危险化学品从事生产的所有化工企业，必须取得安全使用许可证

B. 申请单位应当向所在地县级安全监管部门提出申请

C. 申请单位应当有符合规定的事故应急预案和必要的应急救援器材、设备

D. 危险化学品生产企业使用危险化学品需要取得安全使用许可证

5. 依据《危险化学品安全管理条例》的规定，下列关于负有安全监管职责的部门进行监督检查的做法，正确的是（　　）。

A. 发现危险化学品事故隐患，责令立即停产整顿

B. 发现器材不符合规定要求，责令立即停止使用

C. 发现违法运输危险化学品的运输工具，立即予以没收

D. 发现影响危险化学品安全的违法行为，当场予以处罚

6. 根据《危险化学品安全管理条例》，关于危险化学品生产、储存安全管理的说法，正确的是（　　）。

A. 生产、储存危险化学品的企业，应当每 5 年进行一次安全评价

B. 进行可能危及危险化学品管道安全的施工作业，施工单位应当在开工的 15 日前书面通知管道所属单位

C. 剧毒化学品应当在专用仓库内单独存放，并实行双人收发、双人保管制度

D. 剧毒化学品储存单位应当将储存数量、储存地点以及管理人员的情况，报所在地设区的市级安全监管部门和公安机关备案

7. 依据《危险化学品安全管理条例》的规定，下列关于化工企业申请危险化学品安全使用许可证的说法，正确的是（　　）。

A. 审查部门应当是所在地市级人民政府安全监管部门

B. 审查部门应当自收到证明材料之日起 30 日内作出批准或不予批准的决定

C. 审查部门不予批准的，可以口头或书面通知申请人，并说明理由

D. 审查部门应当将颁发危险化学品安全使用许可证的情况向工商管理部门通报

8. 依据《危险化学品安全管理条例》的规定，下列关于危险化学品使用安全管理的说法，正确的是（　　）。

A. 使用危险化学品从事生产的化工企业，均需取得危险化学品安全使用许可证

B. 申请危险化学品安全使用许可证的化工企业，应当向所在地县级人民政府安全监管部门提出申请

C. 申请危险化学品安全使用许可证的化工企业，应当有安全管理机构或专职安全管理人员

D. 安全监管部门应当将其颁发危险化学品安全使用许可证的情况，及时向同级环保部门和公安机关通报

9. 负有危险化学品安全监管职责的部门，在监督检查某化工公司时，发现该化工公司未按规定在作业场所设置通信、报警装置。根据《危险化学品安全管理条例》，关于负有安全监管职责的部门采取的执法措施，正确的是（　　）。

A. 责令改正，处 3 万元的罚款　　B. 查封生产危险化学品的场所

C. 暂扣安全生产许可证　　D. 提请政府予以关闭

**二、多项选择题（每题 2 分，每题的备选项中，有 2 个或 2 个以上符合题意，至少有 1 个错项。错选，本题不得分；少选，所选的每个选项得 0.5 分）**

1. 根据《危险化学品安全管理条例》，危险化学品道路运输企业、水路运输企业中的（　　）应当经交通运输部门考核合格，取得从业资格。

A. 驾驶人员、船员　　B. 运输车辆、船舶维修人员

C. 装卸人员　　D. 押运人员

E. 申报人员

2. 依据《危险化学品安全管理条例》的规定，下列关于危险化学品运输安全管理的说法，正确的有（　　）。

A. 通过道路运输剧毒化学品的，承运人应当向运输始发地或者目的地县级人民政府公安机关申请剧毒化学品道路运输通行证

B. 通过道路运输危险化学品的，应当配备装卸人员并保证所运输的危险化学品处于装卸人员的监控之下

C. 危险化学品运输车辆限制通行的区域由县级人民政府公安机关划定，并设置明显的标志

D. 剧毒化学品在道路运输途中发现被盗或者丢失情况的，驾驶人员、押运人员应当立即采取相应的警示措施和安全措施，并向当地公安机关报告

E. 在内河港口内进行危险化学品装卸、过驳作业，应当将危险货物的名称、特性、包装和作业的时间、地点等事项报告海事管理机构

3. 依据《危险化学品安全管理条例》的规定，申请危险化学品安全使用许可证的化工企业，应当具备的条件有（　　）。

A. 主要负责人经安全监管部门培训考核合格取得安全使用资格证书

B. 有与所用的危险化学品相适应的专业技术人员

C. 有安全管理机构或专职安全管理人员

D. 有符合国家规定的危险化学品事故应急预案和必要的应急救援器材、设备

E. 依法进行了安全评价

4. 依据《危险化学品安全管理条例》的规定，下列单位中，应当设置治安保卫机构、配备专职治安保卫人员的是（　　）。

A. 危险化学品生产单位　　B. 危险化学品储存单位

C. 剧毒化学品生产单位　　D. 剧毒化学品储存单位

E. 易制爆化学品储存单位

# 第六节　烟花爆竹安全管理条例

【本节重点】

掌握烟花爆竹安全生产的规定，熟悉烟花爆竹经营、运输、燃放安全的规定。

## 一、烟花爆竹安全管理的基本规定

### 1. 烟花爆竹的范围

《烟花爆竹安全管理条例》第二条规定："本条例所称烟花爆竹，是指烟花爆竹制品和用于生产烟花爆竹的民用黑火药、烟火药、引火线等物品。"烟花爆竹的生产、经营、运输和燃放，适用本条例。

### 2. 资质许可

《烟花爆竹安全管理条例》第三条规定："国家对烟花爆竹的生产、经营、运输和举办焰火晚会以及其他大型焰火燃放活动，实行许可证制度。未经许可，任何单位或者个人不得生产、经营、运输烟花爆竹，不得举办焰火晚会以及其他大型焰火燃放活动。"

### 3. 烟花爆竹安全管理的政府部门及职责

依据《烟花爆竹安全管理条例》的规定，安全生产监督管理部门负责烟花爆竹的安全生产监督管理；公安部门负责烟花爆竹的公共安全管理；质量监督检验部门负责烟花爆竹的质量监督和进出口检验。

## 二、烟花爆竹生产安全的规定

### 1. 烟花爆竹安全生产许可证

依据《烟花爆竹安全管理条例》的规定，生产烟花爆竹的企业，应当在投入生产前向所在地设区的市人民政府安全生产监督管理部门提出安全审查申请，并提交能够证明符合规定条件的有关材料。设区的市人民政府安全生产监督管理部门应当自收到材料之日起 20 日内提出安全审查初步意见，报省、自治区、直辖市人民政府安全生产监督管理部门审查。省、自治区、直辖市人民政府安全生产监督管理部门应当自受理申请之日起 45 日内进行安全审查，对符合条件的，核发《烟花爆竹安全生产许可证》。生产烟花爆竹的企业，持《烟花爆竹安全生产许可证》到工商行政管理部门办理登记手续后，方可从事烟花爆竹生产活动。

生产烟花爆竹的企业为扩大生产能力进行基本建设或者技术改造的，应当依照本条例的规定申请办理安全生产许可证。

### 2. 从业人员的安全资格

依据《烟花爆竹安全管理条例》的要求，生产烟花爆竹的企业，应当对生产作业人员进行安全生产知识教育，对从事药物混合、造粒、筛选、装药、筑药、压药、切引、搬运等危险工序的作业人员进行专业技术培训。从事危险工序的作业人员经设区的市人民政府安全生产监督管理部门考核合格，方可上岗作业。

3. 安全管理

（1）生产烟花爆竹使用的原料，应当符合国家标准的规定。生产烟花爆竹使用的原料，国家标准有用量限制的，不得超过规定的用量。不得使用国家标准规定禁止使用或者禁忌配伍的物质生产烟花爆竹。

（2）生产烟花爆竹的企业，应当按照国家标准的规定，在烟花爆竹产品上标注燃放说明，并在烟花爆竹包装物上印制易燃易爆危险物品警示标志。

（3）生产烟花爆竹的企业，应当对黑火药、烟火药、引火线的保管采取必要的安全技术措施，建立购买、领用、销售登记制度，防止黑火药、烟火药、引火线丢失。黑火药、烟火药、引火线丢失的，企业应当立即向当地安全生产监督管理部门和公安部门报告。

## 三、烟花爆竹经营安全的规定

### 1. 烟花爆竹的批发和零售

《烟花爆竹安全管理条例》规定，从事烟花爆竹批发的企业和零售经营者的经营布点，应当经安全生产监督管理部门审批。在城市市区，禁止布设烟花爆竹批发场所；烟花爆竹零售网点，应当按照严格控制的原则合理布设。

烟花爆竹批发企业应当向生产烟花爆竹的企业采购烟花爆竹，向烟花爆竹零售经营者供应烟花爆竹，但不得向从事烟花爆竹零售的经营者供应按照国家标准规定应由专业燃放人员燃放的烟花爆竹。

### 2. 烟花爆竹经营许可证

依据《烟花爆竹安全管理条例》的规定，申请从事烟花爆竹批发的企业，应当向所在地设区的市人民政府安全生产监督管理部门提出申请，并提供能够证明符合规定条件的有关材料。受理申请的安全生产监督管理部门应当自受理申请之日起 30 日内对提交的有关材料和经营场所进行审查，对符合条件的，核发《烟花爆竹经营（批发）许可证》；对不符合条件的，应当说明理由。

申请从事烟花爆竹零售的经营者，应当向所在地县级人民政府安全生产监督管理部门提出申请，并提供能够证明符合本条例第十八条规定条件的有关材料。受理申请的安全生产监督管理部门应当自受理申请之日起 20 日内对提交的有关材料和经营场所进行审查，对符合条件的，核发《烟花爆竹经营（零售）许可证》；对不符合条件的，应当说明理由。

## 四、烟花爆竹运输安全的规定

### 1. 烟花爆竹道路运输许可证

依据《烟花爆竹安全管理条例》的规定，经由道路运输烟花爆竹的，托运人应当向运达地县级人民政府公安部门提出申请，并提交七方面的证明材料，包括：承运人从事危险货物运输的资质证明；驾驶员、押运员从事危险货物运输的资格证明；危险货物运输车辆的道路运输证明；托运人从事烟花爆竹生产、经营的资质证明；烟花爆竹的购销合同及运输烟花爆竹的种类、规格、数量；烟花爆竹的产品质量和包装合格证明；运输车辆牌号、运输时间、起始地点、行驶路线、经停地点等。

受理道路运输烟花爆竹申请的公安部门应当自受理申请之日起3日内对托运人提交的有关材料进行审查，对符合条件的，核发《烟花爆竹道路运输许可证》；对不符合条件的，应当说明理由。《烟花爆竹道路运输许可证》应当载明托运人、承运人、一次性运输有效期限、起始地点、行驶路线、经停地点、烟花爆竹的种类、规格和数量。

**2. 道路运输烟花爆竹的要求**

依据《烟花爆竹安全管理条例》的规定，从事道路运输烟花爆竹的，除应当遵守《道路交通安全法》外，还应当遵守以下规定：随车携带《烟花爆竹道路运输许可证》；不得违反运输许可事项；运输车辆悬挂或者安装符合国家标准的易燃易爆危险物品警示标志；烟花爆竹的装载符合国家有关标准和规范；装载烟花爆竹的车厢不得载人；运输车辆限速行驶，途中经停必须有专人看守；出现危险情况立即采取必要的措施，并报告当地公安部门。

托运人将烟花爆竹运达目的地后，收货人应当在3日内将《烟花爆竹道路运输许可证》交回发证机关核销。禁止邮寄烟花爆竹，禁止在托运的行李、包裹、邮件中夹带烟花爆竹。

## 五、烟花爆竹燃放安全的规定

**1. 一般要求**

禁止在法律法规明确规定禁燃的地点燃放烟花爆竹，这些地点包括：文物保护单位；车站、码头、飞机场等交通枢纽以及铁路线路安全保护区内；易燃易爆物品生产、储存单位；输变电设施安全保护区内；医疗机构、幼儿园、中小学校、敬老院；山林、草原等重点防火区；县级以上地方人民政府规定的禁止燃放烟花爆竹的其他地点。除上述地点外，县级以上地方人民政府可以根据本行政区域的实际情况，确定限制或者禁止燃放烟花爆竹的时间、地点和种类。

**2. 焰火晚会等大型焰火燃放活动的许可**

依据《烟花爆竹安全管理条例》的规定，举办焰火晚会以及其他大型焰火燃放活动，应当按照举办的时间、地点、环境、活动性质、规模以及燃放烟花爆竹的种类、规格和数量，确定危险等级，实行分级管理。

申请举办焰火晚会以及其他大型焰火燃放活动，主办单位应当按照分级管理的规定，向公安部门提出申请，并提交以下有关材料：举办焰火晚会以及其他大型焰火燃放活动的时间、地点、环境、活动性质、规模；燃放烟花爆竹的种类、规格、数量；燃放作业方案；燃放作业单位、作业人员符合行业标准规定条件的证明等。受理申请的公安部门应当自受理申请之日起20日内对提交的有关材料进行审查，对符合条件的，核发《焰火燃放许可证》；对不符合条件的，应当说明理由。

### 【练习提高】

**一、单项选择题（每题1分，每题的备选项中，只有1个最符合题意）**

1. 依据《烟花爆竹安全管理条例》的规定，下列关于烟花爆竹生产企业安全管理的说法，正确的是（　　）。

A. 企业应当配备专职或兼职安全生产管理人员

B. 企业从事搬运工序作业的人员应进行专业培训并经企业考核合格，方可上岗作业

C. 企业生产烟花爆竹所使用的引火线丢失，应当立即向当地安全监管部门和公安部门报告

D. 企业办理《烟花爆竹安全生产许可证》，应当经所在地县级安全监管部门审查，所在地设区的市级安全监管部门核发

2. 某公司是一家生产烟花爆竹的企业。根据《烟化爆竹安全管理条例》，下列该公司安全生产的做法中，正确的是（　　）。

A. 已配备兼职安全生产管理人员，故不再配备专职安全生产管理人员

B. 向县级安全监管部门申请核发《烟花爆竹安全生产许可证》

C. 从事装药工序作业的人员，经公司自行考核后上岗作业

D. 企业为扩大生产能力进行基本建设，应当申请办理安全生产许可证

3. 依据《烟花爆竹安全管理条例》的规定，下列关于烟花爆竹安全生产的说法，正确的是（　　）。

A. 生产烟花爆竹的企业应当到公安机关办理登记手续，方可从事生产

B. 生产烟花爆竹的企业进行技术改造，不需再办理安全生产许可证

C. 生产烟花爆竹使用的原料超过规定的用量，必须报有关部门批准

D. 生产烟花爆竹的企业应当在烟花爆竹上标注燃放说明书

4. 王某是甲市乙县的烟花爆竹零售经营者，需要办理《烟花爆竹经营（零售）许可证》。依据《烟花爆竹安全管理条例》的规定，下列关于王某申请经营许可证的说法，正确的是（　　）。

A. 应向甲市安全监管部门提出申请

B. 应向甲市公安机关提出申请

C. 应向乙县安全监管部门提出申请

D. 应向乙县公安机关提出申请

5. 甲县某烟花爆竹批发企业委托乙县一家具有资质的汽车运输公司，前往丙县某烟花爆竹生产企业运回一批烟花爆竹，途经丁县。依据《烟花爆竹安全管理条例》，这次运输应当向（　　）公安局申请办理烟花爆竹道路运输许可证。

A. 甲县　　B. 乙县　　C. 丙县　　D. 丁县

6. 甲是 A 市 B 县的烟花爆竹零售经营商，经由 C 市 D 县运输烟花爆竹，根据《烟花爆竹安全管理条例》，甲需要向（　　）公安交通运输部门申请。

A. A 市　　B. B 县　　C. D 县　　D. C 市

**二、多项选择题（每题 2 分，每题的备选项中，有 2 个或 2 个以上符合题意，至少有 1 个错项。错选，本题不得分；少选，所选的每个选项得 0.5 分）**

1. 依据《烟花爆竹安全管理条例》的规定，下列禁止燃放烟花爆竹的场所有（　　）。

A. 文物保护单位　　B. 医疗机构

C. 中小学校　　　　　　D. 公园

E. 飞机场

2. 根据《烟花爆竹安全管理条例》，烟花爆竹生产企业内从事危险工序的作业人员应经过专门技术培训，并经设区的市人民政府安全监管部门考核合格方可上岗作业，这些危险工序包括（　　）。

A. 药物混合　　B. 造粒　　C. 装药　　D. 卷筒

E. 搬运

## 第七节　民用爆炸物品安全管理条例

**【本节重点】**

掌握民用爆炸物品生产、销售、购买的安全管理规定，熟悉民用爆炸物品运输、爆破作业的安全管理规定。

### 一、民用爆炸物品安全管理的基本规定

**1.《民用爆炸物品安全管理条例》的适用范围**

依据《民用爆炸物品安全管理条例》第二条的规定，所谓民用爆炸物品，是指用于非军事目的、列入民用爆炸物品品名表的各类火药、炸药及其制品和雷管、导火索等点火、起爆器材。民用爆炸物品的生产、销售、购买、进出口、运输、爆破作业和储存以及硝酸铵的销售、购买，适用本条例。

**2. 民用爆炸物品负责安全监管的政府部门及职责**

（1）民用爆炸物品行业主管部门负责民用爆炸物品生产、销售的安全监督管理。

（2）公安机关负责民用爆炸物品公共安全管理和民用爆炸物品购买、运输、爆破作业的安全监督管理，监控民用爆炸物品流向。

（3）安全生产监督、铁路、交通、民用航空主管部门依照法律、行政法规的规定，负责做好民用爆炸物品的有关安全监督管理工作。

**3. 从业人员的资格**

依据《民用爆炸物品安全管理条例》的规定，无民事行为能力人、限制民事行为能力人或者曾因犯罪受过刑事处罚的人，不得从事民用爆炸物品的生产、销售、购买、运输和爆破作业。

### 二、民用爆炸物品生产的安全管理规定

申请从事民用爆炸物品生产的企业，应当向国务院民用爆炸物品行业主管部门提交申请书、可行性研究报告以及能够证明其符合规定条件的有关材料。国务院民用爆炸物品行业主管部门应当自受理申请之日起 45 日内进行审查，对符合条件的，核发《民用爆炸物品生产许可证》。民用爆炸物品生产企业为调整生产能力及品种进行改建、

扩建的，应当申请办理《民用爆炸物品生产许可证》。民用爆炸物品生产企业持《民用爆炸物品生产许可证》到工商行政管理部门办理工商登记，并在办理工商登记后 3 日内，向所在地县级人民政府公安机关备案。

取得《民用爆炸物品生产许可证》的企业应当在基本建设完成后，向省、自治区、直辖市人民政府民用爆炸物品行业主管部门申请安全生产许可。省、自治区、直辖市人民政府民用爆炸物品行业主管部门应当依照《安全生产许可证条例》的规定对其进行查验，对符合条件的，核发《民用爆炸物品安全生产许可证》。民用爆炸物品生产企业取得《民用爆炸物品安全生产许可证》后，方可生产民用爆炸物品。

## 三、民用爆炸物品销售、购买的安全管理规定

### 1. 民用爆炸物品的销售许可

申请从事民用爆炸物品销售的企业，应当向所在地省、自治区、直辖市人民政府民用爆炸物品行业主管部门提交申请书、可行性研究报告以及能够证明其符合规定条件的有关材料。省、自治区、直辖市人民政府民用爆炸物品行业主管部门对申请单位的销售场所和专用仓库等经营设施进行查验，对符合条件的，核发《民用爆炸物品销售许可证》；对不符合条件的，不予核发《民用爆炸物品销售许可证》，书面向申请人说明理由。

民用爆炸物品销售企业持《民用爆炸物品销售许可证》到工商行政管理部门办理工商登记后，方可销售民用爆炸物品。民用爆炸物品销售企业应当在办理工商登记后 3 日内，向所在地县级人民政府公安机关备案。

### 2. 民用爆炸物品的购买许可

民用爆炸物品使用单位购买民用爆炸物品的，应当向所在地县级人民政府公安机关提出购买申请，并提交下列有关材料：

（1）工商营业执照或者事业单位法人证书。

（2）《爆破作业单位许可证》或者其他合法使用的证明。

（3）购买单位的名称、地址、银行账户。

（4）购买的品种、数量和用途说明。

受理申请的公安机关应当自受理之日起 5 日内对提交的有关材料进行审查，对符合条件的，核发《民用爆炸物品购买许可证》；对不符合条件的，不予核发《民用爆炸物品购买许可证》，书面向申请人说明理由。《民用爆炸物品购买许可证》应当载明许可购买的品种、数量、购买单位以及许可的有效期限。

### 3. 民用爆炸物品销售、购买的特别规定

（1）依据《民用爆炸物品安全管理条例》的规定，民用爆炸物品生产企业凭《民用爆炸物品生产许可证》，可以销售本企业生产的民用爆炸物品。

（2）民用爆炸物品生产企业凭《民用爆炸物品生产许可证》购买属于民用爆炸物品的原料，民用爆炸物品销售单位凭《民用爆炸物品销售许可证》购买民用爆炸物品，民用爆炸物品使用单位凭《民用爆炸物品购买许可证》购买民用爆炸物品，还应当提供经办人的身份证明。销售民用爆炸物品的企业，应当查验有关许可证和经办人的身份证明；对持《民用爆炸物品购买许可证》购买的，应当按照许可的品种、数量销售。

（3）销售、购买民用爆炸物品，应当通过银行账户进行交易，不得使用现金或者实物进行交易。销售民用爆炸物品的企业，应当将购买单位的许可证、银行账户转账凭证、经办人的身份证明复印件保存 2 年备查。

（4）销售民用爆炸物品的企业，应当自民用爆炸物品买卖成交之日起 3 日内，将销售的品种、数量和购买单位向所在地省、自治区、直辖市人民政府民用爆炸物品行业主管部门和所在地县级人民政府公安机关备案。购买民用爆炸物品的单位，应当自民用爆炸物品买卖成交之日起 3 日内，将购买的品种、数量向所在地县级人民政府公安机关备案。

（5）进出口民用爆炸物品，应当经国务院民用爆炸物品行业主管部门审批。进出口单位应当将进出口的民用爆炸物品的品种、数量向收货地或者出境口岸所在地县级人民政府公安机关备案。

## 四、民用爆炸物品运输的安全管理规定

运输民用爆炸物品，收货单位应向运达地县级人民政府公安机关提出申请，受理申请的公安机关应当自受理申请之日起 3 日内对提交的有关材料进行审查，对符合条件的，核发《民用爆炸物品运输许可证》；对不符合条件的，不予核发《民用爆炸物品运输许可证》，书面向申请人说明理由。

《民用爆炸物品运输许可证》应当载明收货单位、销售企业、承运人、一次性运输有效期限、起始地点、运输路线、经停地点，民用爆炸物品的品种、数量。

## 五、爆破作业的安全管理规定

### 1. 爆破作业的安全许可

申请从事爆破作业的单位，应当按国务院公安部门的规定，向有关人民政府公安机关提出申请，并提供能够证明其符合规定的有关材料。受理申请的公安机关对符合条件的，核发《爆破作业单位许可证》。营业性爆破作业单位持《爆破作业单位许可证》到工商行政管理部门办理工商登记后，方可从事营业性爆破作业活动。爆破作业单位应当在办理工商登记后 3 日内，向所在地县级人民政府公安机关备案。

### 2. 爆破作业的安全管理

（1）爆破作业单位应当对本单位爆破作业人员、安全管理人员、仓库管理人员进行专业技术培训。爆破作业人员应当经设区的市级人民政府公安机关考核合格，取得《爆破作业人员许可证》后，方可从事爆破作业。

（2）爆破作业单位应当按照其资质等级承接爆破作业项目，爆破作业人员应当按照其资格等级从事爆破作业。

（3）在城市、风景名胜区和重要工程设施附近实施爆破作业的，应当向爆破作业所在地设区的市级人民政府公安机关提出申请，提交《爆破作业单位许可证》和具有相应资质的安全评估企业出具的爆破设计、施工方案评估报告。实施上述爆破作业，应当由具有资质的安全监理企业进行监理，由爆破所在地县级人民政府公安机关负责组织实施安全警戒。

（4）爆破作业单位跨省、自治区、直辖市行政区域从事爆破作业的，应当事先将

爆破作业项目的有关情况向爆破作业所在地县级人民政府公安机关报告。

（5）爆破作业单位应当如实记载领取、发放民用爆炸物品的品种、数量、编号以及领取、发放人员姓名。领取民用爆炸物品的数量不得超过当班用量，作业后剩余的民用爆炸物品必须当班清退回库。爆破作业单位应当将领取、发放民用爆炸物品的原始记录保存 2 年备查。

（6）爆破作业单位不再使用民用爆炸物品时，应当将剩余的民用爆炸物品登记造册，报所在地县级人民政府公安机关监督销毁。发现、拣拾无主民用爆炸物品的，应当立即报告当地公安机关。

## 六、民用爆炸物品储存的安全管理规定

### 1. 储存民用爆炸物品的规定

依据《民用爆炸物品安全管理条例》的规定，民用爆炸物品应当储存在专用仓库内，专用仓库应当指定专人管理、看护。民用爆炸物品丢失、被盗、被抢，应当立即报告当地公安机关。

### 2. 现场临时存放民用爆炸物品的规定

依据《民用爆炸物品安全管理条例》的规定，在爆破作业现场临时存放民用爆炸物品的，应当具备临时存放民用爆炸物品的条件，并设专人管理、看护。民用爆炸物品变质和过期失效的，应当及时清理出库，并予以销毁。销毁前应当登记造册，提出销毁方案，报省、自治区、直辖市人民政府民用爆炸物品行业主管部门、所在地县级人民政府公安机关组织监督销毁。

## 【练习提高】

### 一、单项选择题（每题 1 分，每题的备选项中，只有 1 个最符合题意）

1. 依据《民用爆炸物品安全管理条例》的规定，下列关于民用爆炸物品的销售和购买的说法，正确的是（　　）。

A. 民用爆炸物品生产企业销售自己生产的民用爆炸物品，应取得《民用爆炸物品销售许可证》

B. 销售民用爆炸物品的企业应自买卖成交 3 日内，将销售品种、数量和购买单位向省级民用爆炸物品行业主管部门和所在地县级公安机关备案

C. 购买民用爆炸物品的单位应自买卖成交 3 日内，将购买品种、数量向省级民用爆炸物品行业主管部门备案

D. 可以通过银行转账或者现金交易方式购买或销售民用爆炸物品

2. 根据《民用爆炸物品安全管理条例》，关于民用爆炸物品销售和购买的安全管理的说法，正确的是（　　）。

A. 县级人民政府民用爆炸物品行业主管部门对申请单位的销售场所和专用仓库等经营设施进行查验，对符合条件的，核发《民用爆炸物品销售许可证》

B. 民用爆炸物品使用单位申请购买民用爆炸物品的，应当向所在地设区的市级人民政府公安机关提出申请核发《民用爆炸物品购买许可证》

C. 销售、购买民用爆炸物品，应当通过银行账户进行交易，不得使用现金或者实物进行交易

D. 销售民用爆炸物品的企业应当将购买单位的许可证、经办人的身份证明复印件保存 1 年备查

3. 根据《民用爆炸物品安全管理条例》，关于销售和购买民用爆炸物品的说法，正确的是（　　）。

A. 购买民用爆炸物品使用现金或者实物进行交易的，应当经所在地县级人民政府公安机关批准

B. 民用爆炸物品销售企业取得《民用爆炸物品销售许可证》，即可销售民用爆炸物品

C. 购买民用爆炸物品的单位应当自买卖成交之日起 5 日内，向所在地县级人民政府公安机关备案

D. 民用爆炸物品生产企业凭《民用爆炸物品生产许可证》，可以销售本企业生产的民用爆炸物品

4. 甲公司是一家生产炸药的中型企业，依法取得了《民用爆炸物品生产许可证》。乙公司是一家商贸公司，依法取得了《民用爆炸物品销售许可证》。依据《民用爆炸物品安全管理条例》的规定，下列关于甲、乙公司生产经营活动的说法，正确的是（　　）。

A. 甲公司必须取得《民用爆炸物品销售许可证》后方可出售本单位生产的乳化震源药柱

B. 乙公司向甲公司购买炸药，应当通过银行账户交易，不得使用现金或者实物进行交易

C. 甲公司见到乙公司提供的《民用爆炸物品销售许可证》5 日后，方可进行交易

D. 乙公司销售民用爆炸物品后 3 天内，要将销售的品种、数量和购买单位向所在地设区的市人民政府公安机关备案

**二、多项选择题（每题 2 分，每题的备选项中，有 2 个或 2 个以上符合题意，至少有 1 个错项。错选，本题不得分；少选，所选的每个选项得 0.5 分）**

1. 某厂是一家民用爆炸物品生产企业。依据《民用爆炸物品安全管理条例》的规定，下列关于该厂民用爆炸物品销售和购买的说法，正确的是（　　）。

A. 该厂申请办理《民用爆炸物品销售许可证》，销售本厂生产的炸药

B. 该厂在销售炸药成交之日起 3 日内，将相关信息向所在地省级人民政府民用爆炸物品主管部门和县级公安机关备案

C. 该厂在销售炸药成交之日起 5 日内，将相关信息向所在地县级公安机关备案

D. 该厂应将购买炸药单位的许可证、银行账户、转账凭证、经办人身份证明复印件保存 1 年备查

E. 该厂计划出口炸药产品，经国务院民用爆炸物品主管部门审批后实施

2. 民用爆炸物品使用单位购买民用爆炸物品的，应当向所在地县级人民政府公安机关提出购买申请，提交的材料有（　　）。

A. 工商营业执照或者事业单位法人证书
B. 爆破作业人员许可证
C. 购买单位的名称、规模
D. 购买的品种、数量和用途说明
E. 购买单位的银行账户

3. 根据《民用爆炸物品安全管理条例》，进行民用爆炸物品的生产，需满足的条件有（　　）。

A. 取得民用爆炸物品生产许可证
B. 取得民用爆炸物品安全生产许可证
C. 向安全生产监督管理部门申请
D. 到工商部门登记
E. 向所在地县级人民政府公安机关备案

## 第八节　特种设备安全监察条例

**【本节重点】**

熟悉特种设备概念，掌握特种设备生产、使用的安全规定，了解特种设备检验检测的规定。

### 一、特种设备安全监察的基本规定

**1. 特种设备的概念**

特种设备是指涉及生命安全、危险性较大的锅炉、压力容器（含气瓶）、压力管道、电梯、起重机械、客运索道、大型游乐设施和场（厂）内专用机动车辆，且包括其所用的材料、附属的安全附件、安全保护装置和与安全保护装置相关的设施。

**2. 《特种设备安全监察条例》的适用范围**

《特种设备安全监察条例》第三条第一款规定："特种设备的生产（含设计、制造、安装、改造、维修，下同）、使用、检验检测及其监督检查，应当遵守本条例，但本条例另有规定的除外。"

**3. 排除适用的规定**

《特种设备安全监察条例》第三条第二款规定："军事装备、核设施、航空航天器、铁路机车、海上设施和船舶以及矿山井下使用的特种设备、民用机场专用设备的安全监察不适用本条例。"第三条第三款规定："房屋建筑工地和市政工程工地用起重机械、场（厂）内专用机动车辆的安装、使用的监督管理，由建设行政主管部门依照有关法律、法规的规定执行。"

**4. 特种设备安全监察部门**

《特种设备安全监察条例》第四条规定，国务院特种设备安全监督管理部门负责全国特种设备的安全监察工作，县以上地方负责特种设备安全监督管理的部门对本行政区域内特种设备实施安全监察（以下统称特种设备安全监督管理部门）。

## 二、特种设备生产的安全规定

**1. 设计文件鉴定**

依据《特种设备安全监察条例》的规定，锅炉、压力容器中的气瓶（简称气瓶）、氧舱和客运索道、大型游乐设施以及高耗能特种设备的设计文件，应当经特种设备安全监督管理部门核准的检验检测机构鉴定，方可用于制造。

**2. 特种设备及其安全附件、装置的安全管理**

（1）锅炉等特种设备及部件的许可。依照《特种设备安全监察条例》的规定，锅炉、压力容器、电梯、起重机械、客运索道、大型游乐设施及其安全附件、安全保护装置的制造、安装、改造单位，以及压力管道用管子、管件、阀门、法兰、补偿器、安全保护装置等的制造单位和场（厂）内专用机动车辆的制造、改造单位，应当经国务院特种设备安全监督管理部门许可，方可从事相应的活动。

（2）出厂附件规定。依照《特种设备安全监察条例》的规定，特种设备出厂时，应当附有安全技术规范要求的设计文件、产品质量合格证明、安装及使用维修说明、监督检验证明等文件。

**3. 特种设备安装、改造和维修的安全管理**

（1）维修单位的要求。锅炉、压力容器、电梯、起重机械、客运索道、大型游乐设施、场（厂）内专用机动车辆的维修单位，应当有与特种设备维修相适应的专业技术人员和技术工人以及必要的检测手段，并经省、自治区、直辖市特种设备安全监督管理部门许可，方可从事相应的维修活动。

（2）安装、改造、维修的管理。锅炉、压力容器、起重机械、客运索道、大型游乐设施的安装、改造、维修以及场（厂）内专用机动车辆的改造、维修，必须由依照本条例取得许可的单位进行。特种设备安装、改造、维修的施工单位应当在施工前将拟进行的特种设备安装、改造、维修情况书面告知直辖市或者设区的市级特种设备安全监督管理部门，告知后即可施工。

（3）电梯安装的管理。电梯安装施工过程中，电梯安装单位应当服从建筑施工总承包单位对施工现场的安全生产管理，并订立合同，明确各自的安全责任。

（4）电梯的安装、改造、维修，必须由电梯制造单位或者其通过合同委托、同意的依照本条例取得许可的单位进行。电梯制造单位对电梯质量以及安全运行涉及的质量问题负责。

（5）技术资料移交归档。锅炉、压力容器、电梯、起重机械、客运索道、大型游乐设施的安装、改造、维修以及场（厂）内专用机动车辆的改造、维修竣工后，安装、改造、维修的施工单位应当在验收后30日内将有关技术资料移交使用单位，高耗能特种设备还应当按照安全技术规范的要求提交能效测试报告。使用单位应当将其存入该特种设备的安全技术档案。

（6）特种设备的监督检验。锅炉、压力容器、压力管道元件、起重机械、大型游乐设施的制造过程和锅炉、压力容器、电梯、起重机械、客运索道、大型游乐设施的安装、改造、重大维修过程，必须经国务院特种设备安全监督管理部门核准的检验检测机构按照安全技术规范的要求进行监督检验；未经监督检验合格的不得出厂或者交付使用。

## 三、特种设备使用的安全规定

### 1. 特种设备使用单位的安全管理

（1）使用登记。特种设备在投入使用前或者投入使用后 30 日内，特种设备使用单位应当向直辖市或者设区的市的特种设备安全监督管理部门登记。登记标志应当置于或者附着于该特种设备的显著位置。

（2）安全技术档案。特种设备使用单位应当建立特种设备安全技术档案，其内容应当包括以下方面：

1）特种设备的设计文件、制造单位、产品质量合格证明、使用维护说明等文件以及安装技术文件和资料。

2）特种设备的定期检验和定期自行检查的记录。

3）特种设备的日常使用状况记录。

4）特种设备及其安全附件、安全保护装置、测量调控装置及有关附属仪器仪表的日常维护保养记录。

5）特种设备运行故障和事故记录。

6）高耗能特种设备的能效测试报告、能耗状况记录以及节能改造技术资料。

### 2. 特种设备维护保养和定期检验

（1）特种设备维护保养。特种设备使用单位对在用特种设备应当至少每月进行一次自行检查，并作出记录。

（2）特种设备定期检验检测。特种设备使用单位应当按照安全技术规范的定期检验要求，在安全检验合格有效期届满前 1 个月向特种设备检验检测机构提出定期检验要求。未经定期检验或者检验不合格的特种设备，不得继续使用。

### 3. 设备报废注销

特种设备存在严重事故隐患，无改造、维修价值，或者超过安全技术规范规定使用年限，特种设备使用单位应当及时予以报废，并应当向原登记的特种设备安全监督管理部门办理注销。

### 4. 公共服务特种设备的安全管理

（1）电梯维护保养的安全要求。电梯的日常维护保养必须由取得许可的安装、改造、维修单位或者电梯制造单位进行。电梯应当至少每 15 日进行一次清洁、润滑、调整和检查。

（2）安全管理机构和安全管理人员。电梯、客运索道、大型游乐设施等为公众提供服务的特种设备运营使用单位，应当设置特种设备安全管理机构或者配备专职的安全管理人员；其他特种设备使用单位，应当根据情况设置特种设备安全管理机构或者配备专职、兼职的安全管理人员。特种设备的安全管理人员应当对特种设备使用状况进行经常性检查，发现问题的应当立即处理；情况紧急时，可以决定停止使用特种设备并及时报告本单位有关负责人。

（3）使用前的试运行和例行检查。客运索道、大型游乐设施的运营使用单位在客运索道、大型游乐设施每日投入使用前，应当进行试运行和例行安全检查，并对安全装置进行检查确认。电梯、客运索道、大型游乐设施的运营使用单位应当将电梯、客运索道、大型游乐设施的安全注意事项和警示标志置于易于为乘客注意的显著位置。

(4) 客运索道、大型游乐设施的运营安全。客运索道、大型游乐设施的运营使用单位的主要负责人至少应当每月召开一次会议，督促、检查客运索道、大型游乐设施的安全使用工作。

(5) 电梯运行安全。电梯投入使用后，电梯制造单位应当对其制造的电梯的安全运行情况进行跟踪调查和了解，对电梯的日常维护保养单位或者电梯的使用单位在安全运行方面存在的问题，提出改进建议，并提供必要的技术帮助。发现电梯存在严重事故隐患的，应当及时向特种设备安全监督管理部门报告。电梯制造单位对调查和了解的情况，应当作出记录。

**5. 特种设备作业人员管理**

(1) 特种设备作业人员资格。锅炉、压力容器、电梯、起重机械、客运索道、大型游乐设施、场（厂）内专用机动车辆的作业人员及其相关管理人员（统称特种设备作业人员），应当按照国家有关规定经特种设备安全监督管理部门考核合格，取得国家统一格式的特种作业人员证书，方可从事相应的作业或者管理工作。

(2) 事故隐患报告。特种设备作业人员在作业过程中发现事故隐患或者其他不安全因素，应当立即向现场安全管理人员和单位有关负责人报告。

## 四、特种设备检验检测的规定

**1. 特种设备检验检测机构资质认可**

从事本条例规定的监督检验、定期检验、型式试验以及专门为特种设备生产、使用、检验检测提供无损检测服务的特种设备检验检测机构，应当经国务院特种设备安全监督管理部门核准。特种设备使用单位设立的特种设备检验检测机构，经国务院特种设备安全监督管理部门核准，负责本单位核准范围内的特种设备定期检验工作。

**2. 检验检测活动的规定**

(1) 检验检测机构和检验检测人员职业准则。检验检测人员从事检验检测工作，必须在特种设备检验检测机构执业，但不得同时在两个以上检验检测机构中执业。

(2) 事故隐患报告。特种设备检验检测机构进行特种设备检验检测，发现严重事故隐患或者能耗严重超标的，应当及时告知特种设备使用单位，并立即向特种设备安全监督管理部门报告。

## 【练习提高】

### 一、单项选择题（每题 1 分，每题的备选项中，只有 1 个最符合题意）

1. 依据《特种设备安全监察条例》的规定，下列关于特种设备使用的说法，正确的是（　　）。

A. 电梯使用单位对本单位所用电梯进行维护保养

B. 锅炉作业人员和相关的管理人员必须取得特种作业人员证书

C. 将特种设备登记标志放入特种设备安全技术档案中

D. 对超过检验合格期的特种设备制定安全措施和应急预案后使用

2. 某机械制造企业的机加车间有一台在用的桥式起重机，该起重机安全检验合格有效期至 2020 年 6 月 1 日，依据《特种设备安全监察条例》的规定，下列关于该起重机的维护和检验的说法，正确的是（　　）。

A. 应当至少每季度进行一次自行检查，并作出记录

B. 应当至少每半年进行一次自行检查，并作出记录

C. 应当最迟在 2020 年 5 月 1 日前向特种设备检验检测机构提出定期检验要求

D. 应当最迟在 2020 年 3 月 1 日前向起重设备检测检测机构提出定期检验要求

3. 甲市乙县某食品加工厂于 2019 年 3 月 5 日采购一台锅炉，计划于 2019 年 5 月 1 日投入使用。根据《特种设备安全监察条例》，该厂可（　　）登记。

A. 在 2019 年 4 月 10 日向乙县的特种设备安全监管部门

B. 在 2019 年 6 月 10 日向甲市的特种设备安全监管部门

C. 在 2019 年 4 月 15 日向甲市的特种设备安全监管部门

D. 在 2019 年 3 月 10 日向乙县的特种设备安全监管部门

4. 甲公司为一家电梯生产企业、乙公司为一家有资质的电梯维护保养企业、丙公司为一家大型商场，丙公司从甲公司购置了一部电梯，并与乙公司签订了电梯维护保养合同，委托乙公司负责该电梯的维护保养。根据《特种设备安全监察条例》下列关于该电梯使用安全管理的表述中，正确的是（　　）。

A. 甲公司应对该电梯安全运行方面存在的问题，提出使用改进建议

B. 乙公司应建立该电梯的安全技术档案

C. 乙公司应至少每月对电梯进行一次清洁、润滑、调整和检查

D. 丙公司负责电梯报废后的拆除工作

5. 依据《特种设备安全监察条例》，下列关于特种设备使用的表述，正确的是（　　）。

A. 特种设备在投入使用前或者投入使用后 15 日内，特种设备使用单位应当向直辖市或者设区的市级特种设备安全监督管理部门登记

B. 特种设备使用单位对在用特种设备应当至少每三个月进行一次自行检查，并作出记录

C. 电梯应当至少每 30 日进行一次清洁、润滑、调整和检查

D. 客运索道、大型游乐设施的运营使用单位在客运索道、大型游乐设施每日投入使用前，应当进行试运行和例行安全检查，并对安全装置进行检查确认

**二、多项选择题（每题 2 分，每题的备选项中，有 2 个或 2 个以上符合题意，至少有 1 个错项。错选，本题不得分；少选，所选的每个选项得 0.5 分）**

1. 适用《特种设备安全监察条例》进行安全监察的特种设备有（　　）。

A. 核设施

B. 矿山井下使用的特种设备

C. 起重机械

D. 客运索道

E. 铁路机车

2. 根据《特种设备安全监察条例》，电梯使用单位未按照规定对电梯进行定期检查和维护的，特种设备安全监管部门可对使用单位进行处罚，处罚的种类为（　　）。

A. 责令限期改正　　　　　B. 责令停止使用
C. 处 2 万元以上 5 万元以下罚款　　　D. 责令停产停业整顿
E. 吊销电梯使用许可证

3. 根据《特种设备安全监察条例》，特种设备出厂时，要求附有（　　）文件。
A. 特种设备生产许可证　　　　　B. 安全技术规范要求的设计文件
C. 产品质量合格证明　　　　　D. 安装及使用维修说明
E. 监督检验证明

# 第九节　生产安全事故应急条例

**【本节重点】**

熟悉生产安全事故应急工作体制，掌握生产安全事故应急准备、应急救援的规定。

## 一、生产安全事故应急工作体制

《生产安全事故应急条例》（以下简称《条例》）从政府、企业两个层面 5 个方面明确了相应的职责，理清了工作机制。

（1）生产安全事故应急工作由县级以上人民政府统一领导、分级负责。生产安全事故应急工作涉及两个以上行政区域的，由有关行政区域共同的上一级人民政府负责，或者由各有关行政区域的上一级人民政府共同负责。

（2）政府有关部门按照各自职责负责有关行业、领域的生产安全事故应急工作。

（3）应急管理部门对同级政府其他部门和下级政府的生产安全事故应急工作负有指导、协调职责。

（4）乡镇等政府和派出机关应当协助上级人民政府有关部门依法履行生产安全事故应急工作职责。

（5）生产经营单位是本单位生产安全事故应急工作的责任主体，主要负责人全面负责。

## 二、生产安全事故应急准备

### 1. 应急救援预案的编制

（1）县级以上人民政府及其负有安全生产监督管理职责的部门和乡、镇人民政府以及街道办事处等地方人民政府派出机关，应当针对可能发生的生产安全事故的特点和危害，进行风险辨识和评估，制定相应的生产安全事故应急救援预案，并依法向社会公布。

（2）生产经营单位应当针对本单位可能发生的生产安全事故的特点和危害，进行风险辨识和评估，制定相应的生产安全事故应急救援预案，并向本单位从业人员公布。

（3）生产安全事故应急救援预案应当明确规定应急组织体系、职责分工以及应急救援程序和措施。

（4）有下列情形之一的，应急救援预案制定单位应当及时修订相关预案：①制定预案所依据的法律、法规、规章、标准发生重大变化。②应急指挥机构及其职责发生调整。③安全生产面临的风险发生重大变化。④重要应急资源发生重大变化。⑤在预案演练或者应急救援中发现需要修订预案的重大问题。

**2. 应急救援预案的备案**

（1）政府部门的应急救援预案向本级人民政府备案。《条例》第七条规定："县级以上人民政府负有安全生产监督管理职责的部门应当将其制定的生产安全事故应急救援预案报送本级人民政府备案。"

（2）高危生产经营单位和人员密集场所经营单位的应急救援预案向政府有关部门备案，并依法向社会公布。《条例》第七条规定："易燃易爆物品、危险化学品等危险物品的生产、经营、储存、运输单位，矿山、金属冶炼、城市轨道交通运营、建筑施工单位，以及宾馆、商场、娱乐场所、旅游景区等人员密集场所经营单位，应当将其制定的生产安全事故应急救援预案按照国家有关规定报送县级以上人民政府负有安全生产监督管理职责的部门备案，并依法向社会公布。"

**3. 应急救援预案的演练**

（1）政府及各部门应急救援预案必须至少每 2 年组织 1 次演练。《条例》第八条规定："县级以上地方人民政府以及县级以上人民政府负有安全生产监督管理职责的部门，乡、镇人民政府以及街道办事处等地方人民政府派出机关，应当至少每 2 年组织 1 次生产安全事故应急救援预案演练。"

（2）高危生产经营单位和人员密集场所经营单位必须至少每半年组织 1 次演练。《条例》第八条规定："易燃易爆物品、危险化学品等危险物品的生产、经营、储存、运输单位，矿山、金属冶炼、城市轨道交通运营、建筑施工单位，以及宾馆、商场、娱乐场所、旅游景区等人员密集场所经营单位，应当至少每半年组织 1 次生产安全事故应急救援预案演练，并将演练情况报送所在地县级以上地方人民政府负有安全生产监督管理职责的部门。"

**4. 应急救援队伍能力建设**

（1）政府应急救援队伍建设。《条例》第九条规定："县级以上人民政府应当加强对生产安全事故应急救援队伍建设的统一规划、组织和指导。""县级以上人民政府负有安全生产监督管理职责的部门根据生产安全事故应急工作的实际需要，在重点行业、领域单独建立或者依托有条件的生产经营单位、社会组织共同建立应急救援队伍。"

（2）社会化救援队伍建设。《条例》第九条规定："国家鼓励和支持生产经营单位和其他社会力量建立提供社会化应急救援服务的应急救援队伍。"

（3）高危生产经营单位和人员密集场所经营单位应急救援队伍建设。《条例》第十条规定："易燃易爆物品、危险化学品等危险物品的生产、经营、储存、运输单位，矿山、金属冶炼、城市轨道交通运营、建筑施工单位，以及宾馆、商场、娱乐场所、旅游景区等人员密集场所经营单位，应当建立应急救援队伍；其中，小型企业或者微型企业等规模较小的生产经营单位，可以不建立应急救援队伍，但应当指定兼职的应急救援人员，并且可以与邻近的应急救援队伍签订应急救援协议。"

（4）产业聚集区应急救援队伍建设。《条例》第十条规定：“工业园区、开发区等产业聚集区域内的生产经营单位，可以联合建立应急救援队伍。”

**5. 应急物资储备**

（1）政府应急物资储备。《条例》第十三条规定：“县级以上地方人民政府应当根据本行政区域内可能发生的生产安全事故的特点和危害，储备必要的应急救援装备和物资，并及时更新和补充。”

（2）高危生产经营单位以及人员密集场所经营单位的储备。《条例》第十三条规定：“易燃易爆物品、危险化学品等危险物品的生产、经营、储存、运输单位，矿山、金属冶炼、城市轨道交通运营、建筑施工单位，以及宾馆、商场、娱乐场所、旅游景区等人员密集场所经营单位，应当根据本单位可能发生的生产安全事故的特点和危害，配备必要的灭火、排水、通风以及危险物品稀释、掩埋、收集等应急救援器材、设备和物资，并进行经常性维护、保养，保证正常运转。”

## 三、生产安全事故应急救援

**1. 生产经营单位的初期处置**

《条例》第十七条规定，发生生产安全事故后，生产经营单位应当立即启动生产安全事故应急救援预案，采取应急救援措施，并按照国家有关规定报告事故情况。

**2. 政府的应急救援程序**

有关地方人民政府及其部门接到生产安全事故报告后，应当按照国家有关规定上报事故情况，启动应急预案，开展应急救援工作。

**3. 设立现场救援指挥部**

《条例》第二十条规定：“发生生产安全事故后，有关人民政府认为有必要的，可以设立由本级人民政府及其有关部门负责人、应急救援专家、应急救援队伍负责人、事故发生单位负责人等人员组成的应急救援现场指挥部，并指定现场指挥部总指挥。”第二十一条规定：“现场指挥部实行总指挥负责制，按照本级人民政府的授权组织制定并实施生产安全事故现场应急救援方案，协调、指挥有关单位和个人参加现场应急救援。参加生产安全事故现场应急救援的单位和个人应当服从现场指挥部的统一指挥。”

**4. 应急救援中止**

《条例》第二十二条规定：“在生产安全事故应急救援过程中，发现可能直接危及应急救援人员生命安全的紧急情况时，现场指挥部或者统一指挥应急救援的人民政府应当立即采取相应措施消除隐患，降低或者化解风险，必要时可以暂时撤离应急救援人员。”

**5. 应急救援终止**

《条例》第二十五条规定：“生产安全事故的威胁和危害得到控制或者消除后，有关人民政府应当决定停止执行依照本条例和有关法律、法规采取的全部或者部分终止应急救援措施。”

**6. 调用和征用财产的情形**

《条例》第二十六条规定：“有关人民政府及其部门根据生产安全事故应急救援需要依法调用和征用的财产，在使用完毕或者应急救援结束后，应当及时归还。财产被调用、征用或者调用、征用后毁损、灭失的，有关人民政府及其部门应当按照国家有关规定给予补偿。”

**7. 应急救援评估**

《条例》第二十四条规定：“现场指挥部或者统一指挥生产安全事故应急救援的人民政府及其有关部门应当完整、准确地记录应急救援的重要事项，妥善保存相关原始资料和证据。”第二十七条规定：“按照国家有关规定成立的生产安全事故调查组应当对应急救援工作进行评估，并在事故调查报告中作出评估结论。”

**8. 应急救援费用**

《条例》第十九条规定：“应急救援队伍根据救援命令参加生产安全事故应急救援所耗费用，由事故责任单位承担；事故责任单位无力承担的，由有关人民政府协调解决。”

**【练习提高】**

**一、单项选择题（每题1分，每题的备选项中，只有1个最符合题意）**

1. 根据《条例》的规定，关于应急预案演练的说法，正确的是（　　）。

A. 易燃易爆物品的生产经营单位，应当至少每半年组织1次生产安全事故应急救援预案演练

B. 宾馆、商场、娱乐场所、旅游景区等人员密集场所经营单位，应当至少每季度组织1次生产安全事故应急救援预案演练

C. 县级以上地方人民政府，应当至少每1年组织1次生产安全事故应急救援预案演练

D. 乡、镇人民政府以及街道办事处，应当至少每半年组织1次生产安全事故应急救援预案演练

2. 依据《条例》的规定，下列关于生产经营单位应急救援队伍建设的说法，正确的是（　　）。

A. 小型商场或者微型宾馆等规模较小的生产经营单位，可以不建立应急救援队伍，但应当指定专职的应急救援人员

B. 易燃易爆物品、危险化学品等危险物品的生产、经营、储存、运输单位，应当建立应急救援队伍

C. 宾馆、商场、娱乐场所、旅游景区等人员密集场所经营单位，应当建立应急救援队伍

D. 工业园区、开发区等产业聚集区域内的生产经营单位，可以联合建立应急救援队伍

**二、多项选择题（每题2分，每题的备选项中，有2个或2个以上符合题意，至少有1个错项。错选，本题不得分；少选，所选的每个选项得0.5分）**

1. 依据《条例》的规定，下列单位中应当建立应急值班制度，配备应急值班人员的有（　　）。

A. 金属冶炼队伍

B. 道路交通运营单位

C. 易燃易爆物品、危险化学品等危险物品的生产、经营、储存、运输单位

D. 宾馆、商场、娱乐场所、旅游景区等人员密集场所经营单位

E. 建筑施工单位

2. 根据《条例》的规定，下列情形中，生产安全事故应急救援预案制定单位应当及时修订相关预案的有（　　）。

A. 单位主要负责人发生变化　　B. 应急指挥机构及其职责发生调整

C. 生产工艺和技术发生变化　　D. 应急资源发生变化

E. 在预案演练或者应急救援中发现需要修订预案的重大问题

## 第十节　生产安全事故报告和调查处理条例

**【本节重点】**

掌握生产安全事故的分级，熟悉生产安全事故报告、调查和处理的规定，掌握事故调查报告的内容。

### 一、生产安全事故分级

《生产安全事故报告和调查处理条例》确定了以人员伤亡（集体工业中毒）、直接经济损失和社会影响等对生产安全事故进行分级。

**1. 通用的事故分级的规定**

《生产安全事故报告和调查处理条例》将一般的生产安全事故分为下列四级：

（1）特别重大事故。是指一次造成30人以上死亡，或者100人以上重伤（包括急性工业中毒，下同），或者1亿元以上直接经济损失的事故。

（2）重大事故。是指一次造成10人以上30人以下死亡，或者50人以上100人以下重伤，或者5 000万元以上1亿元以下直接经济损失的事故。

（3）较大事故。是指一次造成3人以上10人以下死亡，或者10人以上50人以下重伤，或者1 000万元以上5 000万元以下直接经济损失的事故。

（4）一般事故。是指一次造成3人以下死亡，或者10人以下重伤，或者1 000万元以下直接经济损失的事故。

上述规定中的“以上”含本数，“以下”不含本数。

**2. 特殊的事故分级的规定**

指社会影响恶劣事故，《生产安全事故报告和调查处理条例》第四十四条关于社会影响恶劣事故报告和调查处理的规定没有明确其事故等级，在实践中可以根据影响大小和危害程度，比照相应等级的事故进行调查处理。

## 二、生产安全事故报告的规定

### 1. 事故报告主体

要做到及时报告事故情况，必须明确法定的事故报告主体（义务人）。事故报告主体不履行法定报告义务，将受到法律追究。《生产安全事故报告和调查处理条例》明确的负有事故报告义务的主体主要有：

（1）事故单位现场人员。从事生产经营作业的从业人员或者其他相关人员，只要发现发生了事故，应当立即报告本单位负责人。

（2）事故单位负责人。事故发生单位主要负责人或者有关负责人接到事故报告后，必须依照《生产安全事故报告和调查处理条例》的规定向有关政府职能部门报告。

（3）有关政府职能部门。县级以上人民政府安全生产监督管理部门、负有安全生产监督管理职责的有关部门负有报告事故情况的义务。

（4）有关地方人民政府。不论是哪一级地方人民政府的有关部门接到事故报告后，都要按照程序向本级人民政府报告。有关地方人民政府负有向上级人民政府报告事故情况的义务。

### 2. 事故报告对象

（1）事故发生单位的报告对象。发生事故后，现场有关人员应当立即向本单位负责人（包括主要负责人或者有关负责人）报告。单位负责人接到报告后，应当立即报告事故发生地县级以上人民政府安全生产监督管理部门。对于有关人民政府设有负责监管事故发生单位的行业主管部门的，事故发生单位除了向安全生产监督管理部门报告外，还要向负有安全生产监督管理职责的有关部门报告。

（2）县级以上人民政府职能部门的报告对象。按照逐级报告的程序，县级以上人民政府安全生产监督管理部门、负有安全生产监督管理职责的有关部门接到事故发生单位的报告后，其报告对象有两个，一是上一级人民政府安全生产监督管理部门、负有安全生产监督管理职责的有关部门，二是本级人民政府。

### 3. 事故报告的程序

（1）事故发生单位向政府职能部门报告。事故发生后，事故现场有关人员应当立即向本单位负责人报告；单位负责人接到报告后，应当于 1 小时内向事故发生地县级以上人民政府安全生产监督管理部门和负有安全生产监督管理职责的有关部门报告。

（2）政府部门报告的程序

1）特别重大事故、重大事故逐级上报至国务院安全生产监督管理部门和负有安全生产监督管理职责的有关部门。

2）较大事故逐级上报至省、自治区、直辖市人民政府安全生产监督管理部门和负有安全生产监督管理职责的有关部门。

3）一般事故逐级上报至设区的市级安全生产监督管理部门和负有安全生产监督管理职责的有关部门。

安全生产监督管理部门和负有安全生产监督管理职责的有关部门依照上述规定上报事故情况，应当同时报告本级人民政府。国务院安全生产监督管理部门和负有安全生产监督管理职责的有关部门以及省级人民政府接到发生特别重大事故、重大事故的报告后，应当立即报告国务院。

（3）越级报告。事故发生单位越级报告。情况紧急时，事故现场有关人员可以直接向事故发生地县级以上人民政府安全生产监督管理部门和负有安全生产监督管理职责的有关部门报告。

（4）事故续报、补报。事故报告后出现新情况，事故发生单位和安全生产监督管理部门和负有安全生产监督管理职责的有关部门应当及时续报。自事故发生之日起30日内（道路交通事故、火灾事故自发生之日起7日内），事故造成的伤亡人数发生变化的，事故发生单位和安全生产监督管理部门和负有安全生产监督管理职责的有关部门应当及时补报。

**4. 事故报告的内容**

事故报告应当包括下列内容：

（1）事故发生单位概况。

（2）事故发生的时间、地点以及事故现场情况。

（3）事故的简要经过。

（4）事故已经造成或者可能造成的伤亡人数（包括下落不明的人数）和初步估计的直接经济损失。

（5）已经采取的措施。

**5. 事故报告的时限**

（1）事故发生单位事故报告的时限。从事故发生单位负责人接到事故报告时起算，该单位向政府职能部门报告的时限是1小时。

（2）政府职能部门事故报告的时限。县级以上人民政府安全生产监督管理部门和负有安全生产监督管理职责的有关部门向上一级人民政府安全生产监督管理部门和负有安全生产监督管理职责的有关部门逐级报告事故的时限，是每级上报的时间不得超过2小时。安全生产监督管理部门和负有安全生产监督管理职责的有关部门逐级上报事故情况的同时，应当报告本级人民政府。

## 三、生产安全事故调查的规定

**1. 事故调查的一般规定**

（1）有关人民政府直接组织调查。《生产安全事故报告和调查处理条例》第十九条对有关人民政府直接组织事故调查，作出了下列规定：

1）特别重大事故由国务院组织事故调查组进行调查。

2）重大事故由事故发生地省级人民政府直接组织事故调查组进行调查。省级人民政府是指省、自治区、直辖市人民政府。

3）较大事故由事故发生地设区的市级人民政府直接组织事故调查组进行调查。设区的市级人民政府还包括地区行政公署和民族自治地方的州、盟人民政府。

4）一般事故由事故发生地县级人民政府直接组织事故调查组进行调查。其中未造成人员伤亡的，县级人民政府也可委托事故发生单位组织事故调查组进行调查。县级人民政府还包括县级市人民政府和民族自治地方的旗人民政府。

（2）授权或者委托有关部门组织调查。在有关人民政府不直接组织事故调查的情况下，可以授权或者委托有关部门组织调查，目前有关人民政府通常授权或者委托安全生产监督管理部门组织事故调查组进行调查，有时授权或者委托负有安全生产监督管理职责的有关部门组织事故调查组进行调查。

**2. 事故调查的特别规定**

（1）提级调查。对于一些情况复杂、影响恶劣、涉及面宽、调查难度大的事故，上级人民政府认为必要时，可以直接调查由下级人民政府负责调查的事故。

（2）升级调查。有些事故发生当时根据人员伤亡和直接经济损失情况确定了相应事故等级并由有关人民政府组织调查，但经过一定时间后事故情况有所变化而构成了上一级事故，这就需要按照提升后的事故等级另行组织调查。《生产安全事故报告和调查处理条例》第二十条第二款规定："在事故发生之日起 30 日内（道路交通事故、火灾事故自发生之日起 7 日内），因事故伤亡人数变化导致事故等级发生变化，依照本条例应当由上级人民政府负责调查的，上级人民政府可以另行组织事故调查组进行调查。"

（3）跨行政区域的事故调查。有些事故特别是流动作业事故（如交通运输事故）的发生地跨两个县级以上行政区域，需要确定事故调查主体。对于异地发生事故的调查，《生产安全事故报告和调查处理条例》第二十一条规定："特别重大以外的事故，事故发生地与事故发生单位所在地不在同一个县级以上行政区域的，由事故发生地人民政府负责调查，事故发生单位所在地人民政府应当派员参加。"

**3. 参与事故调查的单位**

根据事故的具体情况，事故调查组由有关人民政府、安全生产监督管理部门、负有安全生产监督管理职责的有关部门、监察机关、公安机关以及工会派人组成。在实践中，有关人民政府安全生产监督管理部门、监察机关、公安机关以及同级工会通常都是事故调查组的组成单位。

**4. 事故调查时限**

《生产安全事故报告和调查处理条例》第二十九条规定，事故调查组应当自事故发生之日起 60 日内提交事故调查报告；特殊情况下，经负责事故调查的人民政府批准，提交事故调查报告的期限可以适当延长，但延长的期限最长不超过 60 日。

**5. 事故调查报告内容**

《生产安全事故报告和调查处理条例》第三十条规定，事故调查报告应当包括下列内容：

（1）事故发生单位概况。

（2）事故发生经过和事故救援情况。

（3）事故造成的人员伤亡和直接经济损失。

（4）事故发生的原因和事故性质。

（5）事故责任的认定以及对事故责任者的处理建议。

（6）事故防范和整改措施。

事故调查报告应当附具有关证据材料。事故调查组成员应当在事故调查报告上签名。

### 四、生产安全事故处理的规定

依照《生产安全事故报告和调查处理条例》的规定，事故调查组应当提交事故调查报告，有关人民政府应当作出事故处理批复。这是在事故调查阶段和事故处理阶段形成的重要法律文书。

### 【练习提高】

**一、单项选择题（每题 1 分，每题的备选项中，只有 1 个最符合题意）**

1. 依据《生产安全事故报告和调查处理条例》的规定，下列情形中，应向安全监管部门进行事故补报的是（　　）。

A. 某建筑工地发生高处坠落事故，造成 3 人死亡、4 人重伤，事故发生的第 8 天，1 名重伤人员死亡

B. 某高速公路发生车辆追尾事故，造成 5 人死亡、6 人重伤，8 天后，1 重伤人员死亡

C. 某机械加工企业发生机械伤害事故，造成 1 人死亡、3 人重伤，事故发生的第 30 天，其中 1 名重伤人员出院

D. 某化工厂发生火灾事故，造成 16 人死亡、10 人重伤，事故发生的第 29 天，2 名重伤人员死亡

2. 位于甲省乙市丙区的某化工厂发生了一起生产安全事故，造成 3 人死亡。依据《生产安全事故报告和调查处理条例》的规定，下列关于该厂生产安全事故报告的说法，正确的是（　　）。

A. 该厂负责人应在接到事故报告后 2 小时内，上报至丙区安全监管部门

B. 丙区安全监管部门必须在 1 小时内上报至乙市安全监管部门

C. 丙区安全监管部门上报至乙市安全监管部门时，应同时报丙区人民政府

D. 乙市安全监管部门不需上报至甲省安全监管部门

3. 某家具厂发生一起火灾事故，造成 2 人死亡、1 人重伤、5 人轻伤。事故发生 1 个月后，重伤者因救治无效死亡。依据《生产安全事故和调查处理条例》的规定，下列关于事故补报的说法，正确的是（　　）。

A. 该厂应在 3 日内向安全监管部门补报该事故伤亡情况并说明情况

B. 该厂无须向安全监管部门补报该事故伤亡人数更新情况

C. 安全监管部门应根据更新的伤亡人数重新界定该事故等级

D. 安全监管部门应向本级人民政府补报该事故伤亡人数更新情况

4. 一辆载有天然气的罐车在甲省境内的高速公路上与一辆大客车追尾，引发罐车爆燃，造成 12 人死亡。该罐车中所载天然气是自乙省发往丙省某企业的。依据《生产安全事故报告和调查处理条例》的规定，负责该起事故调查的主体是（　　）。

A. 甲省人民政府　　　　B. 乙省人民政府

C. 丙省人民政府　　　　D. 国务院安全监管部门

**二、多项选择题（每题 2 分，每题的备选项中，有 2 个或 2 个以上符合题意，至少有 1 个错项。错选，本题不得分；少选，所选的每个选项得 0.5 分）**

1. 根据《生产安全事故报告和调查处理条例》，下列生产安全事故等级的判定中，正确的有（　　）。

A. 某道路运输企业发生交通事故，造成 12 人死亡，属于重大事故

B. 某建筑公司发生坍塌事故，造成 1 000 万元经济损失，属于一般事故

C. 某冶金企业发生中毒窒息事故，造成 50 人中毒窒息，属于较大事故

D. 某家具厂发生火灾，造成 3 人死亡，属于较大事故

E. 某化工厂发生爆炸事故，造成 32 人死亡，属于特别重大事故

2. 根据《生产安全事故报告和调查处理条例》，属于较大生产安全事故的有（　　）。

A. 甲企业发生的造成 15 人重伤、3 600 万元直接经济损失的事故

B. 乙企业发生的造成 5 人重伤、5 500 万元直接经济损失的事故

C. 丙企业发生的造成 3 人死亡、60 人重伤的事故

D. 丁企业发生的造成 3 人死亡的事故

E. 戊企业发生的造成 10 人急性工业中毒的事故

3. 根据《生产安全事故报告和调查处理条例》，关于生产安全事故报告的说法，正确的是（　　）。

A. 事故发生后，单位负责人接到报告后应当于 2 小时内向事故发生地县级以上人民政府安全监管部门和负有安全监管职责的有关部门报告

B. 安全监管部门和负有安全监管职责的有关部门逐级上报事故情况，每级上报的时间不得超过 1 小时

C. 道路交通事故、火灾事故自发生之日起 30 日内，事故造成的伤亡人数发生变化的，应当及时补报

D. 事故现场有关人员在情况紧急时，可以直接向事故发生地县级以上人民政府安全监管部门报告，安全监管部门必要时可以越级上报事故情况

E. 事故发生地县级安全监管部门应当向市级安全生产监管部门及县级人民政府报告

4. 根据《安全生产事故报告与调查处理条例》规定，事故调查报告应包括的内容有（　　）。

A. 事故发生单位概况

B. 事故发生经过和事故救援情况

C. 事故造成的人员伤亡和直接经济损失

D. 事故发生的原因和事故性质

E. 事故发生单位的经营状况

# 第十一节　工伤保险条例

【本节重点】

了解工伤保险的适用范围、缴纳工伤保险费的规定，掌握工伤和视同工伤的情形以及工伤认定、劳动能力鉴定有关规定，熟悉工伤保险待遇的规定。

## 一、工伤保险的适用范围

### 1. 工伤保险

（1）具有补偿性。工伤保险是法定的强制性社会保险，是通过对受害人实施医疗救治和给予必要的经济补偿以保障其经济权利的补救措施。从根本上说，它是由政府监管、社保机构经办的社会保障制度。

（2）权利主体。享有工伤保险权利的主体只限于用人单位的职工或者雇工，其他人不能享有这项权利。

（3）义务和责任主体。生产经营单位和用人单位有为从业人员办理工伤保险、缴纳保险费的义务，这就确定了生产经营单位和用人单位是工伤保险制度的义务和责任主体。

（4）保险补偿的原则。工伤保险补偿实行“无责任补偿”，即无过错补偿的原则，基于这种理论，工伤保险不强调造成工伤的原因、过错及其责任，只要确认职工在法定情形下发生工伤，就依法享有获得经济补偿的权利。

### 2. 工伤保险的适用范围

依据《工伤保险条例》第二条规定，中华人民共和国境内的企业、事业单位、社会团体、民办非企业单位、基金会、律师事务所、会计师事务所等组织和有雇工的个体工商户（以下称用人单位）应当依照本条例规定参加工伤保险，为本单位全部职工或者雇工（以下称职工）缴纳工伤保险费。中华人民共和国境内的企业、事业单位、社会团体、民办非企业单位、基金会、律师事务所、会计师事务所等组织的职工和个体工商户的雇工，均有依照本条例的规定享受工伤保险待遇的权利。

### 3. 公务员和参照《公务员法》管理的事业单位、社会团体工伤事故的处理

依据《工伤保险条例》第六十五条规定，公务员和参照《公务员法》管理的事业单位、社会团体的工作人员因工作遭受事故伤害或者患职业病的，由所在单位支付费用。

## 二、缴纳工伤保险费的规定

### 1. 确定费率的原则

依据《工伤保险条例》的规定，工伤保险费根据以支定收、收支平衡的原则，确定费率。工伤保险实行用人单位缴纳保险费的方式，建立工伤保险社会统筹基金。

**2. 费率的制定**

依据《工伤保险条例》的规定，国家根据不同行业的工伤风险程度确定行业的差别费率，并根据工伤保险费使用、工伤发生率等情况在每个行业内确定若干费率档次。

**3. 工伤保险费的缴纳**

依据《工伤保险条例》的规定，用人单位应当按时缴纳工伤保险费。职工个人不缴纳工伤保险费。用人单位缴纳工伤保险费的数额为本单位职工工资总额乘以单位缴费费率之积。

## 三、工伤保险基金的使用

依据《工伤保险条例》的规定，工伤保险基金存入社会保障基金财政专户，用于《工伤保险条例》规定的工伤保险待遇，劳动能力鉴定，工伤预防的宣传、培训等费用，以及法律、法规规定的用于工伤保险的其他费用的支付。

任何单位或者个人不得将工伤保险基金用于投资运营、兴建或者改建办公场所、发放奖金，或者挪作其他用途。

## 四、工伤和劳动能力鉴定的规定

**1. 工伤范围**

依据《工伤保险条例》第十四条规定，职工有下列情形之一的，应当认定为工伤：

（1）在工作时间和工作场所内，因工作原因受到事故伤害的。

（2）工作时间前后在工作场所内，从事与工作有关的预备性或者收尾性工作受到事故伤害的。

（3）在工作时间和工作场所内，因履行工作职责受到暴力等意外伤害的。

（4）患职业病的。

（5）因工外出期间，由于工作原因受到伤害或者发生事故下落不明的。

（6）上下班途中，受到非本人主要责任的交通事故或者城市轨道交通、客运轮渡、火车事故伤害的。

（7）法律、行政法规规定应当认定为工伤的其他情形。

**2. 视同工伤**

依据《工伤保险条例》第十五条规定，职工有下列情形之一的，视同工伤：

（1）在工作时间和工作岗位，突发疾病死亡或者在48小时之内经抢救无效死亡的。

（2）在抢险救灾等维护国家利益和公共利益活动中受到伤害的。

（3）职工原在军队服役，因战、因工负伤致残，已取得革命伤残军人证，到用人单位后旧伤复发的。

《工伤保险条例》规定，因故意犯罪、醉酒或者吸毒、自残或者自杀等情形，不得认定为工伤或者视同工伤。

**3. 工伤认定**

（1）工伤保险申请时限、时效。依据《工伤保险条例》第十七条规定，职工发生事故伤害或者按照《职业病防治法》规定被诊断、鉴定为职业病，所在单位应当自事故伤害发生之日或者被诊断、鉴定为职业病之日起 30 日内，向统筹地区社会保险行政部门提出工伤认定申请。遇有特殊情况，经报社会保险行政部门同意，申请时限可以适当延长。用人单位未按上述规定提出工伤认定申请的，工伤职工或者其近亲属、工会组织在事故伤害发生之日或者被诊断、鉴定为职业病之日起 1 年内，可以直接向用人单位所在地统筹地区社会保险行政部门提出工伤认定申请。

（2）工伤认定申请材料。依据《工伤保险条例》第十八条规定，提出工伤认定申请，应当提交工伤认定申请表、与用人单位存在劳动关系（包括事实劳动关系）的证明材料、医疗诊断证明或者职业病诊断证明（鉴定）书等材料。

（3）工伤认定程序。依据《工伤保险条例》第二十条规定，社会保险行政部门应当自受理工伤认定申请之日起 60 日内作出工伤认定的决定，并书面通知申请工伤认定的职工或者其近亲属和该职工所在单位。社会保险行政部门对受理的事实清楚、权利义务明确的工伤认定申请，应当在 15 日内作出工伤认定的决定。作出工伤认定决定需要以司法机关或者有关行政主管部门的结论为依据的，在司法机关或者有关行政主管部门尚未作出结论期间，作出工伤认定决定的时限中止。

**4. 劳动能力鉴定**

劳动能力鉴定是指劳动功能障碍程度和生活自理障碍程度的等级鉴定。劳动功能障碍分为十个伤残等级，最重的为一级，最轻的为十级。生活自理障碍分为三个等级：生活完全不能自理、生活大部分不能自理和生活部分不能自理。

劳动能力鉴定由用人单位、工伤职工或者其近亲属向设区的市级劳动能力鉴定委员会提出申请，并提供工伤认定决定和职工工伤医疗的有关资料。设区的市级劳动能力鉴定委员会收到劳动能力鉴定申请后，应当从其建立的医疗卫生专家库中随机抽取 3 名或者 5 名相关专家组成专家组，由专家组提出鉴定意见。设区的市级劳动能力鉴定委员会应当自收到劳动能力鉴定申请之日起 60 日内作出劳动能力鉴定结论，必要时，作出劳动能力鉴定结论的期限可以延长 30 日。劳动能力鉴定结论应当及时送达申请鉴定的单位和个人。

申请鉴定的单位或者个人对设区的市级劳动能力鉴定委员会作出的鉴定结论不服的，可以在收到该鉴定结论之日起 15 日内向省、自治区、直辖市劳动能力鉴定委员会提出再次鉴定申请。省、自治区、直辖市劳动能力鉴定委员会作出的劳动能力鉴定结论为最终结论。

自劳动能力鉴定结论作出之日起 1 年后，工伤职工或者其近亲属、所在单位或者经办机构认为伤残情况发生变化的，可以申请劳动能力复查鉴定。

## 五、工伤保险待遇的规定

**1. 工伤医疗补偿**

（1）职工治疗工伤应当在签订服务协议的医疗机构就医，情况紧急时可以先到就近的医疗机构急救。

（2）职工住院治疗工伤的伙食补助费，以及经医疗机构出具证明，报经办机构同意，工伤职工到统筹地区以外就医所需的交通、食宿费用从工伤保险基金支付。

（3）工伤职工到签订服务协议的医疗机构进行工伤康复的费用，符合规定的，从工伤保险基金支付。

（4）社会保险行政部门作出认定为工伤的决定后发生行政复议、行政诉讼的，行政复议和行政诉讼期间不停止支付工伤职工治疗工伤的医疗费用。

（5）工伤职工因日常生活或者就业需要，经劳动能力鉴定委员会确认，可以安装假肢、矫形器、假眼、假牙和配置轮椅等辅助器具，所需费用按照国家规定的标准从工伤保险基金支付。

**2. 停薪期间的福利**

依据《工伤保险条例》的规定，职工因工作遭受事故伤害或者患职业病需要暂停工作接受工伤医疗的，在停工留薪期内，原工资福利待遇不变，由所在单位按月支付。

停工留薪期一般不超过 12 个月。伤情严重或者情况特殊，经设区的市级劳动能力鉴定委员会确认，可以适当延长，但延长不得超过 12 个月。工伤职工评定伤残等级后，停发原待遇，按照有关规定享受伤残待遇。工伤职工在停工留薪期满后仍需治疗的，继续享受工伤医疗待遇。生活不能自理的工伤职工在停工留薪期需要护理的，由所在单位负责。

**3. 护理费**

依据《工伤保险条例》的规定，工伤职工已经评定伤残等级并经劳动能力鉴定委员会确认需要生活护理的，从工伤保险基金按月支付生活护理费。生活护理费按照生活完全不能自理、生活大部分不能自理或者生活部分不能自理 3 个不同等级支付，其标准分别为统筹地区上年度职工月平均工资的 50%、40%或者 30%。

**4. 伤残的待遇**

（1）一级至四级伤残的待遇。职工因工致残被鉴定为一级至四级伤残的，保留劳动关系，退出工作岗位，享受以下待遇：从工伤保险基金按伤残等级支付一次性伤残补助金，标准为：一级伤残为 27 个月的本人工资、二级伤残为 25 个月的本人工资、三级伤残为 23 个月的本人工资、四级伤残为 21 个月的本人工资。从工伤保险基金按月支付伤残津贴，标准为：一级伤残为本人工资的 90%、二级伤残为本人工资的 85%、三级伤残为本人工资的 80%、四级伤残为本人工资的 75%。伤残津贴实际金额低于当地最低工资标准的，由工伤保险基金补足差额。

（2）五级至六级伤残的待遇。职工因工致残被鉴定为五级、六级伤残的，享受以下待遇：从工伤保险基金按伤残等级支付一次性伤残补助金，标准为：五级伤残为 18 个月的本人工资、六级伤残为 16 个月的本人工资。保留与用人单位的劳动关系，由用人单位安排适当工作。难以安排工作的，由用人单位按月发给伤残津贴，标准为：五级伤残为本人工资的 70%、六级伤残为本人工资的 60%。伤残津贴实际金额低于当地最低工资标准的，由用人单位补足差额。

（3）七级至十级伤残的待遇。职工因工致残被鉴定为七级至十级伤残的，享受以下待遇：从工伤保险基金按伤残等级支付一次性伤残补助金，标准为：七级伤残为 13 个月的本人工资、八级伤残为 11 个月的本人工资、九级伤残为 9 个月的本人工资、十级伤残为 7 个月的本人工资。

**5. 职工死亡的待遇**

职工因工死亡，其近亲属按照下列规定从工伤保险基金领取丧葬补助金、供养亲属抚恤金和一次性工亡补助金：

（1）丧葬补助金为6个月的统筹地区上年度职工月平均工资。

（2）供养亲属抚恤金按照职工本人工资的一定比例发给由因工死亡职工生前提供主要生活来源、无劳动能力的亲属，标准为：配偶每月40%、其他亲属每人每月30%、孤寡老人或者孤儿每人每月在上述标准的基础上增加10%。核定的各供养亲属的抚恤金之和不应高于因工死亡职工生前的工资。

（3）一次性工亡补助金标准为上一年度全国城镇居民人均可支配收入的20倍。

**6. 停止享受工伤保险待遇**

工伤职工有下列情形之一的，停止享受工伤保险待遇：

（1）丧失享受待遇条件的。

（2）拒不接受劳动能力鉴定的。

（3）拒绝治疗的。

**【练习提高】**

**一、单项选择题（每题1分，每题的备选项中，只有1个最符合题意）**

1. 某企业职工李某发生工伤，经治疗伤情相对稳定后留下残疾。依据《工伤保险条例》的规定，下列关于李某劳动能力鉴定的说法，正确的是（　　）。

A. 对李某劳动能力鉴定的专家组，应当从专家库中随机抽取3至5名专家组成

B. 劳动能力鉴定委员会应自收到李某鉴定申请之日起120日内作出劳动能力鉴定结论

C. 李某对鉴定结论不服，可在收到鉴定结论之日起15日内向上一级鉴定委员会提出再次鉴定申请

D. 自劳动能力鉴定结论作出之日起半年后，李某认为伤残情况发生变化，可以申请劳动能力复查鉴定

2. 根据《工伤保险条例》，关于工伤保险待遇的说法，正确的是（　　）。

A. 职工治疗工伤必须在签订服务协议的医疗机构就医

B. 工伤职工治疗非工伤引发的疾病，必要时可以享受工伤医疗待遇

C. 职工被借调期间受到工伤事故伤害，由借调单位承担工伤保险责任

D. 工伤职工拒绝治疗，停止享受工伤保险待遇

3. 根据《工伤保险条例》，关于劳动能力鉴定的说法，正确的是（　　）。

A. 生活自理障碍分为生活完全不能自理、生活大部分不能自理和生活部分不能自理三个等级

B. 劳动功能障碍分为十个伤残等级，最轻的为一级，最重的为十级

C. 劳动能力鉴定只能由用人单位和工伤职工本人向省级劳动能力鉴定委员会提出申请

D. 自劳动能力鉴定结论作出之日起3个月后，工伤职工本人认为伤残情况发生变化的，可以申请劳动能力复查鉴定

4. 根据《工伤保险条例》，关于工伤保险费缴纳的说法，正确的是（　　）。

A. 工伤保险基金在留有一定比例的储备金后可用于投资经营

B. 工伤保险费可以由职工个人缴纳

C. 工伤保险费的数额为用人单位职工工资总额乘以单位缴费费率

D. 工伤保险费率根据以收定支原则确定

5. 某企业自开办以来，一直不缴纳工伤保险费。依据《工伤保险条例》的规定，社会保险行政部门应当责令该企业限期参加工伤保险，补缴应当缴纳的工伤保险费，并自欠缴费之日起，按日加收（　　）的滞纳金。

A. 万分之一　　B. 万分之二　　C. 万分之三　　D. 万分之五

6. 依据《工伤保险条例》的规定，下列关于工伤保险待遇的说法，正确的是（　　）。

A. 职工住院治疗工伤的伙食补助费不在工伤保险基金的支付范围内

B. 经工伤职工本人提出，该职工可以与用人单位解除或者终止劳动关系，由工伤保险基金支付一次性工伤医疗补助金，由用人单位支付一次性伤残就业补助金

C. 工伤职工拒不接受劳动能力鉴定的，从拒不接受的第 4 个月起停止享受工伤保险待遇

D. 职工被借调期间受到工伤事故伤害的，由借调单位承担工伤保险责任，但借调单位与原用人单位可以约定补偿办法

**二、多项选择题（每题 2 分，每题的备选项中，有 2 个或 2 个以上符合题意，至少有 1 个错项。错选，本题不得分；少选，所选的每个选项得 0.5 分）**

1. 小李下班后顺路去菜市场买菜，买完菜在回家路上被一辆违章的小汽车撞伤住院，之后小李与工作单位因此事故伤害是否可以认定工伤的问题产生纠纷。依据《工伤保险条例》的规定，下列关于小李工伤认定的说法，正确的有（　　）。

A. 小李下班后顺路去菜市场买菜，不属于上下班途中受到伤害，不能认定工伤

B. 小李在下班途中受到违章小汽车撞伤伤害，应当认定为工伤

C. 若小李认为是工伤，工作单位不认为是工伤，应当由工作单位承担举证责任

D. 工作单位不提出工伤认定申请，小李可在伤害发生之日起三个月内直接向工作单位所在地的社会保险行政部门提出工伤认定申请

E. 提出工伤认定申请，应当提交工伤认定申请表、小李与工作单位存在劳动关系的证明材料、医疗诊断证明等

2. 陈某为某化工企业职工，2018 年 3 月 10 日被诊断为职业病，依据《工伤保险条例》的规定，下列关于工伤认定申请的做法正确的有（　　）。

A. 该企业于 2018 年 3 月 25 日向企业用工所在地统筹地区社会保险行政部门提出陈某的工伤认定申请

B. 该企业未提出工伤认定申请，陈某于 2019 年 5 月 15 日向本人户籍所在地统筹地区社会保险行政部门提出工伤认定申请

C. 该企业未提出工伤认定申请，陈某所在工会组织于 2018 年 7 月 25 日向企业用工所在地统筹地区社会保险行政部门提出陈某的工伤认定申请

D. 该企业提出陈某的工伤认定申请，提交了工伤认定申请表、与用人单位存在

事实劳动关系的证明材料及职业病诊断证明

E. 提交的陈某的工伤认定申请表的内容包括了事故发生的时间、地点、原因以及职工伤害程度等基本情况

# 第十二节　大型群众性活动安全管理条例

【本节重点】

了解大型群众性活动的范围，熟悉大型群众性活动承办者、场所管理者的安全责任，掌握大型群众性活动安全管理要求。

## 一、大型群众性活动的范围

《大型群众性活动安全管理条例》所称的大型群众性活动是指法人或者其他组织面向社会公众举办的每场次预计参加人数达到 1 000 人以上的下列活动：包括体育比赛活动；演唱会、音乐会等文艺演出活动；展览、展销等活动；游园、灯会、庙会、花会、焰火晚会等活动；人才招聘会、现场开奖的彩票销售等活动。但是影剧院、音乐厅、公园、娱乐场所等在其日常业务范围内举办的活动，不适用本条例的规定。所谓“日常业务范围”，主要以工商执照核定的范围和项目为准。

## 二、安全责任

### 1. 承办者安全责任

举办大型群众性活动，承办者应当制定大型群众性活动安全工作方案。大型群众性活动安全工作方案内容包括：①活动的时间、地点、内容及组织方式。②安全工作人员的数量、任务分配和识别标志。③活动场所消防安全措施。④活动场所可容纳的人员数量以及活动预计参加人数。⑤治安缓冲区域的设定及其标志。⑥入场人员的票证查验和安全检查措施。⑦车辆停放、疏导措施。⑧现场秩序维护、人员疏导措施。⑨应急救援预案。

大型群众性活动承办者具体负责的安全事项包括：①落实大型群众性活动安全工作方案和安全责任制度，明确安全措施、安全工作人员岗位职责，开展大型群众性活动安全宣传教育。②保障临时搭建的设施、建筑物的安全，消除事故隐患。③按照负责许可的公安机关的要求，配备必要的安全检查设备，对参加大型群众性活动的人员进行安全检查，对拒不接受安全检查的，承办者有权拒绝其进入。④按照核准的活动场所容纳人员数量、划定的区域发放或者出售门票。⑤落实医疗救护、灭火、应急疏散等应急救援措施并组织演练。⑥对妨碍大型群众性活动安全的行为及时予以制止，发现违法犯罪行为及时向公安机关报告。⑦配备与大型群众性活动安全工作需要相适应的专业保安人员以及其他安全工作人员。⑧为大型群众性活动的安全工作提供必要的保障。

2. 场所管理者安全责任

大型群众性活动场所管理者具体负责的安全事项包括：①保障活动场所、设施符合国家安全标准和安全规定。②保障疏散通道、安全出口、消防车通道、应急广播、应急照明、疏散指示标志符合法律、法规、技术标准的规定。③保障监控设备和消防设施、器材配置齐全、完好有效。④提供必要的停车场地，并维护安全秩序。

三、安全管理

1. 大型群众性活动的安全许可

大型群众性活动的预计参加人数在 1 000 人以上 5 000 人以下的，由活动所在地县级人民政府公安机关实施安全许可；预计参加人数在 5 000 人以上的，由活动所在地设区的市级人民政府公安机关或者直辖市人民政府公安机关实施安全许可；跨省、自治区、直辖市举办大型群众性活动的，由国务院公安部门实施安全许可。

2. 大型群众性活动许可后的变更

承办者变更大型群众性活动时间的，应当在原定举办活动时间之前向做出许可决定的公安机关申请变更，经公安机关同意方可变更。承办者变更大型群众性活动地点、内容以及扩大大型群众性活动举办规模的，应当依照本条例的规定重新申请安全许可。承办者取消举办大型群众性活动的，应当在原定举办活动时间之前书面告知做出安全许可决定的公安机关，并交回公安机关颁发的准予举办大型群众性活动的安全许可证件。

3. 大型群众性活动事故应急

在大型群众性活动举办过程中发生公共安全事故、治安案件的，安全责任人应当立即启动应急救援预案，并立即报告公安机关。

【练习提高】

一、单项选择题（每题 1 分，每题的备选项中，只有 1 个最符合题意）

1. 依据《大型群众性活动安全管理条例》，大型群众性活动预计参加人数在 5 000 人以上的，由（　　）实施安全许可。

A. 活动所在地县级人民政府公安机关

B. 活动所在地设区的市级人民政府公安机关

C. 活动所在地省级人民政府公安机关

D. 国务院公安部门

2. 依据《大型群众性活动安全管理条例》规定，关于大型群众性活动安全许可的说法，正确的是（　　）。

A. 大型群众性活动的预计参加人数在 1 000 人以下的，由活动所在地县级人民政府公安机关实施安全许可

B. 大型群众性活动的预计参加人数在 1 000 人以上 5 000 人以下的，由活动所在地县级人民政府公安机关实施安全许可

C. 大型群众性活动预计参加人数在 5 000 人以上的，由国务院公安部门实施安

全许可

D. 跨省、自治区、直辖市举办大型群众性活动的，由活动所在地设区的市级人民政府公安机关或者直辖市人民政府公安机关实施安全许可

**二、多项选择题（每题 2 分，每题的备选项中，有 2 个或 2 个以上符合题意，至少有 1 个错项。错选，本题不得分；少选，所选的每个选项得 0.5 分）**

依据《大型群众性活动安全管理办法》规定，以下属于大型群众性活动的是（　　）。

A. 参加人数达到 800 人以上的大型人才招聘会

B. 在容纳 2 500 人以上的影剧院举行演唱会

C. 1 200 人观看的文艺演出

D. 参赛人数达 1 500 人的马拉松体育比赛

E. 在体育馆举行的足球比赛活动

# 第十三节　女职工劳动保护特别规定

**【本节重点】**

熟悉女职工禁忌从事的劳动范围以及女职工经期、孕期、哺乳期禁忌从事的劳动范围，掌握女职工孕期、哺乳期的保护。

## 一、适用范围

《女职工劳动保护特别规定》第二条明确规定：“中华人民共和国境内的国家机关、企业、事业单位、社会团体、个体经济组织以及其他社会组织等用人单位及其女职工，适用本规定。”

## 二、女职工禁忌从事的劳动范围

**1. 女职工禁忌从事的劳动范围**

（1）矿山井下作业。

（2）体力劳动强度分级标准中规定的第四级体力劳动强度的作业。

（3）每小时负重 6 次以上、每次负重超过 20 千克的作业，或者间断负重、每次负重超过 25 千克的作业。

**2. 女职工在经期禁忌从事的劳动范围**

依据《女职工劳动保护特别规定》，女职工在经期禁忌从事的劳动范围：冷水作业、低温作业分级标准中规定的第二级、第三级、第四级作业；体力劳动强度、高处作业分级标准中规定的第三级、第四级作业。

**3. 女职工在孕期禁忌从事的劳动范围**

依据《女职工劳动保护特别规定》，女职工在孕期禁忌从事的劳动范围：作业场所

空气中铅及其化合物、汞及其化合物、苯、甲醛等有毒物质浓度超过国家职业卫生标准的作业；高处作业、冷水作业、低温作业；高温作业、噪声作业、体力劳动强度分级标准中规定的第三级、第四级的作业；在密闭空间、高压室作业或者潜水作业，伴有强烈振动的作业，或者需要频繁弯腰、攀高、下蹲的作业。

**4. 女职工在哺乳期禁忌从事的劳动范围**

依据《女职工劳动保护特别规定》，女职工在哺乳期禁忌从事的劳动范围：孕期禁忌从事的劳动范围的第一项、第三项、第九项；作业场所空气中锰、氟、溴、甲醇、有机磷化合物、有机氯化合物等有毒物质浓度超过国家职业卫生标准的作业。

## 三、用人单位的职责

（1）用人单位应当遵守女职工禁忌从事的劳动范围的规定。用人单位应当将本单位属于女职工禁忌从事的劳动范围的岗位书面告知女职工。

（2）用人单位不得因女职工怀孕、生育、哺乳降低其工资、予以辞退、与其解除劳动或者聘用合同。

## 四、女职工孕期的保护

依据《女职工劳动保护特别规定》，女职工在孕期不能适应原劳动的，用人单位应当根据医疗机构的证明，予以减轻劳动量或者安排其他能够适应的劳动。

对怀孕 7 个月以上的女职工，用人单位不得延长劳动时间或者安排夜班劳动，并应当在劳动时间内安排一定的休息时间。

怀孕女职工在劳动时间内进行产前检查，所需时间计入劳动时间。

## 五、产假规定

依据《女职工劳动保护特别规定》，女职工生育享受 98 天产假，其中产前可以休假 15 天；难产的，增加产假 15 天；生育多胞胎的，每多生育 1 个婴儿，增加产假 15 天。

女职工怀孕未满 4 个月流产的，享受 15 天产假；怀孕满 4 个月流产的，享受 42 天产假。

## 六、生育津贴规定

依据《女职工劳动保护特别规定》，女职工产假期间的生育津贴，对已经参加生育保险的，按照用人单位上年度职工月平均工资的标准由生育保险基金支付；对未参加生育保险的，按照女职工产假前工资的标准由用人单位支付。

女职工生育或者流产的医疗费用，按照生育保险规定的项目和标准，对已经参加生育保险的，由生育保险基金支付；对未参加生育保险的，由用人单位支付。

## 七、哺乳规定

依据《女职工劳动保护特别规定》，对哺乳未满 1 周岁婴儿的女职工，用人单位不得延长劳动时间或者安排夜班劳动。

用人单位应当在每天的劳动时间内为哺乳期女职工安排 1 小时哺乳时间；女职工生育多胞胎的，每多哺乳 1 个婴儿每天增加 1 小时哺乳时间。

女职工比较多的用人单位应当根据女职工的需要，建立女职工卫生室、孕妇休息室、哺乳室等设施，妥善解决女职工在生理卫生、哺乳方面的困难。

**【练习提高】**

**一、单项选择题（每题 1 分，每题的备选项中，只有 1 个最符合题意）**

1. 依据《女职工劳动保护特别规定》，女职工生育享受（　　）。

A. 90 天产假，其中产前可以休假 10 天

B. 90 天产假，其中产前可以休假 15 天

C. 98 天产假，其中产前可以休假 10 天

D. 98 天产假，其中产前可以休假 15 天

2. 依据《女职工劳动保护特别规定》，女职工产假期间的生育津贴

A. 对已经参加生育保险的，按照女职工产假前工资的标准由生育保险基金支付

B. 对已经参加生育保险的，按照用人单位上年度职工月平均工资的标准由生育保险基金支付

C. 对未参加生育保险的，按照女职工 90%的产假前工资标准由用人单位支付

D. 对未参加生育保险的，按照用人单位上年度职工月平均工资的标准由用人单位支付

**二、多项选择题（每题 2 分，每题的备选项中，有 2 个或 2 个以上符合题意，至少有 1 个错项。错选，本题不得分；少选，所选的每个选项得 0.5 分）**

王某在销售公司工作，已经怀孕 6 个月，工资是 7 800 元，该公司上年度职工月平均工资为 6 500 元，未给女职工缴纳生育保险费。该公司下列做法中，符合《女职工劳动保护特别规定》的是（　　）。

A. 工作忙时安排王某加班

B. 王某在休产假期间的工资按用人单位上年度职工月平均工资标准 6 500 元支付

C. 若王某生育为双胞胎，用人单位准予休产假 120 天

D. 王某产假期间的生育津贴，按照 7 800 元的标准由用人单位支付

E. 王某生育的医疗费用由用人单位承担

## 综合练习

**一、单项选择题（每题 1 分，每题的备选项中，只有 1 个最符合题意）**

1. 某铁矿石生产企业近日通过试生产，需向本省安全生产许可证颁发机关申请取得非煤矿山安全生产许可证，依据《安全生产许可证条例》的规定，下列说法正确的是（　　）。

A. 该企业需配备专职或兼职安全生产管理人员

B. 该企业主要负责人和安全生产管理人员须取得安全合格证书

C. 该企业须具有职业危害防治措施

D. 该企业须为从业人员投保人身意外伤害保险

2. 安全生产许可证的颁发和管理由相关政府部门负责。下列高危行业企业中，不属于安全生产监督管理部门颁发和管理安全生产许可证的是（　　）。

A. 非煤矿山企业　　B. 烟花爆竹生产企业

C. 民用爆炸物品生产企业　　D. 危险化学品生产企业

3. 某金属矿山企业拟申请安全生产许可证，依据《安全生产许可证条例》的规定，下列关于安全生产许可证申请的说法，正确的是（　　）。

A. 安全生产许可证的有效期是5年，并且不需要年检

B. 由安全生产监督管理部门负责安全生产许可证的颁发

C. 安全生产许可证颁发机关自收到企业申请资料之日起，应当在30日内完成审查发证工作

D. 安全生产许可证可以在企业试生产期间提出申请

4. 依据《煤矿安全监察条例》，下列关于煤矿建设工程安全设施安全监察的说法，正确的是（　　）。

A. 煤矿建设工程安全设施设计必须经煤矿安全监察机构和国土资源管理部门联合审查同意方能施工

B. 审查机构审查煤矿建设工程安全设施设计，应当自收到申请资料之日起60日内审查完毕

C. 煤矿建设工程安全设施设计审查完毕，审查机构要签署同意或者不同意的意见，并书面答复

D. 煤矿建设工程竣工后，应当经煤炭行业管理部门对其安全设施进行验收后方能投入生产

5. 依据《煤矿安全监察条例》，煤矿安全监察人员发现煤矿矿长或者其他主管人员违章指挥工人或者强令工人违章、冒险作业，应采取的措施是（　　）。

A. 责令限期改正或者停产整顿

B. 责令停产整顿或者提请关闭煤矿

C. 吊销煤矿安全生产许可证或者提请关闭煤矿

D. 立即纠正或者责令立即停止作业

6. 依据《国务院关于预防煤矿生产安全事故的特别规定》，被责令停产整顿的煤矿，整改结束后要求恢复生产的，应当由县级以上地方人民政府负责煤矿安全监管的部门自收到恢复生产申请之日起，在规定期限内组织验收完毕，验收的期限是（　　）。

A. 60日内　　B. 80日内　　C. 90日内　　D. 120日内

7. 依据《国务院关于预防煤矿生产安全事故的特别规定》，对（　　）2次或者2次以上发现有重大安全生产隐患，仍然进行生产的煤矿，有关部门应当提请有关地方人民政府关闭该煤矿。

A. 6个月内　　B. 5个月内　　C. 4个月内　　D. 3个月内

8. 依据《建设工程安全生产管理条例》的规定，实行施工总承包的建设工程，支付意外伤害保险费的单位是（　　）。

A. 总承包单位　　B. 施工单位

C. 总承包单位与施工单位　　D. 施工单位与监理单位

9. 甲公司以总承包方式承揽了乙公司的大型工程施工项目，根据承包合同约定，将外墙装饰工程分包给了丙公司。根据《建设工程安全生产管理条例》，对该工程施工现场安全生产负总责的单位是（　　）。

A. 乙公司　　B. 甲公司　　C. 丙公司　　D. 乙公司和丙公司

10. 依据《建筑工程安全生产管理条例》的规定，下列关于施工单位安全责任的说法正确的是（　　）。

A. 施工单位应当配备专职或兼职安全生产管理人员

B. 施工单位未设置安全生产管理机构，未配备安全生产管理人员的，应委托第三方负责现场安全管理

C. 施工总承包单位和分包单位对分包工程的安全生产负连带责任

D. 施工总承包单位可以将建设工程主体结构的施工项目进行分包

11. 《建设工程安全生产管理条例》规定，依法批准开工报告的建设工程，建设单位应当自开工报告批准之日起（　　）日内，将保证安全施工的措施报送建设工程所在地县级以上地方人民政府建设行政主管部门或者其他有关部门备案。

A. 15　　B. 30　　C. 45　　D. 60

12. 根据《建设工程安全生产管理条例》，关于实行施工总承包的建设工程安全责任的说法，正确的是（　　）。

A. 总承包单位依法将建设工程分包给其他单位的，分包合同中应当明确各自安全生产方面的权利、义务

B. 总承包单位和分包单位依据承包合同的规定，对施工现场的安全生产各自独立承担相应责任

C. 建设单位、总承包单位和分包单位对分包工程的安全生产承担连带责任

D. 分包单位不服从管理导致生产安全事故的，由分包单位承担全部责任

13. 依据《建设工程安全生产管理条例》的规定，监理单位对施工组织设计进行强制性标准符合性审查，下列属于审查内容的是（　　）。

A. 安全管理方案　　B. 安全技术措施

C. 安全培训计划　　D. 安全投入计划

14. 依据《危险化学品安全管理条例》的规定，下列关于危险化学品生产、储存安全管理的说法，正确的是（　　）。

A. 建设单位应当将危险化学品生产建设项目的安全条件论证和安全评价的情况报告，报建设项目所在地县级以上人民政府安全监管部门审查

B. 进行可能危及危险化学品管道安全的施工作业，施工单位应当在开工的15日前书面通知管道所属单位

C. 危险化学品生产企业进行生产前，应当依照《安全生产许可证条例》的规定，取得危险化学品安全生产许可证

D. 剧毒化学品以及储存数量构成重大危险源的其他危险化学品，应当在仓库内与其他物品隔开存放，并实行专人保管制度

15. 根据《危险化学品安全管理条例》，负有安全监管职责的部门进行安全生产监督检查时，可以采取的措施是（　　）。

A. 发现危险化学品事故隐患，责令立即消除并处以罚款

B. 经本部门主要负责人批准，查封违法生产、储存、使用、经营化学品的场所

C. 发现影响危险化学品安全的违法行为，对企业主要负责人实施拘留

D. 对未依法整改重大事故隐患的危险化学品生产企业实施关闭

16. 依据《危险化学品安全管理条例》的规定，下列有关危险化学品生产、储存安全规定的说法，正确的是（　　）。

A. 建设单位负责对改建的储存危险化学品的建设项目进行安全条件审查

B. 安全监管部门应当对生产危险化学品的建设项目进行安全条件论证

C. 储存剧毒化学品的单位，应当设置治安保卫机构

D. 生产危险化学品的单位转产时，应当妥善处置其危险化学品生产装置，处置方案应当报所在地市级安全监管等部门

17. 某企业是位于A省B市C区港口内的一家危险化学品仓储经营企业，已经取得了港口经营许可证。依据《危险化学品安全管理条例》的规定，下列关于该企业申请危险化学品经营许可证的说法，正确的是（　　）。

A. 需要向B市的港口行政管理部门申请危险化学品经营许可证

B. 需要向C区的港口行政管理部门申请危险化学品经营许可证

C. 需要向A省的安全监管部门申请危险化学品经营许可证

D. 不需要申请危险化学品经营许可证

18. 依据《危险化学品安全管理条例》的规定，下列关于剧毒化学品运输管理的说法，正确的是（　　）。

A. 可以通过内河封闭水域运输剧毒化学品

B. 禁止通过内河运输剧毒化学品

C. 应急管理部门负责审批剧毒化学品道路运输通行证

D. 海事管理机构负责确定剧毒化学品船舶运输的安全运输条件

19. 根据《危险化学品安全管理条例》，关于危险化学品运输安全的说法，正确的是（　　）。

A. 船舶载运危险化学品进出内河港口，应当将危险化学品的名称、危险特性、包装以及进出港时间等事项事先报告海事管理机构

B. 通过道路运输剧毒化学品，托运人应当向运输始发地或目的地交通运输主管部门申请剧毒化学品道路运输通行证

C. 载运危险化学品的船舶在内河航行，通过过船建筑物的，应当提前向水利主管部门申报

D. 在内河港口内进行危险化学品的装卸、过驳作业，应当将危险货物的名称、特性、包装和作业的时间、地点等事项报告公安部门

20. 依据《危险化学品安全管理条例》，关于危险化学品经营安全的说法，正确的是（　　）。

A. 危险化学品生产企业在其厂区范围内销售本企业生产的危险化学品，应取得危险化学品经营许可证

B. 危险化学品经营企业经批准，可以在规定范围经营没有化学品安全技术说明书的危险化学品

C. 依法取得危险化学品安全生产许可证的企业，可以凭安全生产许可证购买剧毒危险化学品

D. 个人不得购买剧毒危险化学品（包括属于剧毒化学品的农药）和易制爆危险化学品

21. 根据《烟花爆竹安全管理条例》，关于烟花爆竹燃放安全的说法，正确的是（　　）。

A. 大型焰火燃放活动的燃放作业人员，应当符合行业标准规定的条件

B. 乡镇政府可以根据本区域情况，确定禁止燃放烟花爆竹的时间地点和种类

C. 在输变电设施安全保护区内燃放烟花爆竹，必须报市级公安部门批准

D. 申请举办焰火晚会应当按照分级管理的规定，向有关人民政府安全监管部门申请核发《焰火燃放许可证》

22. 根据《烟花爆竹安全管理条例》，关于烟花爆竹生产安全规定的说法，正确的是（　　）。

A. 生产烟花爆竹的企业为扩大生产能力进行技术改造的，应当依照规定申请办理安全生产许可证

B. 生产烟花爆竹的企业申请获得《烟花爆竹安全生产许可证》后，即可从事烟花爆竹生产活动

C. 生产烟花爆竹的企业从事危险工序的作业人员经企业进行专业技术培训合格，方可上岗

D. 生产烟花爆竹的企业应当在烟花爆竹产品上印刷易燃易爆危险物品警示标志，并标注燃放说明

23. 根据《民用爆炸物品安全管理条例》，购买民用爆炸物品的单位应当自民用爆炸物品买卖成交之日起（　　）日内，将购买的品种、数量向所在地县级人民政府公安机关备案

A. 15　　B. 10　　C. 3　　D. 7

24. 某厂是一家民用爆炸物品生产企业，依据《民用爆炸物品安全管理条例》的规定，下列关于该厂民用爆炸物品销售和购买的说法，正确的是（　　）。

A. 该厂申请办理《民用爆炸物品销售许可证》，销售本厂生产的炸药

B. 该厂在销售炸药成交之日起 3 日内，将相关信息向所在地省级人民政府民用爆炸物品主管部门和县级公安机关备案

C. 该厂应将购买炸药单位的许可证，银行账户，转账凭证，经办人身份证明复印件保存 1 年备查

D. 该厂计划出口炸药产品，须经所在地省级人民政府民用爆炸物品主管部门审批

25. 依据《民用爆炸物品安全管理条例》的规定，爆破作业人员应当经考核合格，取得《爆破作业人员许可证》后，方可从事爆破作业。对其考核的单位是（　　）。

A. 设区的市人民政府安全监管部门

B. 设区的市人民政府公安机关

C. 县级人民政府安全监管部门

D. 县级人民政府公安机关

26 下列设备中，不属于《特种设备安全监察条例》安全监察对象的是（　　）。

A. 化工厂的压力容器　　B. 商场的电梯

C. 海上平台的起重机　　D. 电厂的锅炉

27. 根据《特种设备安全监察条例》，关于特种设备使用安全的说法，正确的是（　　）。

A. 特种设备使用单位应当按照安全技术规范的定期检验要求，在安全检验合格有效期届满前 1 个月向特种设备检验检测机构提出定期检验要求

B. 特种设备使用单位对在用特种设备应当至少每周进行一次自行检查，并作出记录

C. 电梯应当至少每月进行一次清洁、润滑、调整和检查

D. 大型游乐设施的运营使用单位的主要负责人至少应当每季度召开一次会议，督促、检查大型游乐设施的安全使用工作

28. 依据《特种设备安全监察条例》，下列关于特种设备使用的表述，正确的是（　　）。

A. 特种设备在投入使用前或者投入使用后 15 日内，特种设备使用单位应当向直辖市或设区的市级特种设备安全监督管理部门登记

B. 特种设备使用单位对在用特种设备应当至少每月进行 1 次自行检查，并作出记录

C. 电梯应当至少每 30 日进行 1 次清洁、润滑、调整和检查

D. 客运索道、大型游乐设施的运营使用单位在客运索道、大型游乐设施每周投入使用前，应当进行试运行和例行安全检查，并对安全装置进行检查确认

29. 根据《生产安全事故应急条例》的规定，县级以上地方人民政府以及县级以上人民政府负有安全生产监督管理职责的部门，乡、镇人民政府以及街道办事处等地方人民政府派出机关，应当至少（　　）生产安全事故应急救援预案演练。

A. 每 1 年组织 1 次　　B. 每 2 年组织 1 次

C. 每半年组织 1 次　　D. 每 1 年组织 2 次

30. 某金属冶炼厂发生一起火灾事故，当场造成 2 人死亡、1 人重伤、3 人轻伤，事故发生 3 天后，重伤者因救治无效死亡。根据《生产安全事故报告和调查处理条例》，该厂应自事故发生之日起（　　）日内补报该事故伤亡情况。

A. 45　　B. 7　　C. 30　　D. 15

31. 依据《生产安全事故报告和调查处理条例》的规定，事故发生单位对事故发生负有责任的，应处 20 万以上 50 万以下罚款的事故等级是（　　）。

A. 一般事故　　B. 较大事故　　C. 重大事故　　D. 特别重大事故

32. 企业职工刘某发生工伤。依据《工伤保险条例》的规定，下列关于刘某工伤保险待遇的说法，正确的是（　　）。

A. 刘某因暂停工作接受工伤医疗，停工留薪期一般不超过 12 个月，特殊情况不得超过 18 个月

B. 刘某评定伤残等级后生活部分不能自理，经劳动能力鉴定委员会确认需要生活护理，护理费标准为统筹地区上年度职工月平均工资的 20%

C. 刘某经鉴定为六级伤残，从工伤保险基金支付一次性伤残补助金，标准为 12 个月的本人工资

D. 刘某不能工作，与该企业保留劳动关系，企业按月发放给刘某的伤残津贴标准为刘某工资的 60%

33. 王某因公致残，经劳动能力鉴定委员会鉴定为四级伤残，根据《工伤保险条例》，关于刘某伤残待遇的说法，正确的是（　　）。

A. 从工伤保险基金中，按伤残等级支付一次性补助金，标准为王某 23 个月工资

B. 从工伤保险基金中，按伤残等级支付一次性补助金，标准为王某 21 个月工资

C. 从工伤保险基金中，按月支付伤残津贴，标准为王某工资的 85%

D. 从工伤保险基金中，按月支付伤残津贴，标准为王某工资的 80%

34. 某企业职工孙某发生事故，认定为工伤，经治疗伤情相对稳定后留下残疾，影响劳动能力。根据《工伤保险条例》，关于劳动能力鉴定的说法，正确的是（　　）。

A. 对孙某劳动能力鉴定的专家组，应当从专家库中随机抽取 7 名专家组成

B. 生活自理障碍分为两个等级：生活完全不能自理、生活部分不能自理

C. 劳动功能障碍分为十个伤残等级，最重的为一级，最轻的为十级

D. 自劳动能力鉴定结论作出之日起半年后，孙某认为伤残情况发生变化，可以申请劳动能力复查

35. 依据《工伤保险条例》的规定，下列关于劳动能力鉴定的说法，正确的是（　　）。

A. 劳动功能障碍分为十个伤残等级，最轻的为一级，最重的为十级

B. 劳动能力鉴定必须由用人单位、工伤职工向市级劳动能力鉴定委员会提出申请

C. 市级劳动能力鉴定委员会作出的鉴定结论是最终结论

D. 自劳动能力鉴定结论作出之日起六个月后，工伤职工认为伤残情况发生变化的，可以申请复查鉴定

36. 依据《女职工劳动保护特别规定》，关于女职工的保护措施，正确的是（　　）。

A. 对怀孕的女职工，用人单位不得延长劳动时间或者安排夜班劳动

B. 女职工生育享受 90 天产假，其中产前可以休假 15 天

C. 怀孕女职工在劳动时间内进行产前检查，所需时间不计入劳动时间

D. 女职工生育双胞胎的，可以享受113天产假

37. 依据《女职工劳动保护特别规定》，女职工产假期间的生育津贴，正确的是（　　）。

A. 对已经参加生育保险的，按照女职工产假前工资的标准由生育保险基金支付

B. 对已经参加生育保险的，按照统筹地区上年度职工月平均工资的标准由生育保险基金支付

C. 对未参加生育保险的，按照女职工产假前工资的标准由用人单位支付

D. 对未参加生育保险的，按照用人单位上年度职工月平均工资的标准由用人单位支付

**二、多项选择题（每题2分，每题的备选项中，有2个或2个以上符合题意，至少有1个错项。错选，本题不得分；少选，所选的每个选项得0.5分）**

1. 依据《煤矿安全监察条例》的规定，下列关于煤矿安全监察执法检查的说法，正确的是（　　）。

A. 煤矿安全监察机构发现煤矿未依法建立安全生产责任制的，有权责令停业整顿

B. 煤矿安全监察机构发现煤矿未设置安全生产管理机构或者配备安全生产管理人员的，应当责令停业整顿

C. 煤矿建设工程安全设施设计必须经煤矿安全监察机构审查同意，未经审查同意的，不得施工

D. 煤矿建设工程安全设施设计审查完毕，审查机构要签署同意或者不同意的意见，并书面答复

E. 煤矿安全监察机构审查煤矿建设工程安全设施设计，应当自收到申请审查的设计资料之日起45日内审查完毕

2. 依据《国务院关于预防煤矿生产安全事故的特别规定》，煤矿若存在下列情形，有关执法部门应当提请政府对其予以关闭的有（　　）。

A. 2个月内2次或2次以上未依法对井下作业人员进行安全生产教育和培训的

B. 3个月内2次或2次以上发现有重大安全生产隐患仍然进行生产的

C. 无证照或者证照不全擅自从事生产的

D. 停产整顿后，验收仍不合格的

E. 被责令停产整顿，擅自从事生产的

3. 依据《建设工程安全生产管理条例》的规定，下列关于建设工程相关单位安全责任的说法，正确的是（　　）。

A. 建设工程的合理工期应由施工单位和监理单位双方协商一致确定

B. 建设单位在编制工程概算时，应当确定建设工程的安全作业环境和安全施工所需费用

C. 勘察单位向施工单位提供施工现场内供水、排水、供电、通信等地下管线资料

D. 建设单位应当在开工报告批准之日15日内，将安全施工保证措施报送有关

主管部门备案

E. 工程监理单位在实施监理过程中，发现事故隐患，应当要求施工单位整改并及时报告建设单位

4. 根据《建筑施工企业安全生产管理机构设置及专职安全生产管理人员配备办法》的要求，总承包单位配备项目专职安全生产管理人员应当满足的要求包括（　　）。

A. 1 万平方米以下的建筑工程不少于 1 人

B. 1 万~5 万平方米的装修工程不少于 2 人

C. 5 万平方米及以上的设备安装工程不少于 3 人

D. 1 万~5 万平方米的线路管道不少于 5 人

E. 5 000 万元以下的设备安装工程不少于 1 人

5. 依据《危险化学品安全管理条例》的规定，下列关于危险化学品运输安全管理的说法，正确的有（　　）。

A. 从事危险化学品道路运输、水路运输的，应当取得危险货物道路运输许可、危险货物水路运输许可，并向工商行政管理部门办理登记手续

B. 危险化学品道路运输企业、水路运输企业应当配备专职或兼职安全管理人员

C. 危险化学品道路运输企业、水路运输企业的驾驶人员、船员、装卸管理人员、押运人员、申报人员、集装箱装箱现场检查员应当经交通运输主管部门考核合格，取得从业资格

D. 运输危险化学品，应当根据危险化学品的危险特性采取相应的安全防护措施，并配备必要的防护用品和应急救援器材

E. 通过道路运输剧毒化学品的，托运人应当向运输始发地或者目的地县级人民政府交通运输主管部门申请剧毒化学品道路运输通行证

6. 根据《危险化学品安全管理条例》，某化工企业申请危险化学品安全使用许可证，应当具备的条件有（　　）。

A. 配备与所使用的危险化学品相适应的专业技术人员

B. 制定符合国家规定的危险化学品事故应急预案

C. 组织技术人员进行安全评估并出具安全评估报告

D. 配置必要的应急救援器材、设备

E. 设置安全管理机构和配备专职安全管理人员

7. 依据《危险化学品安全管理条例》的规定，下列关于危险化学品道路运输安全的说法，正确的有（　　）。

A. 应当采取相应的安全防护措施，并配备必要的防护用品和应急救援器材

B. 应当按照运输车辆的核定载质量装载危险化学品

C. 危险化学品运输企业必须取得危险化学品道路运输通行证

D. 应当配备随车押运人员并取得相应资格

E. 运输车辆应当定期进行安全技术检验

8. 根据《民用爆炸物品安全管理条例》，关于民用爆炸物品生产的安全管理的说法，正确的是（　　）。

A. 民用爆炸物品生产企业应当持《民用爆炸物品生产许可证》到工商行政管理部门办理工商登记，并在办理工商登记后1个月内，向所在地县级人民政府公安机关备案

B. 民用爆炸物品生产企业为调整生产能力及品种进行改建、扩建的，应当按规定申请办理《民用爆炸物品生产许可证》

C. 民用爆炸物品生产企业应当对民用爆炸物品做出警示标志、登记标志，并编码打号

D. 试验或者试制民用爆炸物品，在保障安全距离的条件下，可以在生产车间或者仓库内试验或者试制

E. 民用爆炸物品生产企业必须具备法定的安全生产条件，按照法定程序申请取得生产许可

9.《民用爆炸物品安全管理条例》规定，爆破作业单位应当对本单位的（　　）进行专业技术培训。

A. 安全管理人员　　B. 爆破作业人员

C. 现场监护人员　　D. 警戒保卫人员

E. 仓库管理人员

10. 依据《特种设备安全监察条例》，下列关于特种设备设计、生产、使用、维修、检验说法中，正确的有（　　）。

A. 压力容器的设计单位应当经国务院市场监督管理部门许可，方可从事压力容器的设计活动

B. 氧舱和客运索道、大型游乐设施的设计文件，应当经国务院特种设备安全监督管理部门核准的检验检测机构鉴定，方可用于制造

C. 客运索道、大型游乐设施的维修单位，应当有与特种设备维修相适应的专业技术人员和技术工人以及必要的检测手段，并经省、自治区、直辖市市场监督管理部门许可方可从事相应的维修活动

D. 锅炉、压力容器、压力管道元件、起重机械的安装、改造、重大维修过程，必须经国务院市场监督管理部门按照安全技术规范的要求进行检验检测方可出厂或者交付使用

E. 气瓶充装单位应当经省、自治区、直辖市的市场监督管理部门许可，方可从事充装活动

11. 某公司从事机械制造需要使用起重机械，依据《特种设备安全法》的规定，下列关于起重机械使用的说法，正确的有（　　）。

A. 该公司使用的起重机械必须经检验合格

B. 起重机械出现故障或者发生异常情况，该公司应当对其进行全面检查，消除事故隐患

C. 该公司使用的起重机械，应当在投入使用后60日内办理使用登记

D. 该公司使用的起重机械，应当建立岗位责任、隐患治理等安全管理制度，制定安全操作规程

E. 该公司应当按要求在检验合格有效期届满前1个月向检验检测机构提出定

期检验要求

12. 某地甲、乙、丙、丁、戊五家企业发生了下列生产安全事故。依据《生产安全事故报告和调查处理条例》的规定，其中属于较大事故的有（　　）。

A. 甲企业发生事故，造成 5 人死亡，1 800 万元直接经济损失

B. 乙企业发生事故，造成 2 人死亡，11 人重伤

C. 丙企业发生事故，造成 19 人急性工业中毒

D. 丁企业发生事故，造成 3 人重伤，6 000 万元直接经济损失

E. 戊企业发生事故，造成 50 人重伤

13. 依据《生产安全事故报告和调查处理条例》的规定，下列属于较大事故的有（　　）。

A. 某建筑施工单位施工人员在拆卸脚手架过程中，3 人坠落身亡

B. 某化工厂发生氯气泄漏事故，造成 2 人死亡、12 人在施救过程中急性中毒

C. 某烟花爆竹生产企业发生爆炸事故，造成 2 人死亡、28 人轻伤，直接经济损失 1 050 万元

D. 某旅游公司客车（核载 19 人、实载 17 人）在景区坠崖，乘客无一生还

E. 某化工企业发生爆炸事故，造成直接经济损失 7 000 万元，无人员伤亡

14. 某日 16 时，某建设工地发生事故，现场安全员立即将事故情况向施工企业负责人报告，企业负责人立即组织人员前往现场营救。事故造成 6 人当场死亡，3 人受伤送医院治疗。次日 7 时施工企业负责人向当地县安全监管部门报告事故情况，3 日后 1 人因救治无效死亡。依据《生产安全事故报告和调查处理条例》的规定，下列关于该起事故报告的说法中，正确的有（　　）。

A. 现场安全员只向企业负责人报告，未及时向当地安全监管部门报告，属违法行为

B. 企业负责人在事故发生后 22 小时向当地安全监管部门报告事故情况，属于迟报

C. 企业负责人还应该向建设主管部门报告

D. 因死亡人数增加 1 人，企业应当及时向当地县安全监管部门和建设主管部门补报

E. 当地县安全监管部门应当向上一级安全监管部门报告

15. 根据《工伤保险条例》，关于工伤认定的说法，正确的有（　　）。

A. 社会保险行政部门应当自受理工伤认定申请之日起 60 日内作出工伤认定的决定

B. 社会保险行政部门对受理的事实清楚、权利义务明确的工伤认定申请，应当在 15 日内作出工伤认定的决定

C. 所在单位应当自事故伤害发生之日或者被诊断、鉴定为职业病之日起 60 日内，向统筹地区社会保障行政部门提出工伤认定申请

D. 职工或者其近亲属认为是工伤，用人单位不认为是工伤的，由用人单位承担举证责任

E. 用人单位未在规定时限内提交工伤认定申请，在此期间发生符合规定的工

伤待遇等有关费用由用人单位负担

16. 依据《工伤保险条例》的规定，下列应当认定为工伤的情形有（　　）。

A. 某职工违章操作机床，造成右臂骨折

B. 某职工外出参加会议期间，在宾馆内洗澡时滑倒，造成腿骨骨折

C. 某职工在工作岗位突发心梗抢救无效死亡

D. 某职工在下班后清理机床时，机床意外启动造成职工受伤

E. 某职工职业健康检查时诊断尘肺三期

## 参考答案

### 第一节

**一、单项选择题**

1. C　2. B　3. C

**二、多项选择题**

1. BCE　2. AE

### 第二节

**一、单项选择题**

1. C　2. C　3. C　4. D

**二、多项选择题**

ABCD

### 第三节

**一、单项选择题**

1. B　2. B　3. D

**二、多项选择题**

1. ABC　2. CDE　3. ACDE

### 第四节

**一、单项选择题**

1. B　2. C　3. B　4. C　5. D　6. D　7. A　8. B

**二、多项选择题**

1. BE　2. CDE　3. BE

### 第五节

**一、单项选择题**

1. A　2. B　3. C　4. C　5. B　6. C　7. A　8. D　9. A

**二、多项选择题**

1. ACDE　2. ACD　3. BDE　4. CDE

### 第六节

一、单项选择题

1. C 2. D 3. D 4. C 5. A 6. B

二、多项选择题

1. ABCE 2. ABCE

### 第七节

一、单项选择题

1. B 2. C 3. D 4. B

二、多项选择题

1. BE 2. ACDE 3. ABDE

### 第八节

一、单项选择题

1. B 2. C 3. C 4. A 5. D

二、多项选择题

1. CD 2. ABD 3. BCDE

### 第九节

一、单项选择题

1. D 2. D

二、多项选择题

1. ACE 2. BE

### 第十节

一、单项选择题

1. A 2. C 3. B 4. A

二、多项选择题

1. ADE 2. ADE 3. DE 4. . ABCD

### 第十一节

一、单项选择题

1. C 2. D 3. A 4. C 5. D 6. B

二、多项选择题

1. BCE 2. ACDE

### 第十二节

一、单项选择题

1. B 2. B

二、多项选择题

CD

第十三节

一、单项选择题

1. D　2. B

二、多项选择题

ADE

综合练习

一、单项选择题

1. B　2. C　3. B　4. C　5. D　6. A　7. D　8. A　9. B　10. C　11. A　12. A　13. B　14. C　15. B　16. C　17. D　18. D　19. A　20. C　21. A　22. A　23. C　24. B　25. B　26. C　27. A　28. B　29. B　30. B　31. B　32. D　33. B　34. C　35. B　36. D　37. C

二、多项选择题

1. CD　2. BCDE　3. BD　4. ABE　5. ACD　6. ABDE　7. ABDE　8. BE　9. ABE　10. ABCE　11. ABDE　12. ABC　13. ABC　14. BCDE　15. ABDE　16. ABDE

# 第七章　安全生产部门规章

**考试内容及要求**

1.《注册安全工程师分类管理办法》及相关制度文件。依照本办法及相关制度文件，分析注册安全工程师分类管理和注册安全工程师应负职责等方面的有关法律问题，判断违反本办法和相关制度文件的行为及应负的法律责任。

2.《生产经营单位安全培训规定》。依照本规定分析生产经营单位主要负责人、安全生产管理人员、特种作业人员和其他从业人员安全培训等方面的有关法律问题，判断违反本规定的行为及应负的法律责任。

3.《特种作业人员安全技术培训考核管理规定》。依照本规定分析特种作业人员安全技术培训、考核、发证和复审等方面的有关法律问题，判断违反本规定的行为及应负的法律责任。

4.《安全生产培训管理办法》。依照本办法分析安全培训机构、安全培训、考核、发证、监督管理等方面的有关法律问题，判断违反本办法的行为及应负的法律责任。

5.《安全生产事故隐患排查治理暂行规定》。依照本规定分析安全生产事故隐患排查和治理方面的有关法律问题，判断违反本规定的行为及应负的法律责任。

6.《生产安全事故应急预案管理办法》。依照本办法分析生产安全事故应急预案编制、评审、发布、备案、培训、演练方面的有关法律问题，判断违反本办法的行为及应负的法律责任。

7.《生产安全事故信息报告和处置办法》。依照本办法分析生产安全事故信息报告、处置方面的有关法律问题，判断违反本办法的行为及应负的法律责任。

8.《建设工程消防监督管理规定》。依照本规定分析建设工程消防设计审核、消防验收以及备案审查方面的有关法律问题，判断违反本规定的行为及应负的法律责任。

9.《建设项目安全设施“三同时”监督管理办法》。依照本办法分析建设项目安全条件论证、安全预评价、安全设施设计审查、施工和竣工验收等方面的有关法律问题，判断违反本办法的行为及应负的法律责任。

10.《冶金企业和有色金属企业安全生产规定》。依照本规定分析冶金企业和有色金属企业的安全生产保障、监督管理等方面的有关法律问题，判断违反本规定的行为及应负的法律责任。

11.《危险化学品输送管道安全管理规定》。依照本规定分析危险化学品输送管道的规划、建设、运行和监督管理方面的有关法律问题，判断违反本规定的行为及应负的法律责任。

12.《危险化学品建设项目安全监督管理办法》。依照本办法分析危险化学品建设项目安全条件审查、建设项目安全设施设计审查、建设项目试生产（使用）、建设项目安全设施竣工验收、监督管理等方面的有关法律问题，判断违反本办法的行为及应负的法律责任。

13.《危险化学品重大危险源监督管理暂行规定》。依照本规定分析危险化学品重大危险源辨识与评估、安全管理、监督检查等方面的有关法律问题，判断违反本规定的行为及应负的法律责任。

14.《工贸企业有限空间作业安全管理与监督暂行规定》。依照本规定分析工贸企业有限空间作业的安全保障、监督管理等方面的有关法律问题，判断违反本规定的行为及应负的法律责任。

## 第一节　注册安全工程师分类管理办法

【本节重点】

熟悉注册安全工程师的类别和级别，了解注册安全工程师各级别取得的方式以及继续教育的有关规定。

### 一、注册安全工程师类别和级别

#### 1. 注册安全工程师的类别

《注册安全工程师分类管理办法》规定："注册安全工程师专业类别划分为煤矿安全、金属非金属矿山安全、化工安全、金属冶炼安全、建筑施工安全、道路运输安全、其他安全（不包括消防安全）。"划分专业类别后，注册安全工程师按照专业类别进行考试、注册、参加继续教育、配备使用。如需另行增设专业类别，由国务院有关行业主管部门提出意见，人力资源和社会保障部、国家安全监管总局共同确定。

#### 2. 注册安全工程师的级别

注册安全工程师级别设置为高级、中级、初级（助理）。

### 二、注册安全工程师执业范围

《注册安全工程师分类管理办法》规定："注册安全工程师可在相应行业领域生产经营单位和安全评价检测等安全生产专业服务机构中执业。"同时规定："危险物品的生产、储存单位以及矿山、金属冶炼单位应当有相应专业类别的中级及以上注册安全工程师从事安全生产管理工作。”并要求：“危险物品的生产、储存单位以及矿山单位安全生产管理人员中的中级及以上注册安全工程师比例应自本办法施行之日起2年内，金属冶炼单位安全生产管理人员中的中级及以上注册安全工程师比例应自本办法施行之日起5年内达到15%左右并逐步提高。”

## 三、注册安全工程师取得

### 1. 高级注册安全工程师取得

《注册安全工程师分类管理办法》规定：“高级注册安全工程师采取考试与评审相结合的评价方式，具体办法另行规定。”

### 2. 中级注册安全工程师取得

中级注册安全工程师采取考试方式取得。《注册安全工程师分类管理办法》规定：“中级注册安全工程师职业资格考试按照专业类别实行全国统一考试，考试科目分为公共科目和专业科目，由人力资源和社会保障部、国家安全监管总局负责组织实施。”同时规定：“国家安全监管总局或其授权的机构负责中级注册安全工程师职业资格公共科目和专业科目（建筑施工安全、道路运输安全类别除外）考试大纲的编制和命审题组织工作。住房城乡建设部、交通运输部或其授权的机构分别负责建筑施工安全、道路运输安全类别中级注册安全工程师职业资格专业科目考试大纲的编制和命审题工作。人力资源和社会保障部负责审定考试大纲，负责组织实施考务工作。”

### 3. 助理注册安全工程师取得

助理注册安全工程师采取考试方式取得。《注册安全工程师分类管理办法》规定：“助理注册安全工程师职业资格考试使用全国统一考试大纲，考试和注册管理由各省、自治区、直辖市人力资源和社会保障部门和安全监管部门会同有关行业主管部门组织实施。”

## 四、注册安全工程师继续教育

《注册安全工程师管理规定》规定：“继续教育按照注册类别分类进行。注册安全工程师在每个注册周期内应当参加继续教育，时间累计不得少于48学时。继续教育由部门、省级注册机构按照统一制定的大纲组织实施。中央企业注册安全工程师的继续教育可以由中央企业总公司（总厂、集团公司）组织实施。继续教育应当由具备安全培训条件的机构承担。”同时规定：“中级注册安全工程师按照专业类别进行继续教育，其中专业课程学时应不少于继续教育总学时的一半。”

## 五、注册安全工程师注册

《注册安全工程师分类管理办法》规定：“注册安全工程师按照专业类别进行注册，国家安全监管总局或其授权的机构为注册安全工程师职业资格的注册管理机构。”同时规定：“住房城乡建设部、交通运输部或其授权的机构分别负责其职责范围内建筑施工安全、道路运输安全类别中级注册安全工程师的注册初审工作。”“助理注册安全工程师职业资格考试使用全国统一考试大纲，考试和注册管理由各省、自治区、直辖市人力资源社会保障部门和安全监管部门会同有关行业主管部门组织实施。”

## 六、相关政策

**1. 注册安全工程师与政府主管部门安全能力合格证明的关系**

《注册安全工程师分类管理办法》规定："取得注册安全工程师职业资格证书并经注册的人员表明其具备与所从事的生产经营活动相应的安全生产知识和管理能力，可视为其安全生产知识和管理能力考核合格。"

**2. 注册安全工程师与工程系列安全工程专业职称之间的关系**

《注册安全工程师分类管理办法》规定："注册安全工程师各级别与工程系列安全工程专业职称相对应，不再组织工程系列安全工程专业职称评审。高级注册安全工程师考评办法出台前，工程系列安全工程专业高级职称评审仍然按现行制度执行。"也就是说，安全工程专业技术人员职称采取以考代评的方式，依法取得注册安全工程师职业资格证书即取得相应级别职称资格。

**【练习提高】**

**一、单项选择题（每题1分，每题的备选项中，只有1个最符合题意）**

1. 依据《注册安全工程师分类管理办法》，下列属于注册安全工程师专业类别划分的有（　　）。

A. 安全评价　　B. 道路运输安全

C. 消防安全　　D. 特种设备安全

2. 依据《注册安全工程师分类管理办法》，中级注册安全工程师按照专业类别进行继续教育，其中专业课程学时应不少于继续教育总学时的（　　）。

A. 20%　　B. 30%　　C. 50%　　D. 60%

**二、多项选择题（每题2分，每题的备选项中，有2个或2个以上符合题意，至少有1个错项。错选，本题不得分；少选，所选的每个选项得0.5分）**

据《注册安全工程师分类管理办法》，下列关于注册安全工程师管理的说法，正确的有（　　）。

A. 中级注册安全工程师专业课程继续教育不得少于48学时

B. 建筑施工单位应当有本专业类别的中级及以上注册安全工程师从事安全生产管理工作

C. 金属冶炼单位安全生产管理人员中的中级及以上注册安全工程师比例应自本办法施行之日起2年内达到15%左右并逐步提高

D. 矿山单位安全生产管理人员中的中级及以上注册安全工程师比例应自本办法施行之日起5年内达到15%左右并逐步提高

E. 危险物品的生产、储存单位安全生产管理人员中的中级及以上注册安全工程师比例应自本办法施行之日起2年内达到15%左右并逐步提高

# 第二节　生产经营单位安全培训规定

【本节重点】

了解生产经营单位安全培训的基本要求，掌握主要负责人、安全生产管理人员、新工人安全培训的规定。

## 一、《生产经营单位安全培训规定》的基本要求

### 1.《生产经营单位安全培训规定》的适用范围

《生产经营单位安全培训规定》规定："工矿商贸生产经营单位从业人员的安全培训，适用本规定。"

### 2. 安全培训的范围及要求

（1）基本要求。《生产经营单位安全培训规定》规定："生产经营单位应当进行安全培训的从业人员包括主要负责人、安全生产管理人员、特种作业人员和其他从业人员。生产经营单位从业人员应当接受安全培训，熟悉有关安全生产规章制度和安全操作规程，具备必要的安全生产知识，掌握本岗位的安全操作技能，了解事故应急处理措施，知悉自身在安全生产方面的权利和义务。未经安全培训合格的从业人员，不得上岗作业。"

（2）被派遣劳动者的要求。《生产经营单位安全培训规定》规定："生产经营单位使用被派遣劳动者的，应当将被派遣劳动者纳入本单位从业人员统一管理，对被派遣劳动者进行岗位安全操作规程和安全操作技能的教育和培训。劳务派遣单位应当对被派遣劳动者进行必要的安全生产教育和培训。"

（3）实习生的要求。《生产经营单位安全培训规定》规定："生产经营单位接收中等职业学校、高等学校学生实习的，应当对实习学生进行相应的安全生产教育和培训，提供必要的劳动防护用品。学校应当协助生产经营单位对实习学生进行安全生产教育和培训。"

### 3. 安全培训的监督管理部门及职责

国家对安全培训实行的是"综合监管、专项监管""分级负责、属地监管"相结合的监督管理体制。《生产经营单位安全培训规定》规定："国家安全生产监督管理总局指导全国安全培训工作，依法对全国的安全培训工作实施监督管理。国务院有关主管部门按照各自职责指导监督本行业安全培训工作，并按照本规定制定实施办法。国家煤矿安全监察局指导监督检查全国煤矿安全培训工作。各级安全生产监督管理部门和煤矿安全监察机构（以下简称安全生产监管监察部门）按照各自的职责，依法对生产经营单位的安全培训工作实施监督管理。"

## 二、主要负责人、安全生产管理人员的安全培训

### 1. 安全培训要求及标准

《生产经营单位安全培训规定》规定："生产经营单位主要负责人和安全生产管理人员应当接受安全培训，具备与所从事的生产经营活动相适应的安全生产知识和管理能力。煤矿、非煤矿山、危险化学品、烟花爆竹、金属冶炼等生产经营单位主要负责人和安全生产管理人员，自任职之日起 6 个月内，必须经安全生产监管监察部门对其安全生产知识和管理能力考核合格。"

### 2. 主要负责人安全培训时间

《生产经营单位安全培训规定》规定："生产经营单位主要负责人和安全生产管理人员初次安全培训时间不得少于 32 学时。每年再培训时间不得少于 12 学时。煤矿、非煤矿山、危险化学品、烟花爆竹、金属冶炼等生产经营单位主要负责人和安全生产管理人员初次安全培训时间不得少于 48 学时，每年再培训时间不得少于 16 学时。"

### 3. 安全培训大纲及考核标准

非煤矿山、危险化学品、烟花爆竹、金属冶炼等生产经营单位主要负责人和安全生产管理人员的安全培训大纲及考核标准由应急管理部统一制定；煤矿主要负责人和安全生产管理人员的安全培训大纲及考核标准由国家煤矿安全监察局制定；煤矿、非煤矿山、危险化学品、烟花爆竹、金属冶炼以外的其他生产经营单位主要负责人和安全管理人员的安全培训大纲及考核标准，由省、自治区、直辖市安全生产监督管理部门制定。

## 三、其他从业人员的安全培训

### 1. 新工人上岗培训要求

《生产经营单位安全培训规定》规定："生产经营单位新上岗的从业人员，岗前安全培训时间不得少于 24 学时。煤矿、非煤矿山、危险化学品、烟花爆竹、金属冶炼等生产经营单位新上岗的从业人员安全培训时间不得少于 72 学时，每年再培训的时间不得少于 20 学时。"

### 2. 重新上岗培训要求

《生产经营单位安全培训规定》规定："从业人员在本生产经营单位内调整工作岗位或离岗一年以上重新上岗时，应当重新接受车间（工段、区、队）和班组级的安全培训。生产经营单位采用新工艺、新技术、新材料或者使用新设备时，应当对有关从业人员重新进行有针对性的安全培训。"

### 3. 特种作业人员培训

《生产经营单位安全培训规定》规定："生产经营单位的特种作业人员，必须按照国家有关法律、法规的规定接受专门的安全培训，经考核合格，取得特种作业操作资格证书后，方可上岗作业。特种作业人员的范围和培训考核管理办法，另行规定。"

## 四、安全培训的组织

依据《生产经营单位安全培训规定》规定："生产经营单位从业人员的安全培训工

作，由生产经营单位组织实施。生产经营单位应当坚持以考促学、以讲促学，确保全体从业人员熟练掌握岗位安全生产知识和技能；煤矿、非煤矿山、危险化学品、烟花爆竹、金属冶炼等生产经营单位还应当完善和落实师傅带徒弟制度。”

**【练习提高】**

**一、单项选择题（每题 1 分，每题的备选项中，只有 1 个最符合题意）**

1. 依据《生产经营单位安全培训规定》，下列关于生产经营单位主要负责人、安全生产管理人员安全培训时间的说法，正确的是（　　）。

A. 生产经营单位主要负责人初次安全培训时间不得少于 48 学时

B. 生产经营单位安全生产管理人员初次安全培训后，每年再培训时间不得少于 12 学时

C. 危险化学品、烟花爆竹等生产经营单位主要负责人安全培训时间不得少于 32 学时

D. 煤矿、非煤矿山企业安全生产管理人员每年安全再培训时间不得少于 24 学时

2. 依据《生产经营单位安全培训规定》，关于安全培训组织实施的说法，正确的是（　　）。

A. 生产经营单位从业人员的安全培训工作必须由有资质的机构进行

B. 生产经营单位委托其他机构进行安全培训，保证安全培训的责任由其他机构承担

C. 生产经营单位安排从业人员参加培训期间，可以不支付从业人员工资

D. 生产经营单位安排从业人员参加培训，应当承担从业人员的培训费用

3. 依据《生产经营单位安全培训规定》，下列从业人员安全培训时间符合规定的是（　　）。

A. 食品加工企业新上岗的从业人员，岗前安全培训时间达到 12 学时

B. 金属冶炼企业的从业人员，每年安全再培训时间达到 16 学时

C. 危险化学品生产企业的从业人员，每年再培训时间达到 20 学时

D. 烟花爆竹企业新上岗的从业人员，岗前安全培训时间达到 48 学时

4. 依据《生产经营单位安全培训规定》，煤矿、非煤矿山、危险化学品、烟花爆竹等生产经营单位新上岗的从业人员，岗前培训不得少于（　　）。

A. 24 学时　　B. 36 学时　　C. 48 学时　　D. 72 学时

**二、多项选择题（每题 2 分，每题的备选项中，有 2 个或 2 个以上符合题意，至少有 1 个错项。错选，本题不得分；少选，所选的每个选项得 0.5 分）**

1. 依据《生产经营单位安全培训规定》，下列关于生产经营单位主要负责人、安全生产管理人员、特种作业人员以外的其他从业人员安全培训的说法，正确的是（　　）。

A. 高危行业生产经营单位新上岗的人员，岗前培训时间不少于 36 学时

B. 非高危行业生产经营单位新上岗的人员，岗前培训时间不少于 24 学时

C. 安全生产经营单位三级安全培训是指厂（矿）级、车间级、工段级安全培训

D. 调整工作岗位或离岗一年重新上岗人员必须进行三级教育培训

E. 采用新工艺、新技术、新材料或者使用新设备时，从业人员重新进行有针对性的安全培训

2. 依据《生产经营单位安全培训规定》，下列关于安全培训的说法，正确的是（　　）。

A. 主要负责人初次安全培训时间不得少于 32 学时

B. 主要负责人每年再培训时间不得少于 8 学时

C. 安全生产管理人员初次安全培训时间不得少于 48 学时

D. 安全生产管理人员每年再培训时间不得少于 12 学时

E. 安全生产管理人员每年再培训时间不得少于 16 学时

## 第三节　特种作业人员安全技术培训考核管理规定

**【本节重点】**

熟悉特种作业人员的范围，掌握特种作业人员安全培训、考核发证、特种作业操作证复审的规定。

### 一、特种作业人员的范围

《特种作业人员安全技术培训考核管理规定》规定："本规定所称特种作业，是指容易发生事故，对操作者本人、他人的安全健康及设备、设施的安全可能造成重大危害的作业。特种作业的范围由特种作业目录规定。本规定所称特种作业人员，是指直接从事特种作业的从业人员。"特种作业人员的范围实行目录管理，根据安全生产工作的需要适时调整。依据《特种作业人员安全技术培训考核管理规定》的目录规定，目前特种作业人员共有十大类。即电工作业、焊接与热切割作业、高处作业、制冷与空调作业、煤矿安全作业、金属非金属矿山安全作业、石油天然气安全作业、冶金（有色）生产安全作业、危险化学品安全作业和烟花爆竹安全作业。

### 二、特种作业人员的资格许可及监督管理

#### 1. 特种作业人员的资格许可

《特种作业人员安全技术培训考核管理规定》第五条规定："特种作业人员必须经专门的安全技术培训并考核合格，取得《中华人民共和国特种作业操作证》（以下简称特种作业操作证）后，方可上岗作业。"

#### 2. 特种作业人员监督管理部门及职责

原国家安全生产监督管理总局（应急管理部）指导、监督全国特种作业人员的安全技术培训、考核、发证、复审工作；省、自治区、直辖市人民政府安全生产监督管

理部门指导、监督本行政区域特种作业人员的安全技术培训工作，负责本行政区域特种作业人员的考核、发证、复审工作；县级以上地方人民政府安全生产监督管理部门负责监督检查本行政区域特种作业人员的安全技术培训和持证上岗工作。

## 三、特种作业人员的安全培训

### 1. 培训方式及地点

《特种作业人员安全技术培训考核管理规定》规定："特种作业人员应当接受与其所从事的特种作业相应的安全技术理论培训和实际操作培训。跨省、自治区、直辖市从业的特种作业人员，可以在户籍所在地或者从业所在地参加培训。"

### 2. 免予培训

《特种作业人员安全技术培训考核管理规定》规定："已经取得职业高中、技工学校及中专以上学历的毕业生从事与其所学专业相应的特种作业，持学历证明经考核发证机关同意，可以免予相关专业的培训。"原则上主要是免除相关专业的安全技术理论培训。

### 3. 培训的要求

对特种作业人员的安全技术培训，具备安全培训条件的生产经营单位应当以自主培训为主，也可以委托具备安全培训条件的机构进行培训。生产经营单位委托其他机构进行特种作业人员安全技术培训的，保证安全技术培训的责任仍由本单位负责。依据《特种作业人员安全技术培训考核管理规定》的规定，从事特种作业人员安全培训的机构应当制定相应的培训计划、教学安排，按照原国家安全生产监督管理总局（应急管理部）、煤矿安监局制定的特种作业人员培训大纲和煤矿特种作业人员培训大纲进行特种作业人员的安全技术培训。

## 四、特种作业人员的考核发证

### 1. 考核方式

（1）特种作业人员的考核包括考试和审核两部分。考试由考核发证机关或其委托的单位负责。审核由考核发证机关负责。考核发证机关是指省、自治区、直辖市人民政府安全生产监督管理部门和负责煤矿特种作业人员考核发证工作的部门或者指定的机构，考核发证机关也可以委托设区的市级人民政府安全生产监督管理部门和负责煤矿特种作业人员考核发证工作的部门或者指定的机构负责。

（2）建立统一考核标准和考试题库。原国家安全生产监督管理总局（应急管理部）、煤矿安监局分别制定特种作业人员、煤矿特种作业人员的考核标准，并建立相应的考试题库。

### 2. 考试程序

（1）参加特种作业操作资格考试的人员，应当填写考试申请表。

（2）考核发证机关或其委托的单位收到申请后，应当在 60 日内组织考试。

（3）特种作业操作资格考试包括安全技术理论考试和实际操作考试两部分。考试不及格的，允许补考 1 次。经补考仍不及格的，重新参加相应的安全技术培训。

（4）考核发证机关或其委托承担特种作业操作资格考试的单位，应当在考试结束后10个工作日内公布考试成绩。

3. 发证程序

符合特种作业人员条件并经考试合格的特种作业人员，应当向其户籍所在地或者从业所在地的考核发证机关申请办理特种作业操作证。对已经受理的申请，考核发证机关应当在20个工作日内完成审核工作。符合条件的，颁发特种作业操作证；不符合条件的，应当说明理由。

4. 特种作业操作证的有效期

《特种作业人员安全技术培训考核管理规定》规定："特种作业操作证有效期为6年，在全国范围内有效。特种作业操作证由安全监管总局统一式样、标准及编号。"

5. 特种作业操作证的补发更换及更新

《特种作业人员安全技术培训考核管理规定》规定："特种作业操作证遗失的，应当向原考核发证机关提出书面申请，经原考核发证机关审查同意后，予以补发。特种作业操作证所记载的信息发生变化或者损毁的，应当向原考核发证机关提出书面申请，经原考核发证机关审查确认后，予以更换或者更新。"

## 五、特种作业操作证的复审

1. 复审期限

《特种作业人员安全技术培训考核管理规定》规定："特种作业操作证每3年复审1次。特种作业人员在特种作业操作证有效期内，连续从事本工种10年以上，严格遵守有关安全生产法律法规的，经原考核发证机关或者从业所在地考核发证机关同意，特种作业操作证的复审时间可以延长至每6年1次。"

2. 复审程序

特种作业操作证需要复审的，应当在期满前60日内，由申请人或者申请人的用人单位向原考核发证机关或者从业所在地考核发证机关提出申请。考核发证机关应当在收到申请之日起20个工作日内完成复审工作。申请延期复审的，经复审合格后，由考核发证机关重新颁发特种作业操作证。

3. 复审培训

《特种作业人员安全技术培训考核管理规定》规定："特种作业操作证申请复审或者延期复审前，特种作业人员应当参加必要的安全培训并考试合格。安全培训时间不少于8个学时，主要培训法律、法规、标准、事故案例和有关新工艺、新技术、新装备等知识。"

4. 复审或延期复审不予通过

特种作业人员有下列情形之一的，复审或者延期复审不予通过：

（1）健康体检不合格的。

（2）违章操作造成严重后果或者有2次以上违章行为，并经查证确实的。

（3）有安全生产违法行为，并给予行政处罚的。

（4）拒绝、阻碍安全生产监管监察部门监督检查的。

（5）未按规定参加安全培训，或者考试不合格的。

（6）所持特种作业操作证存在被撤销或者注销情形的。

**5. 特种作业操作证失效**

《特种作业人员安全技术培训考核管理规定》规定："再复审、延期复审仍不合格，或者未按期复审的，特种作业操作证失效。"

## 六、特种作业操作证的监督管理

**1. 撤销特种作业操作证**

依据《特种作业人员安全技术培训考核管理规定》规定，有下列情形之一的，考核发证机关应当撤销特种作业操作证：

（1）超过特种作业操作证有效期未延期复审的。

（2）特种作业人员的身体条件已不适合继续从事特种作业的。

（3）对发生生产安全事故负有责任的。

（4）特种作业操作证记载虚假信息的。

（5）以欺骗、贿赂等不正当手段取得特种作业操作证的。

特种作业人员违反上述第4项、第5项规定的，3年内不得再次申请特种作业操作证。

**2. 注销特种作业操作证**

依据《特种作业人员安全技术培训考核管理规定》规定，有下列情形之一的，考核发证机关应当注销特种作业操作证：

（1）特种作业人员死亡的。

（2）特种作业人员提出注销申请的。

（3）特种作业操作证被依法撤销的。

**3. 离岗6个月须进行实际操作考试**

《特种作业人员安全技术培训考核管理规定》规定："离开特种作业岗位6个月以上的特种作业人员，应当重新进行实际操作考试，经确认合格后方可上岗作业。"

**【练习提高】**

**一、单项选择题（每题1分，每题的备选项中，只有1个最符合题意）**

1. 李某在其特种作业操作证有效期内，连续在起重吊装岗位工作11年，从未发生过违章。根据《特种作业人员安全技术培训考核管理规定》，李某的特种作业证经考核发证机关同意，复审时间可以延长至（　　）。

A. 每3年1次　　B. 每5年1次　　C. 每6年1次　　D. 每10年1次

2. 依据《特种作业人员安全技术培训考核管理规定》，下列关于特种作业操作证复审的说法，正确的是（　　）。

A. 特种作业操作证每2年复审1次

B. 特种作业人员在特种作业操作证有效期内，连续从事本工种6年以上，严格遵守有关安全生产法律法规的，经原发证机关同意，复审时间可以延长至每3年1次

C. 特种作业操作证申请复审或者延期复审前，特种作业人员应当参加不少于8

学时必要的安全培训并经考试合格

D. 特种作业人员有安全生产违法行为，并给予行政处罚或者有 3 次以上违章行为并经查证确实的，复审或者延期复审不予通过

3. 根据《特种作业人员安全技术培训考核管理规定》，关于特种作业操作证复审的说法，正确的是（　　）。

A. 特种作业人员在特种作业操作证有效期内连续从事本工种 10 年以上，特种作业操作证的复审时间可以延长至每 10 年 1 次

B. 特种作业操作证申请复审或者延期复审前，特种作业人员应当参加必要的安全培训并考试合格，安全培训时间不少于 4 个学时

C. 特种作业人员违章操作造成严重后果或者有 1 次违章行为，特种作业操作证复审不予通过

D. 特种作业人员因安全生产违法行为受到行政处罚，特种作业操作证复审不予通过

**二、多项选择题（每题 2 分，每题的备选项中，有 2 个或 2 个以上符合题意，至少有 1 个错项。错选，本题不得分；少选，所选的每个选项得 0.5 分）**

1. 根据《特种作业人员安全技术培训考核管理规定》，下列危险化学品特种作业人员应当具备的条件中，正确的是（　　）。

A. 经设区的市级以上医疗机构健康体检合格

B. 具备 3 年以上的现场工作经验

C. 具备高中或者相当于高中及以上文化程度

D. 具备必要的安全技术知识与技能

E. 年满 16 周岁并且不超过法定退休年龄

2. 依据《特种作业人员安全技术培训考核管理规定》，下列关于特种作业操作证复审的说法，正确的是（　　）。

A. 特种作业操作证每 2 年复审 1 次

B. 特种作业人员在特种作业操作证有效期内，连续从事本工种 10 年以上，遵守有关安全生产法律、法规的，经原发证机关同意，复审时间可以延长至每 6 年 1 次

C. 特种作业操作证申请复审或者延期复审前，特种作业人员应当参加不少于 8 学时必要的安全培训并经考试合格

D. 特种作业人员有安全生产违法行为，并给予行政处罚或者有 3 次以上违章行为并经查证确实的，复审或者延期复审不予通过

E. 特种作业操作证需要复审的，应当在期满前 30 日内，由申请人或者申请人的用人单位向原考核发证机关或者从业所在地考核发证机关提出申请

# 第四节　安全生产培训管理办法

【本节重点】

了解《安全生产培训管理办法》的适用范围，熟悉对安全培训机构的要求，掌握对安全培训大纲、教材、培训管理、考核发证的规定。

## 一、基本规定

### 1. 适用范围

根据《安全生产培训管理办法》的规定："安全培训机构、生产经营单位从事安全生产培训（以下简称安全培训）活动以及安全生产监督管理部门、煤矿安全监察机构、地方人民政府负责煤矿安全培训的部门对安全培训工作实施监督管理，适用本办法。"

### 2. 安全生产培训的管理

《安全生产培训管理办法》规定："国家安全生产监督管理总局指导全国安全培训工作，依法对全国的安全培训工作实施监督管理。国家煤矿安全监察局指导全国煤矿安全培训工作，依法对全国煤矿安全培训工作实施监督管理。国家安全生产应急救援指挥中心指导全国安全生产应急救援培训工作。县级以上地方各级人民政府安全生产监督管理部门依法对本行政区域内的安全培训工作实施监督管理。"

### 3. 安全培训机构的要求

《安全生产培训管理办法》规定："安全培训的机构应当具备从事安全培训工作所需要的条件。从事危险物品的生产、经营、储存单位以及矿山、金属冶炼单位的主要负责人和安全生产管理人员，特种作业人员以及注册安全工程师等相关人员培训的安全培训机构，应当将教师、教学和实习实训设施等情况书面报告所在地安全生产监督管理部门、煤矿安全培训监管机构。安全生产相关社会组织依照法律、行政法规和章程，为生产经营单位提供安全培训有关服务，对安全培训机构实行自律管理，促进安全培训工作水平的提升。"

## 二、安全培训

### 1. 安全培训大纲的要求

《安全生产培训管理办法》规定："安全培训应当按照规定的安全培训大纲进行。安全监管监察人员，危险物品的生产、经营、储存单位与非煤矿山、金属冶炼单位的主要负责人和安全生产管理人员、特种作业人员以及从事安全生产工作的相关人员的安全培训大纲，由国家安全监管总局组织制定。煤矿企业的主要负责人和安全生产管理人员、特种作业人员的培训大纲由国家煤矿安监局组织制定。"

### 2. 安全培训的管理

《安全生产培训管理办法》规定："国家安全监管总局负责省级以上安全生产监督

管理部门的安全生产监管人员、各级煤矿安全监察机构的煤矿安全监察人员的培训工作。省级安全生产监督管理部门负责市级、县级安全生产监督管理部门的安全生产监管人员的培训工作。生产经营单位的从业人员的安全培训，由生产经营单位负责。”

3. 职业院校毕业生的管理

《安全生产培训管理办法》规定：“国家鼓励生产经营单位招录职业院校毕业生。职业院校毕业生从事与所学专业相关的作业，可以免予参加初次培训，实际操作培训除外。”

4. 新招矿山井下人员安全培训要求

《安全生产培训管理办法》规定：“国家鼓励生产经营单位实行师傅带徒弟制度。矿山新招的井下作业人员和危险物品生产经营单位新招的危险工艺操作岗位人员，除按照规定进行安全培训外，还应当在有经验的职工带领下实习满 2 个月后，方可独立上岗作业。”

5. 被派遣劳动者安全培训要求

《安全生产培训管理办法》规定：“生产经营单位使用被派遣劳动者的，应当将被派遣劳动者纳入本单位从业人员统一管理，对被派遣劳动者进行岗位安全操作规程和安全操作技能的教育和培训。劳务派遣单位应当对被派遣劳动者进行必要的安全生产教育和培训。”

6. 实习生安全培训要求

《安全生产培训管理办法》规定：“生产经营单位接收中等职业学校、高等学校学生实习的，应当对实习学生进行相应的安全生产教育和培训，提供必要的劳动防护用品。学校应当协助生产经营单位对实习学生进行安全生产教育和培训。”

## 三、安全培训的考核

1. 考核标准

《安全生产培训管理办法》规定：“安全监管监察人员，危险物品的生产、经营、储存单位及非煤矿山、金属冶炼单位主要负责人、安全生产管理人员和特种作业人员，以及从事安全生产工作的相关人员的考核标准，由国家安全监管总局统一制定。煤矿企业的主要负责人、安全生产管理人员和特种作业人员的考核标准，由国家煤矿安监局制定。”

2. 考核

《安全生产培训管理办法》规定：“国家安全监管总局负责省级以上安全生产监督管理部门的安全生产监管人员、各级煤矿安全监察机构的煤矿安全监察人员的考核；负责中央企业的总公司、总厂或者集团公司的主要负责人和安全生产管理人员的考核。省级安全生产监督管理部门负责市级、县级安全生产监督管理部门的安全生产监管人员的考核；负责省属生产经营单位和中央企业分公司、子公司及其所属单位的主要负责人和安全生产管理人员的考核；负责特种作业人员的考核。”

## 四、安全培训的发证

（1）发证。《安全生产培训管理办法》规定：“安全生产监管人员经考核合格后，颁发安全生产监管执法证；煤矿安全监察人员经考核合格后，颁发煤矿安全监察执法证；危险物品的生产、经营、储存单位和矿山、金属冶炼单位主要负责人、安全生产管理人员经考核合格后，颁发安全合格证；特种作业人员经考核合格后，颁发《中华人民共和国特种作业操作证》；危险化学品登记机构的登记人员经考核合格后，颁发上岗证；其他人员经培训合格后，颁发培训合格证。"

（2）有效性。《安全生产培训管理办法》规定："安全生产监管执法证、煤矿安全监察执法证、安全合格证的有效期为 3 年。有效期届满需要延期的，应当于有效期届满 30 日前向原发证部门申请办理延期手续。特种作业人员的考核发证按照《特种作业人员安全技术培训考核管理规定》执行。特种作业操作证和省级安全生产监督管理部门、省级煤矿安全培训监管机构颁发的主要负责人、安全生产管理人员的安全合格证，在全国范围内有效。"

## 【练习提高】

**一、单项选择题（每题 1 分，每题的备选项中，只有 1 个最符合题意）**

1. 依据《安全生产培训管理办法》的规定，下列关于安全培训的说法，正确的是（　　）。

A. 生产经营单位的主要负责人、特种作业人员的安全培训，由所在地安全监管部门负责

B. 对从业人员的安全培训，生产经营单位应当自主进行，不得委托培训

C. 危险物品生产经营单位新招的危险工艺操作岗位人员，除按规定进行安全培训外，还应当在有经验的职工带领下实习满 1 个月后，方可独立上岗作业

D. 职业院校毕业生从事与所学专业相关的作业，可以免予参加初次培训，实际操作培训除外

2. 依据《安全生产培训管理办法》的规定，以下关于安全生产培训工作的说法，正确的是（　　）。

A. 生产经营单位接收学生实习，学生的安全生产培训工作由学校负责，生产经营单位不必进行安全教育培训

B. 生产经营单位使用被派遣劳动者，由劳务派遣单位对其进行岗位安全操作规程和安全操作技能教育和培训

C. 特种作业人员对造成人员死亡的生产安全事故负有直接责任的，应当重新参加安全培训

D. 职业院校毕业生从事与所学专业相关的作业，可以免予参加初次培训和实际操作培训

3. 根据《安全生产培训管理办法》，关于生产经营单位安全生产培训的说法，正确的是（　　）。

A. 对从业人员的安全培训，具备安全培训条件的生产经营单位应当以自主培训为主，也可以委托具备安全培训条件的机构进行安全培训

B. 生产经营单位的从业人员的安全培训，由所在地县级安全监管部门负责

C. 生产经营单位委托其他机构进行安全培训的，安全培训责任由被委托的机构承担

D. 煤矿企业的主要负责人和安全生产管理人员、特种作业人员的培训大纲由省级安全监管部门组织制定

**二、多项选择题（每题2分，每题的备选项中，有2个或2个以上符合题意，至少有1个错项。错选，本题不得分；少选，所选的每个选项得0.5分）**

1. 依据《安全生产培训管理办法》的规定，下列关于安全培训机构的说法，正确的有（　　）。

A. 从事建筑施工单位安全管理人员培训的安全培训机构，应当将教师、教学和实习实训设施情况书面报告所在地安全监管部门

B. 从事危险物品的生产经营单位安全生产管理人员培训的安全培训机构应当将教师、教学和实习实训设施等情况书面报告所在地安全监管部门

C. 从事煤矿企业主要负责人培训的安全培训机构，应当将教师、教学和实习实训设施情况书面报告所在地安全监管部门、煤矿安全培训监管机构

D. 从事注册安全工程师培训的安全培训机构，应当将教师、教学和实习实训设施情况书面报告所在地安全监管部门

E. 国家安全监管部门及省级安全监管部门对相应级别的安全培训机构实行统一管理

2. 依据《安全生产培训管理办法》的规定，（　　）的安全培训大纲，由国家安全监管总局（现应急管理部）组织制定。

A. 安全监管监察人员

B. 金属冶炼单位主要负责人和安全生产管理人员

C. 矿山企业主要负责人和安全生产管理人员

D. 金属冶炼单位主要负责人和安全生产管理人员

E. 特种作业人员

## 第五节　安全生产事故隐患排查治理暂行规定

**【本节重点】**

掌握事故隐患的定义和分级，掌握生产经营单位事故隐患排查治理的职责、事故隐患报告的要求、事故隐患治理方案。

### 一、事故隐患

#### 1. 事故隐患的定义和范围

《安全生产事故隐患排查治理暂行规定》第三条规定：“本规定所称安全生产事故隐患（以下简称事故隐患），是指生产经营单位违反安全生产法律、法规、规章、标

准、规程和安全生产管理制度的规定，或者因其他因素在生产经营活动中存在可能导致事故发生的物的危险状态、人的不安全行为和管理上的缺陷。”

**2. 事故隐患的分级**

《安全生产事故隐患排查治理暂行规定》规定：“事故隐患分为一般事故隐患和重大事故隐患。一般事故隐患，是指危害和整改难度较小，发现后能够立即整改排除的隐患。重大事故隐患，是指危害和整改难度较大，应当全部或者局部停产停业，并经过一定时间整改治理方能排除的隐患，或者因外部因素影响致使生产经营单位自身难以排除的隐患。”

## 二、事故隐患排查治理

**1. 生产经营单位事故隐患排查治理职责**

（1）生产经营单位是事故隐患排查、治理和防控的责任主体。生产经营单位应当建立、健全事故隐患排查治理和建档监控等制度，逐级建立并落实从主要负责人到每个从业人员的事故隐患排查治理和监控责任制。生产经营单位主要负责人对本单位事故隐患排查治理工作全面负责。

（2）生产经营单位应当保证事故隐患排查治理所需的资金，建立资金使用专项制度。

（3）生产经营单位应当定期组织安全生产管理人员、工程技术人员和其他相关人员排查本单位的事故隐患。对排查出的事故隐患，应当按照事故隐患的等级进行登记，建立事故隐患信息档案，并按照职责分工实施监控治理。

（4）生产经营单位应当建立事故隐患报告和举报奖励制度，鼓励、发动职工发现和排除事故隐患，鼓励社会公众举报。对发现、排除和举报事故隐患的有功人员，应当给予物质奖励和表彰。

（5）生产经营单位将生产经营项目、场所、设备发包、出租的，应当与承包、承租单位签订安全生产管理协议，并在协议中明确各方对事故隐患排查、治理和防控的管理职责。生产经营单位对承包、承租单位的事故隐患排查治理负有统一协调和监督管理的职责。

（6）生产经营单位应当每季、每年对本单位事故隐患排查治理情况进行统计分析，并分别于下一季度15日前和下一年1月31日前向安全监管监察部门和有关部门报送书面统计分析表。统计分析表应当由生产经营单位主要负责人签字。

**2. 重大事故隐患报告**

依据《安全生产事故隐患排查治理暂行规定》的规定，对于重大事故隐患，生产经营单位除依照前款规定报送外，应当及时向安全监管监察部门和有关部门报告。重大事故隐患报告内容应当包括：事故隐患的现状及其产生原因、事故隐患的危害程度和整改难易程度分析、事故隐患的治理方案。

**3. 事故隐患治理**

依据《安全生产事故隐患排查治理暂行规定》的规定，对于一般事故隐患，由生产经营单位（车间、分厂、区队等）负责人或者有关人员立即组织整改。

对于重大事故隐患，由生产经营单位主要负责人组织制定并实施事故隐患治理方案。重大事故隐患治理方案应当包括以下内容：

（1）治理的目标和任务。

（2）采取的方法和措施。

（3）经费和物资的落实。

（4）负责治理的机构和人员。

（5）治理的时限和要求。

（6）安全措施和应急预案。

**4. 事故隐患排查治理中的紧急处置**

《安全生产事故隐患排查治理暂行规定》规定："生产经营单位在事故隐患治理过程中，应当采取相应的安全防范措施，防止事故发生。事故隐患排除前或者排除过程中无法保证安全的，应当从危险区域内撤出作业人员，并疏散可能危及的其他人员，设置警戒标志，暂时停产停业或者停止使用；对暂时难以停产或者停止使用的相关生产储存装置、设施、设备，应当加强维护和保养，防止事故发生。"

**5. 自然灾害的预警**

《安全生产事故隐患排查治理暂行规定》规定："生产经营单位应当加强对自然灾害的预防。对于因自然灾害可能导致事故灾难的隐患，应当按照有关法律、法规、标准和本规定的要求排查治理，采取可靠的预防措施，制定应急预案。在接到有关自然灾害预报时，应当及时向下属单位发出预警通知；发生自然灾害可能危及生产经营单位和人员安全的情况时，应当采取撤离人员、停止作业、加强监测等安全措施，并及时向当地人民政府及其有关部门报告。"

**6. 重大事故隐患治理后的安全评估**

《安全生产事故隐患排查治理暂行规定》规定："地方人民政府或者安全监管监察部门及有关部门挂牌督办并责令全部或者局部停产停业治理的重大事故隐患，治理工作结束后，有条件的生产经营单位应当组织本单位的技术人员和专家对重大事故隐患的治理情况进行评估；其他生产经营单位应当委托具备相应资质的安全评价机构对重大事故隐患的治理情况进行评估。"

**7. 重大事故隐患治理的监督检查**

（1）地方人民政府或者安全监管监察部门及有关部门挂牌督办并责令全部或者局部停产停业治理的重大事故隐患，经治理后符合安全生产条件的，生产经营单位应当向安全监管监察部门和有关部门提出恢复生产的书面申请。申请报告应当包括治理方案的内容、项目和安全评价机构出具的评价报告等。

（2）安全监管监察部门收到生产经营单位恢复生产的申请报告后，应当在10日内进行现场审查。审查合格的，对事故隐患进行核销，同意恢复生产经营；审查不合格的，依法责令改正或者下达停产整改指令。对整改无望或者生产经营单位拒不执行整改指令的，依法实施行政处罚；不具备安全生产条件的，依法提请县级以上人民政府按照国务院规定的权限予以关闭。

## 三、生产经营单位违反本规定的处罚

《安全生产事故隐患排查治理暂行规定》第二十六条规定："生产经营单位违反本

规定，有下列行为之一的，由安全监管监察部门给予警告，并处三万元以下的罚款：

（1）未建立安全生产事故隐患排查治理等各项制度的。

（2）未按规定上报事故隐患排查治理统计分析表的。

（3）未制定事故隐患治理方案的。

（4）重大事故隐患不报或者未及时报告的。

（5）未对事故隐患进行排查治理擅自生产经营的。

（6）整改不合格或者未经安全监管监察部门审查同意擅自恢复生产经营的。”

**【练习提高】**

**一、单项选择题（每题 1 分，每题的备选项中，只有 1 个最符合题意）**

1. 依据《安全生产事故隐患排查治理暂行规定》，下列关于生产经营单位对事故隐患排查治理情况进行统计分析，向安全监管监察部门和有关部门报送书面统计分析表的时间要求的说法，正确的是（　　）。

A. 生产经营单位应当每周对本单位事故隐患排查治理情况进行统计分析，并于下一周周三前向安全监管监察部门和有关部门报送书面统计分析表

B. 生产经营单位应当每月对本单位事故隐患排查治理情况进行统计分析，并于下月 10 日前向安全监管监察部门和有关部门报送书面统计分析表

C. 生产经营单位应当每季度对本单位事故隐患排查治理情况进行统计分析，并于下一季度 15 日前向安全监管监察部门和有关部门报送书面统计分析表

D. 生产经营单位应当每年对本单位事故隐患排查治理情况进行统计分析，并于下一年 2 月 15 日前向安全监管监察部门和有关部门报送书面统计分析表

2. 根据《安全生产事故隐患排查治理暂行规定》，关于事故隐患排查治理的说法正确的是（　　）。

A. 生产经营单位应当向安全监管监察部门和有关部门报送书面的事故隐患排查治理情况统计分析表，并由本单位安全生产工作分管负责人签字

B. 对于一般事故隐患，生产经营单位应当及时向安全监管监察部门和有关部门报告

C. 对于重大事故隐患，由安全监管监察部门和有关部门立即组织治理

D. 重大事故隐患报告内容应当包括事故隐患的现状及其产生原因、危害程度和整改难易程度分析和事故隐患的治理方案

3. 依据《安全生产事故隐患排查治理暂行规定》，下列关于生产经营单位对事故隐患治理的说法，正确的是（　　）。

A. 对于一般事故隐患，由安全监管执法人员组织整改

B. 对于一般事故隐患，由生产经营单位分管负责人会同安全监管执法人员组织整改

C. 对于重大事故隐患，由生产经营单位主要负责人组织制定并实施事故隐患治理方案

D. 对于重大事故隐患，由生产经营单位的主要负责人会同安全监管执法人员组

织制定并实施事故隐患治理方案

4. 根据《安全生产事故隐患排查治理暂行规定》，关于事故隐患排查治理的说法，正确的是（ ）。

A. 某矿山企业对排查出的事故隐患，按照事故隐患的等级进行登记，建立事故隐患信息档案

B. 某化工企业被有关部门挂牌督办的重大事故隐患治理完毕后，将治理情况报有关部门备案后恢复生产

C. 某建筑公司将排查出的一般事故隐患及时向安全监管部门报告，并申请整改验收

D. 某冶金厂在定期排查中发现的重大事故隐患，由车间负责人组织制定隐患治理方案

5. 根据《安全生产事故隐患排查治理暂行规定》，关于生产经营单位事故隐患排查治理职责的说法，正确的是（ ）。

A. 一般事故隐患由生产经营单位安全生产管理人员立即组织整改

B. 重大事故隐患由生产经营单位主要负责人会同安全监管部门组织制定并实施事故隐患治理方案

C. 在接到有关自然灾害预报时，生产经营单位应当立即采取撤离人员、停止作业、加强监测等安全措施，并及时向当地人民政府及有关部门报告

D. 对于重大事故隐患，生产经营单位应当及时向安全监管监察部门和有关部门报告

**二、多项选择题（每题 2 分，每题的备选项中，有 2 个或 2 个以上符合题意，至少有 1 个错项。错选，本题不得分；少选，所选的每个选项得 0.5 分）**

1. 依据《安全生产事故隐患排查治理暂行规定》，重大事故隐患报告内容应包括（ ）。

A. 事故隐患的现状及其产生原因　　B. 隐患排查所需资金

C. 隐患的危害程度分析　　D. 事故隐患的排查要求

E. 事故隐患的治理方案

2. 依据《安全生产事故隐患排查治理暂行规定》，下列关于事故隐患排查治理的说法，正确的是（ ）。

A. 生产经营单位应当每年对事故隐患排查治理情况进行统计分析并报政府有关部门备案

B. 生产经营单位将生产经营场所发包、出租的，应当与承包、承租单位签订安全生产管理协议，事故隐患排查治理由承包、承租单位负全责

C. 对一般事故隐患由生产经营单位的车间、分厂、区队等负责人或者有关人员立即组织整改

D. 局部停产停业治理的重大事故隐患，安全监管监察部门收到生产经营单位恢复生产的申请报告后，应当在 10 日内进行现场审查

E. 安全监管监察部门审查不合格的，依法提请县级以上人民政府予以关闭

# 第六节　生产安全事故应急预案管理办法

【本节重点】

熟悉应急预案编制的基本要求，掌握应急预案评审、备案、演练、修订等方面的规定。

## 一、应急预案管理的原则和政府部门职责

《生产安全事故应急预案管理办法》规定：“应急预案的管理实行属地为主、分级负责、分类指导、综合协调、动态管理的原则。”“国家安全生产监督管理总局负责全国应急预案的综合协调管理工作。县级以上地方各级安全生产监督管理部门负责本行政区域内应急预案的综合协调管理工作。县级以上地方各级其他负有安全生产监督管理职责的部门按照各自的职责负责有关行业、领域应急预案的管理工作。”“生产经营单位主要负责人负责组织编制和实施本单位的应急预案，并对应急预案的真实性和实用性负责；各分管负责人应当按照职责分工落实应急预案规定的职责。”

## 二、应急预案的编制

### 1. 编制的基本要求

（1）有关法律、法规、规章和标准的规定。

（2）本地区、本部门、本单位的安全生产实际情况。

（3）本地区、本部门、本单位的危险性分析情况。

（4）应急组织和人员的职责分工明确，并有具体的落实措施。

（5）有明确、具体的应急程序和处置措施，并与其应急能力相适应。

（6）有明确的应急保障措施，满足本地区、本部门、本单位的应急工作需要。

（7）应急预案基本要素齐全、完整，应急预案附件提供的信息准确。

（8）应急预案内容与相关应急预案相互衔接。

### 2. 生产经营单位应急预案的种类

生产经营单位的应急预案分为综合应急预案、专项应急预案和现场处置方案。

（1）综合应急预案应能从总体上阐述事故的应急方针、政策、应急组织结构及相关应急职责、应急行动、措施和保障等基本要求和程序，是应对各类事故的综合性文件。

（2）专项应急预案是针对具体的事故类别、危险源和应急保障而制定的计划或方案，是综合应急预案的组成部分。

（3）现场处置方案应根据风险评估及危险性控制措施逐一编制，具体、简单、针对性强。

### 3. 预案的衔接及附件

依据《生产安全事故应急预案管理办法》规定，生产经营单位编制的各类应急预案之间应当相互衔接，并与相关人民政府及其部门、应急救援队伍和涉及的其他单位的应急预案相衔接。

## 三、应急预案的评审

### 1. 安全生产监督管理部门预案的评审

《生产安全事故应急预案管理办法》规定："地方各级安全生产监督管理部门应当组织有关专家对本部门编制的部门应急预案进行审定；必要时，可以召开听证会，听取社会有关方面的意见。"

### 2. 生产经营单位预案的评审

（1）矿山、金属冶炼、建筑施工企业和易燃易爆物品、危险化学品的生产、经营（带储存设施的）、储存企业，以及使用危险化学品达到国家规定数量的化工企业、烟花爆竹生产、批发经营企业和中型规模以上的其他生产经营单位，应当对本单位编制的应急预案进行评审，并形成书面评审纪要。

（2）上述规定以外的其他生产经营单位应当对本单位编制的应急预案进行论证。

## 四、应急预案的备案

### 1. 政府部门预案的备案

《生产安全事故应急预案管理办法》规定："地方各级安全生产监督管理部门的应急预案，应当报同级人民政府备案，并抄送上一级安全生产监督管理部门。其他负有安全生产监督管理职责的部门的应急预案，应当抄送同级安全生产监督管理部门。"

### 2. 生产经营单位预案的备案

（1）生产经营单位应当在应急预案公布之日起 20 个工作日内，按照分级属地原则，向安全生产监督管理部门和有关部门进行告知性备案。

（2）中央企业总部（上市公司）的应急预案，报国务院主管的负有安全生产监督管理职责的部门备案，并抄送原国家安全生产监督管理总局（应急管理部）。

（3）中央企业总部（上市公司）所属单位的应急预案报所在地的省、自治区、直辖市或者设区的市人民政府主管的负有安全生产监督管理职责的部门备案，并抄送同级安全生产监督管理部门。

（4）中央企业总部（上市公司）以外的非煤矿山、金属冶炼和危险化学品、生产、经营、储存企业，以及使用危险化学品达到国家规定数量的化工企业、烟花爆竹生产、批发经营企业的应急预案，按照隶属关系报所在地县级以上地方人民政府安全生产监督管理部门备案。

（5）其他生产经营单位应急预案的备案，由省、自治区、直辖市人民政府负有安全生产监督管理职责的部门确定。

（6）油气输送管道运营单位的应急预案，除按照上述规定的备案外，还应当抄送所跨行政区域的县级安全生产监督管理部门。

（7）煤矿企业的应急预案除按照上述规定备案外，还应当抄送所在地的煤矿安全监察机构。

## 五、应急预案的实施

### 1. 应急预案的演练

《生产安全事故应急预案管理办法》规定："生产经营单位应当制定本单位的应急预案演练计划，根据本单位的事故风险特点，每年至少组织一次综合应急预案演练或者专项应急预案演练，每半年至少组织一次现场处置方案演练。"

### 2. 应急预案的修订

《生产安全事故应急预案管理办法》规定："应急预案演练结束后，应急预案演练组织单位应当对应急预案演练效果进行评估，撰写应急预案演练评估报告，分析存在的问题，并对应急预案提出修订意见。"同时规定，有下列情形之一的，应急预案应当及时修订并归档：

（1）依据法律、法规、规章、标准及上位预案中的有关规定发生重大变化的。

（2）应急指挥机构及其职责发生调整的。

（3）面临的事故风险发生重大变化的。

（4）重要应急资源发生重大变化的。

（5）预案中的其他重要信息发生变化的。

（6）在应急演练和事故应急救援中发现问题需要修订的。

（7）编制单位认为应当修订的其他情况。

**【练习提高】**

### 一、单项选择题（每题 1 分，每题的备选项中，只有 1 个最符合题意）

1. M 公司是中央管理的大型化工集团，其下属的 N 公司位于 A 省 B 市 C 县的经济技术开发区，是一家危险化学品生产企业。依据《生产安全事故应急预案管理办法》的规定，下列关于 M 公司、N 公司应急预案备案的说法，正确的是（　　）。

A. M 公司的专项应急预案应抄送 B 市安全监管部门

B. M 公司的综合应急预案应报 A 省安全监管部门

C. N 公司的应急预案应抄送 B 市安全监管部门

D. N 公司的专项应急预案应抄送 C 县安全监管部门

2. 根据《生产安全事故应急预案管理办法》，关于应急预案备案的说法，正确的是（　　）。

A. 地方各级安全监管部门的应急预案，应当报上一级安全监管部门备案

B. 生产经营单位应当在应急预案公布之日起 20 个工作日内，按照分级属地原则向安全监管部门和有关部门进行告知性备案

C. 中央企业总部（上市公司）的所属单位应急预案报所在地的省级或者设区的市级人民政府负有安全监管职责的部门备案

D. 对于实行安全生产许可的生产经营单位，已经进行应急预案备案的，在申请安全生产许可证时，还需提供相应的应急预案

3. 为了加强事故应急处置能力，某建筑工程施工公司计划编制生产安全事故应急预案。根据《生产安全事故应急预案管理办法》，关于该公司应急预案编制的说法，正确的是（　　）。

A. 该公司应当针对不同工作场所、岗位的特点，编制简明、实用、有效的应急处置卡

B. 该公司根据不同事故类型，针对具体场所、装置制定的应急处置措施，属于专项应急预案

C. 该公司应当根据多种事故风险，编制专项应急预案，并可以根据实际需要编制综合应急预案

D. 该公司编制应急预案应当成立编制小组，且必须由公司主要负责人担任组长

4. 依据《生产安全事故应急预案管理办法》的规定，下列关于应急预案评审的说法，正确的是（　　）。

A. 所有生产经营单位应当组织专家对本单位编制的应急预案进行论证，论证应当形成书面纪要并附有专家名单

B. 省级安全监管部门编制的应急预案无须组织有关专家进行审定，设区的市、县级安全监管部门编制的，应当组织审定

C. 参加生产经营单位应急预案评审的人员应当包括有关安全生产及应急管理方面的专家

D. 生产经营单位的应急预案经评审或者论证后，由生产经营单位分管安全的领导签署公布

**二、多项选择题（每题 2 分，每题的备选项中，有 2 个或 2 个以上符合题意，至少有 1 个错项。错选，本题不得分；少选，所选的每个选项得 0.5 分）**

1. 依据《生产安全事故应急预案管理办法》，应当组织专家对其编制的应急预案进行评审的单位有（　　）。

A. 建筑施工单位　　　　B. 危险化学品生产经营单位

C. 放射性物品的储存单位　　　　D. 道路运输企业

E. 中型规模的家具加工厂

2. 依据《生产安全事故应急预案管理办法》，有（　　）情形，应急预案应当及时修订并归档。

A. 人员规模发生变化的

B. 应急指挥机构及其职责发生调整的

C. 面临的事故风险发生重大变化的

D. 应急资源发生变化的

E. 预案中的其他重要信息发生变化的

# 第七节　生产安全事故信息报告和处置办法

【本节重点】

了解《生产安全事故信息报告和处置办法》的适用范围，熟悉较大涉险事故的范围，掌握事故信息报告的规定以及举报事故信息处置的规定。

## 一、《生产安全事故信息报告和处置办法》的适用范围

《生产安全事故信息报告和处置办法》第二条规定："生产经营单位报告安全生产事故信息和安全生产监督管理部门、煤矿安全监察机构对有关安全生产事故信息的报告和处置工作，适用本办法。"第三条规定："本办法规定的应当报告和处置的生产安全事故信息，是指已经发生的生产安全事故和较大涉险事故的信息。"

## 二、较大涉险事故的范围

依据《生产安全事故信息报告和处置办法》规定，较大涉险事故是指：

（1）涉险 10 人以上的事故。

（2）造成 3 人以上被困或者下落不明的事故。

（3）紧急疏散人员 500 人以上的事故。

（4）因生产安全事故对环境造成严重污染（人员密集场所、生活水源、农田、河流、水库、湖泊等）的事故。

（5）危及重要场所和设施安全（电站、重要水利设施、危险化学品库、油气站和车站、码头、港口、机场及其他人员密集场所等）的事故。

（6）其他较大涉险事故。

## 三、事故信息的报告

### 1. 生产经营单位的报告

（1）生产经营单位发生生产安全事故或者较大涉险事故，其单位负责人接到事故信息报告后应当于 1 小时内报告事故发生地县级安全生产监督管理部门、煤矿安全监察分局。

（2）发生较大以上生产安全事故的，事故发生单位在依照第 1 条规定报告的同时，应当在 1 小时内报告省级安全生产监督管理部门、省级煤矿安全监察机构。

（3）发生重大、特别重大生产安全事故的，事故发生单位在依照第 1 项、第 2 项规定报告的同时，可以立即报告原国家安全生产监督管理总局（应急管理部）、国家煤矿安全监察局。

### 2. 较大以上生产安全事故或者社会影响重大的事故的快报

《生产安全事故信息报告和处置办法》规定："发生较大生产安全事故或者社会影

响重大的事故的，县级、市级安全生产监督管理部门或者煤矿安全监察分局接到事故报告后，在依照《生产安全事故报告和调查处理条例》规定逐级上报的同时，应当在1小时内先用电话快报省级安全生产监督管理部门、省级煤矿安全监察机构，随后补报文字报告；乡镇安监站（办）可以根据事故情况越级直接报告省级安全生产监督管理部门、省级煤矿安全监察机构。”

**3. 重大、特别重大生产安全事故或者社会影响恶劣的事故的快报**

《生产安全事故信息报告和处置办法》规定，发生重大、特别重大生产安全事故或者社会影响恶劣的事故的，县级、市级安全生产监督管理部门或者煤矿安全监察分局接到事故报告后，在依照《生产安全事故报告和调查处理条例》规定逐级上报的同时，应当在1小时内先用电话快报省级安全生产监督管理部门、省级煤矿安全监察机构，随后补报文字报告；必要时，可以直接用电话报告原国家安全生产监督管理总局（应急管理部）、国家煤矿安全监察局。原国家安全生产监督管理总局（应急管理部）、国家煤矿安全监察局接到事故报告后，应当在1小时内先用电话快报国务院总值班室，随后补报文字报告。

**4. 事故信息的续报**

为保证事故信息的及时续报，《生产安全事故信息报告和处置办法》规定：“较大涉险事故、一般事故、较大事故每日至少续报1次；重大事故、特别重大事故每日至少续报2次。自事故发生之日起30日内（道路交通、火灾事故自发生之日起7日内），事故造成的伤亡人数发生变化的，应当当日补报。”

## 四、举报事故信息的处置

（1）下一级安全生产监督管理部门、煤矿安全监察机构接到上级安全生产监督管理部门、煤矿安全监察机构的事故信息举报核查通知后，应当立即组织查证核实，并在2个月内向上一级安全生产监督管理部门、煤矿安全监察机构报告核实结果。

（2）对发生较大涉险事故的，下一级安全生产监督管理部门、煤矿安全监察机构依照规定对事故信息查证核实后，按照规定在2个月内向上一级安全生产监督管理部门、煤矿安全监察机构报告核实结果；对发生生产安全事故的，安全生产监督管理部门、煤矿安全监察机构应当在5日内对事故情况进行初步查证，并将事故初步查证的简要情况报告上一级安全生产监督管理部门、煤矿安全监察机构，详细核实结果在2个月内报告。

（3）事故信息经初步查证后，负责查证的安全生产监督管理部门、煤矿安全监察机构应当立即报告本级人民政府和上一级安全生产监督管理部门、煤矿安全监察机构，并书面通知公安机关、劳动保障部门、工会、人民检察院和有关部门。

## 五、现场调查

依据《生产安全事故信息报告和处置办法》规定，安全生产监督管理部门、煤矿安全监察机构接到生产安全事故报告后，应当按照下列规定派员立即赶赴事故现场：

（1）发生一般事故的，县级安全生产监督管理部门、煤矿安全监察分局负责人立即赶赴事故现场。

（2）发生较大事故的，设区的市级安全生产监督管理部门、省级煤矿安全监察局负责人应当立即赶赴事故现场。

（3）发生重大事故的，省级安全监督管理部门、省级煤矿安全监察局负责人立即赶赴事故现场。

（4）发生特别重大事故的，原国家安全生产监督管理总局（应急管理部）、国家煤矿安全监察局负责人立即赶赴事故现场。

上级安全生产监督管理部门、煤矿安全监察机构认为必要的，可以派员赶赴事故现场。

## 【练习提高】

**一、单项选择题（每题 1 分，每题的备选项中，只有 1 个最符合题意）**

1. 某工程公司承担公路的穿山隧道工程，在施工过程中隧道发生垮塌，10 名人员在作业地点被困。依据《生产安全事故信息报告和处置办法》的规定，工程公司负责人接到事故报案后，应当向安全监管部门报告的时限是（　　）小时。

A. 5　　B. 3　　C. 2　　D. 1

2. 依据《生产安全事故信息报告和处理办法》，下一级安全生产监督管理部门接到上级安全生产监督管理部门的事故信息举报核查通知后，应当立即组织查证核实，并在（　　）内向上一级安全生产监督管理部门报告核实结果。

A. 5 日　　B. 30 日　　C. 2 个月　　D. 3 个月

3. 甲省安全监管部门接到乙市丙县发生生产安全事故的实名举报，甲省安全监管部门立即联系乙市安全监管部门要求其调查核实。依据《生产安全事故信息报告和处置办法》的规定，下列关于乙市安全监管部门对事故举报处置的做法，正确的是（　　）。

A. 立即联系丙县安全监管部门核查，并通报公安机关、社会保障部门

B. 立即组织调查核实并在 10 日内对事故情况进行初步查证

C. 事故信息经初步查证后，立即向甲省安全监管部门报告

D. 3 个月内向甲省安全监管部门报告详细核实结果

**二、多项选择题（每题 2 分，每题的备选项中，有 2 个或 2 个以上符合题意，至少有 1 个错项。错选，本题不得分；少选，所选的每个选项得 0.5 分）**

甲市乙县某焦化企业发生一起有毒气体泄漏事故，当场造成 4 人死亡、3 人重伤。根据《生产安全事故信息报告和处置办法》，关于该事故信息报告与处置的做法，正确的是（　　）。

A. 甲市安全监管部门负责人接到报告后，立即安排乙县安全监管部门负责人代其赶赴事故现场组织抢险救援

B. 乙县安全监管部门从县医院接到又有 1 人因伤势过重死亡的报告后，因听说甲市安全监管部门已知该消息，故未向甲市安全监管部门补报

C. 乙县安全监管部门按照有关规定，在县政府的统一安排下，组织开展事故调查处理工作

D. 乙县安全监管部门在接到报告后 2 小时内上报甲市安全监管部门，并在 1 小时内电话快报省安全监管部门，随后补文字报告

E. 甲市安全监管部门负责人接到报告后，立即赶赴事故现场

## 第八节　建设工程消防监督管理规定

【本节重点】

了解建设、施工、工程监理等单位的职责，掌握消防设计审核和消防验收的规定，熟悉消防设计竣工验收备案抽查的规定。

### 一、《建设工程消防监督管理规定》的适用范围

《建设工程消防监督管理规定》适用于新建、扩建、改建（含室内外装修、建筑保温、用途变更）等建设工程的消防监督管理。不适用于住宅室内装修、村民自建住宅、救灾和其他非人员密集场所的临时性建筑的建设活动。

### 二、消防设计和施工的质量责任

#### 1. 建设单位的责任

依据《建设工程消防监督管理规定》的规定，建设单位不得要求设计、施工、工程监理等有关单位和人员违反消防法规和国家工程建设消防技术标准，降低建设工程消防设计、施工质量。

#### 2. 设计单位的责任

依据《建设工程消防监督管理规定》的规定，设计单位在设计中选用的消防产品和具有防火性能要求的建筑构件、建筑材料、装修材料，应当注明规格、性能等技术指标，其质量要求必须符合国家标准或者行业标准。参加建设单位组织的建设工程竣工验收，对建设工程消防设计实施情况签字确认。

#### 3. 施工单位的责任

依据《建设工程消防监督管理规定》的规定，施工单位应当按照国家工程建设消防技术标准和经消防设计审核合格或者备案的消防设计文件组织施工，不得擅自改变消防设计进行施工，降低消防施工质量。查验消防产品和具有防火性能要求的建筑构件、建筑材料及装修材料的质量，使用合格产品，保证消防施工质量。

#### 4. 工程监理单位的责任

依据《建设工程消防监督管理规定》的规定，工程监理单位应当在消防产品和具有防火性能要求的建筑构件、建筑材料、装修材料施工、安装前，核查产品质量证明文件，不得同意使用或者安装不合格的消防产品和防火性能不符合要求的建筑构件、建筑材料、装修材料。参加建设单位组织的建设工程竣工验收，对建设工程消防施工质量签字确认。

## 三、消防设计审核和消防验收

依据《建设工程消防监督管理规定》，人员密集场所和特殊工程由消防机构进行消防设计审核和消防验收。

### 1. 人员密集场所

依据《建设工程消防监督管理规定》的规定，对具有下列情形之一的人员密集场所，建设单位应当向消防机构申请消防设计审核，并在建设工程竣工后向出具消防设计审核意见的消防机构申请消防验收：

（1）建筑总面积大于2万平方米的体育场馆、会堂，公共展览馆、博物馆的展示厅。

（2）建筑总面积大于1.5万平方米的民用机场航站楼、客运车站候车室、客运码头候船厅。

（3）建筑总面积大于1万平方米的宾馆、饭店、商场、市场。

（4）建筑总面积大于2 500平方米的影剧院，公共图书馆的阅览室，营业性室内健身、休闲场馆，医院的门诊楼，大学的教学楼、图书馆、食堂，劳动密集型企业的生产加工车间，寺庙、教堂。

（5）建筑总面积大于1 000平方米的托儿所、幼儿园的儿童用房，儿童游乐厅等室内儿童活动场所，养老院、福利院，医院、疗养院的病房楼，中小学校的教学楼、图书馆、食堂，学校的集体宿舍，劳动密集型企业的员工集体宿舍。

（6）建筑总面积大于500平方米的歌舞厅、录像厅、放映厅、卡拉OK厅、夜总会、游艺厅、桑拿浴室、网吧、酒吧，具有娱乐功能的餐馆、茶馆、咖啡厅。

### 2. 特殊建设工程

依据《建设工程消防监督管理规定》的规定，对具有下列情形之一的特殊建设工程，建设单位应当向消防机构申请消防设计审核，并在建设工程竣工后向出具消防设计审核意见的消防机构申请消防验收：

（1）设有本规定所列的人员密集场所的建设工程。

（2）国家机关办公楼、电力调度楼、电信楼、邮政楼、防灾指挥调度楼、广播电视楼、档案楼。

（3）本条第1项、第2项规定以外的单体建筑面积大于4万平方米或者建筑高度超过50米的公共建筑。

（4）国家标准规定的一类高层住宅建筑。

（5）城市轨道交通、隧道工程，大型发电、变配电工程。

（6）生产、储存、装卸易燃易爆危险物品的工厂、仓库和专用车站、码头，易燃易爆气体和液体的充装站、供应站、调压站。

### 3. 申请消防设计审核提供的材料

依据《建设工程消防监督管理规定》的规定，建设单位申请消防设计审核应当提供下列材料：建设工程消防设计审核申报表，建设单位的工商营业执照等合法身份证明文件，设计单位资质证明文件，消防设计文件等。

依法需要办理建设工程规划许可的，应当提供建设工程规划许可证明文件；依法需要城乡规划主管部门批准的临时性建筑，属于人员密集场所的，应当提供城乡规划主管部门批准的证明文件。

**4. 申请消防验收提供的材料**

依据《建设工程消防监督管理规定》，建设单位申请消防验收应当提供下列材料：建设工程消防验收申报表，工程竣工验收报告和有关消防设施的工程竣工图纸，消防产品质量合格证明文件，具有防火性能要求的建筑构件、建筑材料、装修材料符合国家标准或者行业标准的证明文件、出厂合格证，消防设施检测合格证明文件，施工、工程监理、检测单位的合法身份证明和资质等级证明文件，建设单位的工商营业执照等合法身份证明文件等。

**5. 消防机构重点监督检查**

依据《建设工程消防监督管理规定》的规定，对通过消防设计审核的高层建筑、地下工程，以及采用新技术、新工艺、新材料的建设工程，消防机构应当重点进行监督检查，督促施工单位落实工程建设消防安全和质量责任。

## 四、消防设计、竣工验收的备案抽查

**1. 申报备案**

依据《建设工程消防监督管理规定》的规定，对除人员密集场所建设工程和特殊建设工程以外的其他建设工程，建设单位应当在取得施工许可、工程竣工验收合格之日起 7 日内，通过省级消防机构网站进行消防设计、竣工验收消防备案，或者到消防机构业务受理场所进行消防设计、竣工验收消防备案。依法不需要取得施工许可的建设工程，可以不进行消防设计、竣工验收消防备案。

**2. 备案抽查**

依据《建设工程消防监督管理规定》的规定，消防机构收到消防设计、竣工验收消防备案申报后，对备案材料齐全的，应当出具备案凭证；备案材料不齐全或者不符合法定形式的，应当当场或者在 5 日内一次告知需要补正的全部内容。

消防机构应当在已经备案的消防设计、竣工验收工程中，随机确定检查对象并向社会公告。对确定为检查对象的，消防机构应当在 20 日内按照消防法规和国家工程建设消防技术标准完成图纸检查，或者按照建设工程消防验收评定标准完成工程检查，制作检查记录。检查结果应当向社会公告，检查不合格的，还应当书面通知建设单位。

**【练习提高】**

**一、单项选择题（每题 1 分，每题的备选项中，只有 1 个最符合题意）**

1. 依据《建设工程消防监督管理规定》，下列人员密集场所中，建设单位向消防机构申请消防设计审核，并在建设工程竣工后向出具消防设计审核意见的消防机构申请消防验收的是（　　）。

A. 建筑总面积大于 10 000 平方米的客运码头候船厅

B. 建筑总面积大于 8 000 平方米的商场

C. 建筑总面积大于 5 000 平方米的医院门诊楼

D. 建筑总面积大于 500 平方米的幼儿园的儿童用房

2. 根据《建设工程消防监督管理规定》，下列建设工程中，建设单位应当向消防机构申请消防设计审核和消防验收的是（　　）。

A. 国家机关办公楼、电信楼、邮政楼、广播电视楼、档案楼建设工程

B. 建筑总面积 10 000 平方米的民用机场航站楼建设工程

C. 建筑总面积 2 000 平方米劳动密集型企业的生产加工车间建设工程

D. 国家标准规定的二类高层住宅建筑

3. 依据《建设工程消防监督管理规定》，下列消防施工的质量和安全责任，属于施工单位的是（　　）。

A. 依法申请建设工程消防验收，依法办理消防设计和竣工验收备案手续并接受抽查

B. 依法应当经消防设计审核、消防验收的建设工程，未经审核或者审核不合格的，不得组织施工

C. 查验消防产品和具有防火性能要求的建筑构件、建筑材料及装修材料的质量，使用合格产品，保证消防施工质量

D. 实行工程监理的建设工程，应当将消防施工质量一并委托监理

**二、多项选择题（每题 2 分，每题的备选项中，有 2 个或 2 个以上符合题意，至少有 1 个错项。错选，本题不得分；少选，所选的每个选项得 0.5 分）**

依据《建设工程消防监督管理规定》，下列人员密集场所建设工程，应当向消防机构申请消防设计审核和消防验收的是（　　）。

A. 建设面积 15 000 平方米的博物馆

B. 建筑总面积 20 000 平方米的客运车站候车室

C. 建筑面积 3 000 平方米的公共图书馆

D. 建筑总面积 900 平方米的托儿所

E. 建筑总面积 550 平方米的卡拉 OK 厅

# 第九节　建设项目安全设施“三同时”监督管理办法

**【本节重点】**

掌握建设项目安全评价以及建设项目安全设施设计审查、施工、竣工验收的规定，熟悉违反“三同时”管理的处罚情形。

## 一、《建设项目安全设施“三同时”监督管理办法》的适用范围

《建设项目安全设施“三同时”监督管理办法》规定：“经县级以上人民政府及其有关主管部门依法审批、核准或者备案的生产经营单位新建、改建、扩建工程项目安全设施的建设及其监督管理，适用本办法。”

建设项目安全设施，是指生产经营单位在生产经营活动中用于预防生产安全事故的设备、设施、装置、构（建）筑物和其他技术措施的总称。

## 二、建设项目安全预评价

### 1. 需要安全预评价建设项目的范围

依据《安全生产法》《建设项目安全设施“三同时”监督管理办法》的规定，下列建设项目（高危建设项目）在进行可行性研究时，生产经营单位应当按照国家规定进行安全预评价：

（1）非煤矿矿山建设项目。

（2）生产、储存危险化学品（包括使用长输管道输送危险化学品）的建设项目。

（3）生产、储存烟花爆竹的建设项目。

（4）金属冶炼建设项目。

（5）使用危险化学品从事生产并且使用量达到规定数量的化工建设项目（属于危险化学品生产的除外，以下简称化工建设项目）。

（6）法律、行政法规和国务院规定的其他建设项目。

### 2. 安全预评价

安全预评价是指在建设项目可行性研究阶段、工业园区规划阶段或生产经营活动组织实施之前，根据相关的基础资料，辨识与分析建设项目、工业园区、生产经营活动潜在的危险、有害因素，确定其与安全生产法律、法规、规章、标准、规范的符合性，预测发生事故的可能性及其严重程度，提出科学、合理、可行的安全对策措施建议，做出安全评价结论的活动。

### 3. 综合分析及书面报告

《建设项目安全设施“三同时”监督管理办法》规定：除非煤矿矿山建设项目等高危建设项目外，对于其他建设项目，生产经营单位应当对其安全生产条件和设施进行综合分析，形成书面报告备查。

## 三、建设项目安全设施设计审查

### 1. 安全设施设计

（1）生产经营单位在建设项目初步设计时，应当委托有相应资质的初步设计单位对建设项目安全设施同时进行设计，编制安全设施设计。

（2）高危建设项目安全设施设计还应当充分考虑建设项目安全预评价报告提出的安全对策措施。

（3）安全设施设计单位、设计人应当对其编制的设计文件负责。

### 2. 高危建设项目安全设施设计审查

根据《安全生产法》等相关法律、法规的规定，高危建设项目安全设施设计审查是政府行政许可行为。

（1）提交文件资料。安全设施设计完成后，生产经营单位应当按照建设项目“三同时”安全监管权限划分的规定向安全生产监督管理部门提出审查申请，并提交下列文件资料：

1）建设项目审批、核准或者备案的文件。

2）建设项目安全设施设计审查申请。

3）设计单位的设计资质证明文件。

4）建设项目安全设施设计。

5）建设项目安全预评价报告及相关文件资料。

6）法律、行政法规、规章规定的其他文件资料。

（2）受理。安全生产监督管理部门收到申请后5个工作日内作出受理或者不予受理的决定，书面告知申请人。

（3）审查及作出决定。安全生产监督管理部门应当自受理之日起20个工作日内作出是否批准的决定，并书面告知申请人。20个工作日内不能作出决定的，经本部门负责人批准，可以延长10个工作日，并应当将延长期限的理由书面告知申请人。

（4）建设项目安全设施设计不予批准。建设项目安全设施设计有下列情形之一的，不予批准，并不得开工建设：

1）无建设项目审批、核准或者备案文件的。

2）未委托具有相应资质的设计单位进行设计的。

3）安全预评价报告由未取得相应资质的安全评价机构编制的。

4）设计内容不符合有关安全生产的法律、法规、规章和国家标准或者行业标准、技术规范的规定的。

5）未采纳安全预评价报告中的安全对策和建议，且未作充分论证说明的。

建设项目安全设施设计审查未予批准的，生产经营单位经过整改后可以向原审查部门申请再审。

（5）建设项目安全设施设计的变更。已经批准的建设项目及其安全设施设计有下列情形之一的，生产经营单位应当报原批准部门审查同意；未经审查同意的，不得开工建设：

1）建设项目的规模、生产工艺、原料、设备发生重大变更的。

2）改变安全设施设计且可能降低安全性能的。

3）在施工期间重新设计的。

## 四、建设项目安全设施施工和竣工验收

### 1. 施工

《建设项目安全设施“三同时”监督管理办法》规定，建设项目安全设施的施工应当由取得相应资质的施工单位进行，并与建设项目主体工程同时施工；施工单位应当在施工组织设计中编制安全技术措施和施工现场临时用电方案，同时对危险性较大的分部分项工程依法编制专项施工方案，并附具安全验算结果，经施工单位技术负责人、总监理工程师签字后实施；施工单位对安全设施的工程质量负责；发现安全设施设计文件有错漏的，应当及时向生产经营单位、设计单位提出，生产经营单位、设计单位应当及时处理；发现安全设施存在重大事故隐患时，应当立即停止施工并报告生产经营单位进行整改。整改合格后，方可恢复施工。

### 2. 监理

《建设项目安全设施“三同时”监督管理办法》规定，工程监理单位应当审查施工组织设计中的安全技术措施或者专项施工方案是否符合工程建设强制性标准；在实施监理过程中，发现存在事故隐患的，应当要求施工单位整改，情况严重的，应当要求施工单位暂时停止施工，并及时报告生产经营单位。施工单位拒不整改或者不停止施工的，工程监理单位应当及时向有关主管部门报告。

### 3. 试运行

《建设项目安全设施“三同时”监督管理办法》规定，高危建设项目竣工后，根据规定建设项目需要试运行的，应当在正式投入生产或者使用前进行试运行。试运行时间应当不少于30日，最长不得超过180日，国家有关部门有规定或者特殊要求的行业除外。

### 4. 高危建设项目安全验收评价

《建设项目安全设施“三同时”监督管理办法》规定，建设项目安全设施竣工或者试运行完成后，生产经营单位应当委托具有相应资质的安全评价机构对安全设施进行验收评价，并编制建设项目安全验收评价报告。

### 5. 建设项目竣工验收

依据《建设项目安全设施“三同时”监督管理办法》的规定，建设项目竣工投入生产或者使用前，生产经营单位应当组织对安全设施进行竣工验收，并形成书面报告备查。安全设施竣工验收合格后，方可投入生产和使用。

安全监管部门应当按照下列方式之一对高危建设项目的竣工验收活动和验收结果进行监督核查：

（1）对安全设施竣工验收报告按照不少于总数10%的比例进行随机抽查。

（2）在实施有关安全许可时，对建设项目安全设施竣工验收报告进行审查。

抽查和审查以书面方式为主。对竣工验收报告的实质内容存在疑问，需要到现场核查的，安全监管部门应当指派两名以上工作人员对有关内容进行现场核查。工作人员应当提出现场核查意见，并如实记录在案。

## 五、建设项目违反“三同时”管理的处罚

### 1. 高危建设项目违反“三同时”的处罚

依据《建设项目安全设施“三同时”监督管理办法》的规定，高危建设项目有下列情形之一的，责令停止建设或者停产停业整顿，限期改正；逾期未改正的，处50万元以上100万元以下的罚款，对其直接负责的主管人员和其他直接责任人员处2万元以上5万元以下的罚款；构成犯罪的，依照刑法有关规定追究刑事责任：

（1）未按照本办法规定对建设项目进行安全评价的。

（2）没有安全设施设计或者安全设施设计未按照规定报经安全监管部门审查同意，擅自开工的。

（3）施工单位未按照批准的安全设施设计施工的。

（4）投入生产或者使用前，安全设施未经验收合格的。

2. 建设项目安全设施违反变更规定的处罚

《建设项目安全设施"三同时"监督管理办法》规定："已经批准的建设项目安全设施设计发生重大变更，生产经营单位未报原批准部门审查同意擅自开工建设的，责令限期改正，可以并处1万元以上3万元以下的罚款。"

【练习提高】

一、单项选择题（每题1分，每题的备选项中，只有1个最符合题意）

1. 某氧气厂一个制氧机组建设项目竣工后，准备试运行。依据《建设项目安全设施"三同时"监督管理暂行办法》的规定，该建设项目试运行时间应当不少于30日，最长不得超过（　　）日。

A. 60　　B. 90　　C. 180　　D. 210

2. 根据《建设项目安全设施"三同时"监督管理办法》，在建设项目可行性研究阶段，下列建设项目中，需要进行安全预评价的建设项目是（　　）。

A. 省级建材重点建设项目　　B. 国家金属冶炼建设项目

C. 省级烟草重点建设项目　　D. 国家体育场馆建设项目

3. 某企业建设200万吨/年乙烯项目，根据《建设项目安全设施"三同时"监督管理办法》，关于该项目试运行和安全设施竣工验收的说法，正确的是（　　）。

A. 该建设项目试运行时间，应当不少于60天

B. 该建设项目试运行时间，最长可为2年

C. 该建设项目试运行方案应当报负责安全许可的安全监管部门备案

D. 该建设项目安全设施竣工验收报告应当报安全监管部门备案

二、多项选择题（每题2分，每题的备选项中，有2个或2个以上符合题意，至少有1个错项。错选，本题不得分；少选，所选的每个选项得0.5分）

1. 依据《建设项目安全设施"三同时"监督管理办法》，电梯生产企业建设项目有下列（　　）情形之一的，责令限期改正，并处5 000元以上3万元以下的罚款。

A. 施工单位未按照安全设施设计施工的

B. 没有安全设施设计的

C. 未选择具有相应资质的施工单位施工的

D. 未进行验收评价的

E. 投入生产或者使用前，安全设施未经竣工验收合格，并形成书面报告的

2. 依据《建设项目安全设施"三同时"监督管理办法》的规定，储存危险化学品的建设项目有下列情形之一的，责令停止建设，或者停产停业整顿，限期改正；逾期未改正的，处50万元以上100万元以下的罚款。下列不属于上述处罚情形的是（　　）。

A. 安全设施未经安全论证的

B. 没有安全设施设计或者安全设施设计未按照规定报经安全监管部门审查同意，擅自开工的

C. 施工单位未按照安全设施设计施工的

D. 安全设施设计未组织审查，并形成书面审查报告的

E. 投入生产或者使用前，安全设施未经验收合格的

## 第十节 冶金企业和有色金属企业安全生产规定

**【本节重点】**

掌握冶金企业安全生产的有关规定，了解监督管理的要求。

### 一、基本规定

**1. 适用范围**

《冶金企业和有色金属企业安全生产规定》第二条规定："冶金企业和有色金属企业（以下统称企业）的安全生产（含职业健康）和监督管理，适用本规定。机械铸造企业中金属冶炼活动的安全生产和监督管理参照本规定执行。"本规定所称冶金企业是指从事黑色金属冶炼及压延加工业等生产活动的企业，有色金属企业是指从事有色金属冶炼及压延加工业等生产活动的企业，金属冶炼是指冶金企业和有色金属企业从事达到国家规定规模（体量）的高温熔融金属及熔渣的生产活动。

**2. 安全生产监督管理**

依据《冶金企业和有色金属企业安全生产规定》的规定，原国家安全生产监督管理总局（应急管理部）指导、监督全国冶金企业和有色金属企业安全生产工作。县级以上地方人民政府安全生产监督管理部门和有关部门对本行政区域内的冶金企业和有色金属企业的安全生产工作实施监督管理。

### 二、安全保障

**1. 责任制及安全管理人员要求**

《冶金企业和有色金属企业安全生产规定》明确规定："企业存在金属冶炼工艺，从业人员在一百人以上的，应当设置安全生产管理机构或者配备不低于从业人员千分之三的专职安全生产管理人员，但最低不少于三人；从业人员在一百人以下的，应当设置安全生产管理机构或者配备专职安全生产管理人员。"

**2. 安全教育和培训**

依据《冶金企业和有色金属企业安全生产规定》的规定，存在金属冶炼工艺的企业的主要负责人、安全生产管理人员自任职之日起六个月内，必须接受负有冶金有色安全生产监管职责的部门对其进行安全生产知识和管理能力考核，并考核合格。企业从事煤气生产、储存、输送、使用、维护检修作业的特种作业人员必须依法经专门的安全技术培训，并经考核合格，取得《中华人民共和国特种作业操作证》后，方可上岗作业。

3. 建设项目“三同时”

依据《冶金企业和有色金属企业安全生产规定》的规定：“企业新建、改建、扩建工程项目（以下统称建设项目）的安全设施和职业病防护设施应当严格执行国家有关安全生产、职业病防治法律、行政法规和国家标准或者行业标准的规定，并与主体工程同时设计、同时施工、同时投入生产和使用。安全设施和职业病防护设施的投资应当纳入建设项目概算。”

4. 安全设施设计审查

原国家安全生产监督管理总局（应急管理部）负责实施国务院审批（核准、备案）的金属冶炼建设项目的安全设施设计审查。省、自治区、直辖市人民政府负有冶金有色安全生产监管职责的部门对本行政区域内金属冶炼建设项目实施指导和监督管理，确定并公布本行政区域内有关部门对金属冶炼建设项目安全设施设计审查的管辖权限。

5. 建设项目发包出租管理

《冶金企业和有色金属企业安全生产规定》明确规定：“企业应当对从事检修工程的承包单位检修方案中的安全措施和应急处置措施进行审核，监督承包单位落实。企业应当对承包检修作业现场进行安全交底，并安排专人负责安全检查和协调。”

6. 应急

《冶金企业和有色金属企业安全生产规定》明确规定：“企业应当建立应急救援组织。生产规模较小的，可以不建立应急救援组织，但应当指定兼职的应急救援人员，并且可以与邻近的应急救援队伍签订应急救援协议。企业应当配备必要的应急救援器材、设备和物资，并进行经常性维护、保养，保证正常运转。”

7. 设备设施维护

依据《冶金企业和有色金属企业安全生产规定》的规定，企业应当建立、健全设备设施安全管理制度，加强设备设施的检查、维护、保养和检修，确保设备设施安全运行。对重要岗位的电气、机械等设备，企业应当实行操作牌制度。

8. 会议室等活动场所设置

《冶金企业和有色金属企业安全生产规定》明确规定，企业的操作室、会议室、活动室、休息室、更衣室等场所不得设置在高温熔融金属吊运的影响范围内。进行高温熔融金属吊运时，吊罐（包）与大型槽体、高压设备、高压管路、压力容器的安全距离应当符合有关国家标准或者行业标准的规定，并采取有效的防护措施。

9. 煤气使用管理

依据《冶金企业和有色金属企业安全生产规定》的规定，生产、储存、使用煤气的企业应当建立煤气防护站（组），配备必要的煤气防护人员、煤气检测报警装置及防护设施，并且每年至少组织一次煤气事故应急演练。生产、储存、使用煤气的企业应当严格执行《工业企业煤气安全规程》（GB 6222—2005），在可能发生煤气泄漏、聚集的场所，设置固定式煤气检测报警仪和安全警示标志。进入煤气区域作业的人员，应当携带便携式一氧化碳检测报警仪，配备空气呼吸器，并由企业安排专门人员进行安全管理。煤气柜区域应当设有隔离围栏，安装在线监控设备，并由企业安排专门人员值守。煤气柜区域严禁烟火。

**10. 有限空间等危险作业审批**

《冶金企业和有色金属企业安全生产规定》明确规定："企业应当建立有限空间、动火、高处作业、能源介质停送等较大危险作业和检修、维修作业审批制度，实施工作票（作业票）和操作票管理，严格履行内部审批手续，并安排专门人员进行现场安全管理，确保作业安全。"

### 三、监督管理

《冶金企业和有色金属企业安全生产规定》规定："负有冶金有色安全生产监管职责的部门应当加强对监督检查人员的冶金和有色金属安全生产专业知识的培训，提高其行政执法能力。""负有冶金有色安全生产监管职责的部门应当为进入有限空间等特定作业场所进行监督检查的人员，配备必需的个体防护用品和监测检查仪器。"

**【练习提高】**

**单项选择题**

1. 下列企业均有金属冶炼工艺，依据《冶金企业和有色金属企业安全生产规定》，安全生产机构和安全生产管理人员配备的说法正确的是（　　）。

A. 某有色金属企业有从业人员 90 人，配备 3 名兼职安全生产管理人员
B. 某冶金企业有从业人员 180 人，配备 2 名专职安全生产管理人员
C. 某冶金企业从业人员 550 人，从事金属冶炼工艺的人员 200 人，应当配备 3 名专职安全生产管理人员
D. 某金属冶炼企业从业人员 98 人，最少设置 3 名专职安全生产管理人员

2. 依据《冶金企业和有色金属企业安全生产规定》，关于冶金企业安全生产机构和安全生产管理人员配备的说法正确的是（　　）。

A. 从业人员有 150 人的金属冶炼企业，应当设置安全生产管理机构
B. 从业人员有 350 人的金属冶炼企业，应当至少配备 1 名专职安全生产管理人员
C. 从业人员有 80 人的金属冶炼企业，应当设置安全生产管理机构
D. 存在金属冶炼工艺企业的主要负责人自任职之日起 6 个月内，必须接受相关部门对其进行考核

## 第十一节　危险化学品输送管道安全管理规定

**【本节重点】**

熟悉危险化学品管道规划的内容，了解危险化学品管道建设的安全规定，掌握危险化学品管道运行的安全要求。

## 一、适用范围

《危险化学品输送管道安全管理规定》规定，生产、储存危险化学品的单位在厂区外公共区域埋地、地面和架空的危险化学品输送管道及其附属设施的安全管理，适用本规定。

## 二、危险化学品管道的规划

### 1. 禁止限制

《危险化学品输送管道安全管理规定》规定，禁止光气、氯气等剧毒气体化学品管道穿（跨）越公共区域。严格控制氨、硫化氢等其他有毒气体的危险化学品管道穿（跨）越公共区域。

### 2. 安全距离

《危险化学品输送管道安全管理规定》规定，危险化学品管道建设的选线应当避开地震活动断层和容易发生洪灾、地质灾害的区域；确实无法避开的，应当采取可靠的工程处理措施，确保不受地质灾害影响。

## 三、危险化学品管道的建设

### 1. 安全准入

《危险化学品输送管道安全管理规定》规定："对新建、改建、扩建的危险化学品管道，建设单位应当依照国家安全生产监督管理总局有关危险化学品建设项目安全监督管理的规定，依法办理安全条件审查、安全设施设计审查和安全设施竣工验收手续。"

### 2. 设计

《危险化学品输送管道安全管理规定》规定："对新建、改建、扩建的危险化学品管道，建设单位应当依照有关法律、行政法规的规定，委托具备相应资质的设计单位进行设计。"

### 3. 施工

依据《危险化学品输送管道安全管理规定》的规定，承担危险化学品管道的施工单位应当具备相应的资质，按照经过批准的安全设施设计进行施工，对管道的焊缝和防腐质量进行检查，并按照设计要求对管道进行压力试验和气密性试验。施工单位对工程质量负责。

### 4. 监理

依据《危险化学品输送管道安全管理规定》的规定，负责危险化学品管道工程的监理单位应当对管道的总体建设质量进行全过程监督，并对危险化学品管道的总体建设质量负责。

### 5. 生产（使用）前安全检查

依据《危险化学品输送管道安全管理规定》的规定，危险化学品管道试压半年后一直未投入生产（使用）的，管道单位应当在其投入生产（使用）前重新进行气密性试验；对敷设在江、河或者其他环境敏感区域的危险化学品管道，应当相应缩短重新进行气密性试验的时间间隔。

## 四、危险化学品管道的运行

### 1. 巡查

《危险化学品输送管道安全管理规定》规定："管道单位应当建立、健全危险化学品管道巡护制度，配备专人进行日常巡护。巡护人员发现危害危险化学品管道安全生产情形的，应当立即报告单位负责人并及时处理。管道单位对危险化学品管道存在的事故隐患应当及时排除；对自身排除确有困难的外部事故隐患，应当向当地安全生产监督管理部门报告。"

### 2. 禁止管道两侧违规种植采石等行为

依据《危险化学品输送管道安全管理规定》的规定，在危险化学品管道及其附属设施外缘两侧各 5 米地域范围内，管道单位发现下列危害管道安全运行的行为的，应当及时予以制止，无法处置时应当向当地安全生产监督管理部门报告：

（1）种植乔木、灌木、藤类、芦苇、竹子或者其他根系深达管道埋设部位可能损坏管道防腐层的深根植物。

（2）取土、采石、用火、堆放重物、排放腐蚀性物质、使用机械工具进行挖掘施工、工程钻探。

（3）挖塘、修渠、修晒场、修建水产养殖场、建温室、建家畜棚圈、建房以及修建其他建（构）筑物。

### 3. 禁止管道两侧违规建加油站等行为

依据《危险化学品输送管道安全管理规定》的规定，在危险化学品管道中心线两侧及危险化学品管道附属设施外缘两侧 5 米外的周边范围内，管道单位发现下列建（构）筑物与管道线路、管道附属设施的距离不符合国家标准、行业标准要求的，应当及时向当地安全生产监督管理部门报告：

（1）居民小区、学校、医院、餐饮娱乐场所、车站、商场等人口密集的建筑物。

（2）加油站、加气站、储油罐、储气罐等易燃易爆物品的生产、经营、存储场所。

（3）变电站、配电站、供水站等公用设施。

### 4. 禁止穿越河流管道两侧采沙等行为

依据《危险化学品输送管道安全管理规定》的规定，在穿越河流的危险化学品管道线路中心线两侧 500 米地域范围内，管道单位发现有实施抛锚、拖锚、挖沙、采石、水下爆破等作业的，应当及时予以制止，无法处置时应当向当地安全生产监督管理部门报告。

### 5. 禁止专用管道隧道两侧违规采石等行为

依据《危险化学品输送管道安全管理规定》的规定，在危险化学品管道专用隧道中心线两侧 1 000 米地域范围内，管道单位发现有实施采石、采矿、爆破等作业的，应当及时予以制止，无法处置时应当向当地安全生产监督管理部门报告。同时规定，在上述规定的地域范围内，因修建铁路、公路、水利等公共工程确需实施采石、爆破等作业的，施工单位应当在开工的 7 日前书面通知管道单位，将施工作业方案报管道单位，并与管道单位共同制定应急预案，采取相应的安全防护措施，管道单位应当指派专人到现场进行管道安全保护指导。

依据《危险化学品输送管道安全管理规定》的规定，实施下列可能危及危险化学品管道安全运行的施工作业的，施工单位应当在开工的7日前书面通知管道单位，将施工作业方案报管道单位，并与管道单位共同制定应急预案，采取相应的安全防护措施，管道单位应当指派专人到现场进行管道安全保护指导：

（1）穿（跨）越管道的施工作业。

（2）在管道线路中心线两侧5米至50米和管道附属设施周边100米地域范围内，新建、改建、扩建铁路、公路、河渠，架设电力线路，埋设地下电缆、光缆，设置安全接地体、避雷接地体。

（3）在管道线路中心线两侧200米和管道附属设施周边500米地域范围内，实施爆破、地震法勘探或者工程挖掘、工程钻探、采矿等作业。

## 五、转产停产停止使用

依据《危险化学品输送管道安全管理规定》的规定，对转产、停产、停止使用的危险化学品管道，管道单位应当采取有效措施及时妥善处置，并将处置方案报县级以上安全生产监督管理部门。

**【练习提高】**

**一、单项选择题（每题1分，每题的备选项中，只有1个最符合题意）**

1. 某企业计划建设一条氯气输送管道。根据《危险化学品管道输送安全管理规定》，下列关于该管道敷设禁止穿越的说法，正确的是（　　）。

A. 禁止穿越市区广场　　B. 禁止穿越地震活动断层

C. 禁止穿越可能发生洪水的区域　　D. 禁止穿越公路

2. 依据《危险化学品运输管道安全管理规定》，要严格控制穿（跨）越公共区域的有毒气体的危险化学品输送管道是（　　）。

A. 光气管道　　B. 氨气管道　　C. 氯气管道　　D. 二氧化硫管道

3. 根据《危险化学品输送管道安全管理规定》，规划危险化学品输送管道时应（　　）。

A. 严格控制硫化氢管道穿（跨）越公共区域

B. 严格控制光气管道穿（跨）越公共区域

C. 禁止氨管道穿（跨）越公共区域

D. 严格控制氮气管道穿（跨）越公共区域

**二、多项选择题（每题2分，每题的备选项中，有2个或2个以上符合题意，至少有1个错项。错选，本题不得分；少选，所选的每个选项得0.5分）**

1. 根据《危险化学品输送管道安全管理规定》，施工单位实施（　　）的作业，应当在开工前履行通知程序，与管道单位共同制定应急预案并采取相应的安全防护措施，管道单位应当指派专人到现场进行管道安全保护指导。

A. 穿越管道施工

B. 在管道线路中心线一侧 30 米处扩建公路

C. 在管道线路中心线一侧 30 米处设置避雷接地体

D. 在管道附属设施上方架设通信线路

E. 在管道附属设施周边 300 米处爆破

2. 根据《危险化学品输送管道安全管理规定》，关于危险化学品管道运行安全的说法，正确的有（　　）。

A. 在穿越河流的危险化学品管道线路中心线两侧 1 000 米地域范围内，管道单位发现有实施水下爆破作业的，应当及时予以制止

B. 管道单位应当对危险化学品管道设置明显标志，发现标志毁损的，应当及时予以修复或者更新

C. 管道单位应当建立、健全危险化学品管道巡护制度，配备专人进行日常巡护

D. 管道单位对危险化学品管道存在的事故隐患应当及时排除；对自身排除确有困难的外部事故隐患，应当向当地安全监管部门报告

E. 禁止在危险化学品管道附属设施的上方架设电力线路、通信线路

## 第十二节　危险化学品建设项目安全监督管理办法

**【本节重点】**

熟悉危险化学品建设项目安全审查的分级，掌握危险化学品建设项目安全条件审查、安全设施设计审查、试生产、竣工验收的有关规定。

### 一、基本规定

#### 1. 适用范围

《危险化学品建设项目安全监督管理办法》的规定："中华人民共和国境内新建、改建、扩建危险化学品生产、储存的建设项目以及伴有危险化学品产生的化工建设项目（包括危险化学品长输管道建设项目，以下统称建设项目），其安全管理及其监督管理，适用本办法。"

#### 2. 安全审查的分级

依据《危险化学品建设项目安全监督管理办法》的规定，原国家安全生产监督管理总局（应急管理部）指导、监督全国建设项目安全审查和建设项目安全设施竣工验收的实施工作，并负责实施下列建设项目的安全审查：

（1）国务院审批（核准、备案）的。

（2）跨省、自治区、直辖市的。

《危险化学品建设项目安全监督管理办法》规定，建设项目有下列情形之一的，应当由省级安全生产监督管理部门负责安全审查：

（1）国务院投资主管部门审批（核准、备案）的。

（2）生产剧毒化学品的。

（3）省级安全生产监督管理部门确定的其他建设项目。

《危险化学品建设项目安全监督管理办法》还规定，负责实施建设项目安全审查的安全生产监督管理部门根据工作需要，可以将其负责实施的建设项目安全审查工作，委托下一级安全生产监督管理部门实施。委托实施安全审查的，审查结果由委托的安全生产监督管理部门负责。跨省、自治区、直辖市的建设项目和生产剧毒化学品的建设项目，不得委托实施安全审查。

## 二、建设项目安全条件审查

### 1. 安全评价报告

《危险化学品建设项目安全监督管理办法》规定："建设单位应当在建设项目的可行性研究阶段，委托具备相应资质的安全评价机构对建设项目进行安全评价。"

建设项目有下列情形之一的，应当由甲级安全评价机构进行安全评价：（1）国务院及其投资主管部门审批（核准、备案）的。（2）生产剧毒化学品的。（3）跨省、自治区、直辖市的。（4）法律、法规、规章另有规定的。

### 2. 安全条件审查的申请

依据《危险化学品建设项目安全监督管理办法》的规定，建设单位应当在建设项目开始初步设计前，向相应的安全生产监督管理部门申请建设项目安全条件审查。

### 3. 受理与审查

《危险化学品建设项目安全监督管理办法》规定："建设单位申请安全条件审查的文件、资料齐全，符合法定形式的，安全生产监督管理部门应当当场予以受理，并书面告知建设单位。""对已经受理的建设项目安全条件审查申请，安全生产监督管理部门应当指派有关人员或者组织专家对申请文件、资料进行审查，并自受理申请之日起四十五日内向建设单位出具建设项目安全条件审查意见书。建设项目安全条件审查意见书的有效期为两年。"

## 三、建设项目安全设施设计审查

### 1. 安全设施设计审查申请

依据《危险化学品建设项目安全监督管理办法》的规定："建设单位应当在建设项目初步设计完成后、详细设计开始前，向出具建设项目安全条件审查意见书的安全生产监督管理部门申请建设项目安全设施设计审查。"

### 2. 受理

《危险化学品建设项目安全监督管理办法》规定："建设单位申请安全设施设计审查的文件、资料齐全，符合法定形式的，安全生产监督管理部门应当当场予以受理。"

### 3. 设计审查

《危险化学品建设项目安全监督管理办法》规定："对已经受理的建设项目安全设施设计审查申请，安全生产监督管理部门应当指派有关人员或者组织专家对申请文件、资料进行审查，并在受理申请之日起二十个工作日内作出同意或者不同意建设项目安全设施设计专篇的决定，向建设单位出具建设项目安全设施设计的审查意见书；二十个工作日内不能出具审查意见的，经本部门负责人批准，可以延长十个工作日，并应当将延长的期限和理由告知建设单位。”

## 四、建设项目试生产（使用）

《危险化学品建设项目安全监督管理办法》规定：“试生产（使用）方案应当包括下列有关安全生产的内容：（一）建设项目设备及管道试压、吹扫、气密、单机试车、仪表调校、联动试车等生产准备的完成情况；（二）投料试车方案；（三）试生产（使用）过程中可能出现的安全问题、对策及应急预案；（四）建设项目周边环境与建设项目安全试生产（使用）相互影响的确认情况；（五）危险化学品重大危险源监控措施的落实情况；（六）人力资源配置情况；（七）试生产（使用）起止日期。”“建设项目试生产期限应当不少于30日，不超过1年。”

## 五、建设项目安全设施竣工验收

### 1. 安全验收评价

《危险化学品建设项目安全监督管理办法》规定：“建设项目试生产期间，建设单位应当按照本办法的规定委托有相应资质的安全评价机构对建设项目及其安全设施试生产（使用）情况进行安全验收评价，且不得委托在可行性研究阶段进行安全评价的同一安全评价机构。”

### 2. 竣工验收

《危险化学品建设项目安全监督管理办法》规定：“建设项目投入生产和使用前，建设单位应当组织人员进行安全设施竣工验收，作出建设项目安全设施竣工验收是否通过的结论。参加验收人员的专业能力应当涵盖建设项目涉及的所有专业内容。”

此外，《危险化学品建设项目安全监督管理办法》还规定：“建设单位组织安全设施竣工验收合格后，应将验收过程中涉及的文件、资料存档，并按照有关法律法规及其配套规章的规定申请有关危险化学品的其他安全许可。”

**【练习提高】**

**单项选择题（每题1分，每题的备选项中，只有1个最符合题意）**

1. 依据《危险化学品建设项目安全监督管理办法》规定，下列建设项目中，应当由原国家安全生产监督管理总局（应急管理部）负责安全审查的是（　　）。

A. 国务院审批的建设项目

B. 生产剧毒化学品的建设项目

C. 国务院投资主管部门审批（核准、备案）的建设项目

D. 原国家安全生产监督管理总局（应急管理部）审批的建设项目

2. 依据《危险化学品建设项目安全监督管理办法》规定，下列建设项目中，应当由省级安全生产监督管理部门负责安全审查的是（　　）。

A. 国务院审批的建设项目

B. 生产剧毒化学品的建设项目

C. 原国家安全生产监督管理总局（应急管理部）公布的重点监管危险化学品的建设项目

D. 原国家安全生产监督管理总局（应急管理部）审批的建设项目

## 第十三节 危险化学品重大危险源监督管理暂行规定

【本节重点】

掌握对危险化学品重大危险源辨识与评估的要求，熟悉危险化学品重大危险源监控体系、应急管理的规定。

### 一、基本规定

#### 1. 适用范围

《危险化学品重大危险源监督管理暂行规定》规定，从事危险化学品生产、储存、使用和经营的单位的危险化学品重大危险源的辨识、评估、登记建档、备案、核销及其监督管理，适用本规定。城镇燃气、用于国防科研生产的危险化学品重大危险源以及港区内危险化学品重大危险源的安全监督管理，不适用本规定。

#### 2. 重大危险源的监督管理

重大危险源的安全监督管理实行属地监管与分级管理相结合的原则。县级以上地方人民政府安全生产监督管理部门按照有关法律、法规、标准和本规定，对本辖区内的重大危险源实施安全监督管理。

### 二、辨识与评估

#### 1. 重大危险源的辨识

依据《危险化学品重大危险源监督管理暂行规定》规定，危险化学品单位应当按照《危险化学品重大危险源辨识》（GB 18218—2018）标准，对本单位的危险化学品生产、经营、储存和使用装置、设施或者场所进行重大危险源辨识，并记录辨识过程与结果。

#### 2. 重大危险源评估及分级

《危险化学品重大危险源监督管理暂行规定》规定："危险化学品单位应当对重大危险源进行安全评估并确定重大危险源等级。危险化学品单位可以组织本单位的注册安全工程师、技术人员或者聘请有关专家进行安全评估，也可以委托具有相应资质的安全评价机构进行安全评估。依照法律、行政法规的规定，危险化学品单位需要进行安全评价的，重大危险源安全评估可以与本单位的安全评价一起进行，以安全评价报告代替安全评估报告，也可以单独进行重大危险源安全评估。重大危险源根据其危险程度，分为一级、二级、三级和四级，一级为最高级别。"

同时，《危险化学品重大危险源监督管理暂行规定》规定："重大危险源有下列情形之一的，应当委托具有相应资质的安全评价机构，按照有关标准的规定采用定量风险评价方法进行安全评估，确定个人和社会风险值：（一）构成一级或者二级重大危险源，且毒性气体实际存在（在线）量与其在《危险化学品重大危险源辨识》中规定的临界量比值之和大于或等于 1 的；（二）构成一级重大危险源，且爆炸品或液化易燃气体实际存在（在线）量与其在《危险化学品重大危险源辨识》中规定的临界量比值之和大于或等于 1 的。”

#### 3. 重新辨识和评估

依据《危险化学品重大危险源监督管理暂行规定》的规定，有下列情形之一的，危险化学品单位应当对重大危险源重新进行辨识、安全评估及分级：

（1）重大危险源安全评估已满三年的。

（2）构成重大危险源的装置、设施或者场所进行新建、改建、扩建的。

（3）危险化学品种类、数量、生产、使用工艺或者储存方式及重要设备、设施等发生变化，影响重大危险源级别或者风险程度的。

（4）外界生产安全环境因素发生变化，影响重大危险源级别和风险程度的。

（5）发生危险化学品事故造成人员死亡，或者 10 人以上受伤，或者影响到公共安全的。

（6）有关重大危险源辨识和安全评估的国家标准、行业标准发生变化的。

### 三、安全管理

#### 1. 监控体系

《危险化学品重大危险源监督管理暂行规定》规定，按照下列要求建立、健全安全监测监控体系，完善控制措施：

（1）重大危险源配备温度、压力、液位、流量、组分等信息的不间断采集和监测系统以及可燃气体和有毒有害气体泄漏检测报警装置，并具备信息远传、连续记录、事故预警、信息存储等功能；一级或者二级重大危险源，具备紧急停车功能。记录的电子数据的保存时间不少于 30 天。

（2）重大危险源的化工生产装置装备满足安全生产要求的自动化控制系统；一级或者二级重大危险源，装备紧急停车系统。

（3）对重大危险源中的毒性气体、剧毒液体和易燃气体等重点设施，设置紧急切断装置；毒性气体的设施，设置泄漏物紧急处置装置。涉及毒性气体、液化气体、剧毒液体的一级或者二级重大危险源，配备独立的安全仪表系统（SIS）。

（4）重大危险源中储存剧毒物质的场所或者设施，设置视频监控系统。

（5）安全监测监控系统符合国家标准或者行业标准的规定。

#### 2. 管理制度

依据《危险化学品重大危险源监督管理暂行规定》的规定，危险化学品单位应当建立完善重大危险源安全管理规章制度和安全操作规程，并采取有效措施保证其得到执行。通过定量风险评价确定的重大危险源的个人和社会风险值，不得超过本规定的个人和社会可容许风险限值标准。超过个人和社会可容许风险限值标准的，危险化学品单位应当采取相应的降低风险措施。

3. 应急预案和装备

依据《危险化学品重大危险源监督管理暂行规定》的规定，对存在吸入性有毒、有害气体的重大危险源，危险化学品单位应当配备便携式浓度检测设备、空气呼吸器、化学防护服、堵漏器材等应急器材和设备；涉及剧毒气体的重大危险源，还应当配备两套以上（含本数）气密型化学防护服；涉及易燃易爆气体或者易燃液体蒸气的重大危险源，还应当配备一定数量的便携式可燃气体检测设备。

4. 应急演练及评估

依据《危险化学品重大危险源监督管理暂行规定》的规定，危险化学品单位应当制定重大危险源事故应急预案演练计划，并按照下列要求进行事故应急预案演练：

（1）对重大危险源专项应急预案，每年至少进行一次。

（2）对重大危险源现场处置方案，每半年至少进行一次。

5. 重大危险源向安全监管部门备案

依据《危险化学品重大危险源监督管理暂行规定》的规定，危险化学品单位在完成重大危险源安全评估报告或者安全评价报告后15日内，应当填写重大危险源备案申请表，连同规定的重大危险源档案材料，报送所在地县级人民政府安全生产监督管理部门备案。县级人民政府安全生产监督管理部门应当每季度将辖区内的一级、二级重大危险源备案材料报送至设区的市级人民政府安全生产监督管理部门。设区的市级人民政府安全生产监督管理部门应当每半年将辖区内的一级重大危险源备案材料报送至省级人民政府安全生产监督管理部门。

## 四、监督检查

1. 及时报送

依据《危险化学品重大危险源监督管理暂行规定》的规定，县级人民政府安全生产监督管理部门应当在每年1月15日前，将辖区内上一年度重大危险源的汇总信息报送至设区的市级人民政府安全生产监督管理部门。设区的市级人民政府安全生产监督管理部门应当在每年1月31日前，将辖区内上一年度重大危险源的汇总信息报送至省级人民政府安全生产监督管理部门。省级人民政府安全生产监督管理部门应当在每年2月15日前，将辖区内上一年度重大危险源的汇总信息报送至原国家安全生产监督管理总局（应急管理部）。

2. 核销

依据《危险化学品重大危险源监督管理暂行规定》的规定，重大危险源经过安全评价或者安全评估不再构成重大危险源的，危险化学品单位应当向所在地县级人民政府安全生产监督管理部门申请核销。

3. 检查

依据《危险化学品重大危险源监督管理暂行规定》的规定，县级以上地方各级人民政府安全生产监督管理部门应当加强对存在重大危险源的危险化学品单位的监督检查，督促危险化学品单位做好重大危险源的辨识、安全评估及分级、登记建档、备案、监测监控、事故应急预案编制、核销和安全管理工作。

## 【练习提高】

### 一、单项选择题（每题 1 分，每题的备选项中，只有 1 个最符合题意）

1. 依据《危险化学品重大危险源监督管理暂行规定》，下列关于危险化学品重大危险源安全管理的说法，正确的是（　　）。

A. 化工生产装置为三级重大危险源的，应当装备紧急停车系统

B. 对重大危险源中储存有毒液体的设施，应当设置紧急切断装置

C. 对重大危险源存在毒性气体的设施，应当设置泄漏物紧急处置装置

D. 涉及液化气体的四级重大危险源，应当配备独立的安全仪表系统（SIS）

2. 根据《危险化学品重大危险源监督管理暂行规定》，关于危险化学品重大危险源的说法，正确的是（　　）。

A. 危险化学品单位必须由安全评价机构对重大危险源每年进行安全评估

B. 重大危险源根据其危险程度，分为一级、二级、三级、四级，四级为最高级别

C. 构成一级重大危险源，且毒性气体实际存在量与《危险化学品重大危险源辨识》中规定的临界量比值之和小于 1 的，应该委托具有相应资质的安全评价机构进行安全评估

D. 对构成重大危险源的场所进行扩建时，危险化学品单位应当对重大危险源重新进行辨识、评估分级

3. 某县安全监管部门在对一危险化学品生产企业检查时发现，该企业重大危险源未按照要求进行安全评估，遂对该企业作出 6 万元罚款的处罚，并要求该企业 30 天内完成整改。30 天后，该企业仍未按要求完成重大危险源的安全评估。根据《危险化学品重大危险源监督管理暂行规定》，下列对该企业及相关责任人员的处罚中正确的是（　　）。

A. 对该企业直接负责的主管人员和其他直接责任人员各处 1 万元的罚款

B. 责令该企业停产停业整顿，并处 15 万元的罚款

C. 责令该企业停产停业整顿，并处 30 万元的罚款

D. 对该企业直接负责的主管人员和其他直接责任人员各处 6 万元的罚款

### 二、多项选择题（每题 2 分，每题的备选项中，有 2 个或 2 个以上符合题意，至少有 1 个错项。错选，本题不得分；少选，所选的每个选项得 0.5 分）

1. 根据《危险化学品重大危险源监督管理暂行规定》，关于危险化学品重大危险源安全管理的说法，正确的有（　　）。

A. 重大危险源的化工生产装置，应当装备满足安全生产要求的自动化控制系统

B. 重大危险源中储存剧毒物质的场所或者设施，应当设置视频监控系统

C. 重大危险源安全评估报告完成后，应当在 30 日内向地方安全监管部门报告

D. 重大危险源涉及剧毒气体，应当配备两套以上气密型化学防护服

E. 重大危险源出现重大变化，危险化学品单位应当及时更新档案

2. 根据《危险化学品重大危险源监督管理暂行规定》，危险化学品单位（　　）

的应当对重大危险源重新进行辨识、安全评估及分级。

A. 重大危险源安全评估已满一年

B. 法定代表人发生变更

C. 外界生产安全环境因素发生变化，影响重大危险源级别和风险程度

D. 发生危险化学品事故造成5人以上受伤

E. 发生危险化学品事故造成人员伤亡

## 第十四节　工贸企业有限空间作业安全管理与监督暂行规定

【本节重点】

掌握有限空间作业的安全保障，熟悉有限空间的安全监督管理。

### 一、适用范围

冶金、有色、建材、机械、轻工、纺织、烟草、商贸企业（以下统称工贸企业）的有限空间作业适用《工贸企业有限空间作业安全管理与监督暂行规定》，其他领域的有限空间作业遵循有关法律、法规和国家标准或者行业标准的规定。

依据《工贸企业有限空间作业安全管理与监督暂行规定》的规定，所称有限空间，是指封闭或者部分封闭，与外界相对隔离，出入口较为狭窄，作业人员不能长时间在内工作，自然通风不良，易造成有毒有害、易燃易爆物质积聚或者氧含量不足的空间。

### 二、有限空间作业的安全保障

#### 1. 安全生产规章制度和规程

《工贸企业有限空间作业安全管理与监督暂行规定》规定："存在有限空间作业的工贸企业应当建立下列安全生产制度和规程：

（一）有限空间作业安全责任制度；

（二）有限空间作业审批制度；

（三）有限空间作业现场安全管理制度；

（四）有限空间作业现场负责人、监护人员、作业人员、应急救援人员安全培训教育制度；

（五）有限空间作业应急管理制度；

（六）有限空间作业安全操作规程。"

#### 2. 安全教育和培训

《工贸企业有限空间作业安全管理与监督暂行规定》规定："工贸企业应当对从事有限空间作业的现场负责人、监护人员、作业人员、应急救援人员进行专项安全培训。专项安全培训应当包括下列内容：

（一）有限空间作业的危险有害因素和安全防范措施；

（二）有限空间作业的安全操作规程；

（三）检测仪器、劳动防护用品的正确使用；

（四）紧急情况下的应急处置措施。安全培训应当有专门记录，并由参加培训的人员签字确认。”

3. 按照作业方案施工

《工贸企业有限空间作业安全管理与监督暂行规定》规定：“工贸企业实施有限空间作业前，应当对作业环境进行评估，分析存在的危险有害因素，提出消除、控制危害的措施，制定有限空间作业方案，并经本企业安全生产管理人员审核，负责人批准。”同时规定：“工贸企业实施有限空间作业前，应当将有限空间作业方案和作业现场可能存在的危险有害因素、防控措施告知作业人员。现场负责人应当监督作业人员按照方案进行作业准备。”

4. 作业程序

（1）作业前检测。《工贸企业有限空间作业安全管理与监督暂行规定》规定：“有限空间作业应当严格遵守‘先通风、再检测、后作业’的原则。检测指标包括氧浓度、易燃易爆物质（可燃性气体、爆炸性粉尘）浓度、有毒有害气体浓度。检测应当符合相关国家标准或者行业标准的规定。未经通风和检测合格，任何人员不得进入有限空间作业。检测的时间不得早于作业开始前30分钟。”“检测人员进行检测时，应当记录检测的时间、地点、气体种类、浓度等信息。检测记录经检测人员签字后存档。检测人员应当采取相应的安全防护措施，防止中毒窒息等事故发生。”

（2）作业中通风、监测。《工贸企业有限空间作业安全管理与监督暂行规定》规定：“在有限空间作业过程中，工贸企业应当采取通风措施，保持空气流通，禁止采用纯氧通风换气。发现通风设备停止运转、有限空间内氧含量浓度低于或者有毒有害气体浓度高于国家标准或者行业标准规定的限值时，工贸企业必须立即停止有限空间作业，清点作业人员，撤离作业现场。”“在有限空间作业过程中，工贸企业应当对作业场所中的危险有害因素进行定时检测或者连续监测。作业中断超过30分钟，作业人员再次进入有限空间作业前，应当重新通风、检测合格后方可进入。”

5. 照明安全

《工贸企业有限空间作业安全管理与监督暂行规定》规定：“有限空间作业场所的照明灯具电压应当符合《特低电压（ELV）限值》（GB/T 3805—2008）等国家标准或者行业标准的规定；作业场所存在可燃性气体、粉尘的，其电气设施设备及照明灯具的防爆安全要求应当符合《爆炸性环境第一部分：设备通用要求》（GB 3836.1—2010）等国家标准或者行业标准的规定。”

6. 发包安全管理

《工贸企业有限空间作业安全管理与监督暂行规定》规定：“工贸企业对其发包的有限空间作业安全承担主体责任。承包方对其承包的有限空间作业安全承担直接责任。”

7. 其他安全要求

《工贸企业有限空间作业安全管理与监督暂行规定》规定：“工贸企业有限空间作

业还应当符合下列要求：

（一）保持有限空间出入口畅通；

（二）设置明显的安全警示标志和警示说明；

（三）作业前清点作业人员和工器具；

（四）作业人员与外部有可靠的通信联络；

（五）监护人员不得离开作业现场，并与作业人员保持联系；

（六）存在交叉作业时，采取避免互相伤害的措施。”

**8. 应急预案和事故报告**

《工贸企业有限空间作业安全管理与监督暂行规定》规定，工贸企业应当根据本企业有限空间作业的特点，制定应急预案，并配备相关的呼吸器、防毒面罩、通信设备、安全绳索等应急装备和器材。有限空间作业中发生事故后，现场有关人员应当立即报警，禁止盲目施救。应急救援人员实施救援时，应当做好自身防护，佩戴必要的呼吸器具、救援器材。

## 三、有限空间作业的安全监督管理

依据《工贸企业有限空间作业安全管理与监督暂行规定》的规定，安全生产监督管理部门应当加强对工贸企业有限空间作业的监督检查，将检查纳入年度执法工作计划。对发现的事故隐患和违法行为，依法作出处理。安全生产监督管理部门对工贸企业有限空间作业实施监督检查时，应当重点抽查有限空间作业安全管理制度、有限空间管理台账、检测记录、劳动防护用品配备、应急救援演练、专项安全培训等情况。

**【练习提高】**

**一、单项选择题（每题 1 分，每题的备选项中，只有 1 个最符合题意）**

1. 依据《工贸企业有限空间作业安全管理与监督暂行规定》，下列关于有限空间作业安全监管的说法，正确的是（　　）。

A. 安全监管部门发现有限空间作业存在事故隐患的，应当责令立即停止作业，撤出作业人员

B. 安全监管部门对有限空间作业进行监督检查时，应当重点检测有限空间作业各项检测指标是否合格

C. 安全监管部门应为执法人员配备必要的劳动防护用品、检测仪器

D. 安全监管部门发现重大事故隐患，排除过程中无法保证安全而停止作业的，在重大事故隐患排除后，经企业负责人同意，方可恢复作业

2. 行政执法人员对某冶金企业正在进行的回转窑清理作业进行现场检查，发现回转窑的天然气供气系统盲板阀未关闭，确认为有限空间作业重大事故隐患，依据《工贸企业有限空间作业安全管理与监督暂行规定》安全监管部门及其行政执法人员应当采取的措施是（　　）。

A. 给予罚款　　　　B. 责令立即整改

C. 查封作业场所　　D. 责令停产整改

3. 根据《工贸企业有限空间作业安全管理与监督暂行规定》，关于安全监管部门对违法行为行政处罚的说法，正确的是（　　）。

A. 未在有限空间作业场所设置明显的安全警示标志，逾期未改正的，责令停产停业整顿，并处2万元的罚款

B. 未按照规定对有限空间作业制定作业方案或者方案未经审查擅自作业的，责令限期改正，可处2万元的罚款

C. 未按照规定为作业人员提供符合国家标准或者行业标准的劳动防护用品的，责令停产停业整顿，并处1万元的罚款

D. 有限空间作业未按照规定进行危险、有害因素检测，未实行专人监护作业，逾期未改正的，责令停产停业整顿，并处5万元的罚款

**二、多项选择题（每题2分，每题的备选项中，有2个或2个以上符合题意，至少有1个错项。错选，本题不得分；少选，所选的每个选项得0.5分）**

1. 根据《工贸企业有限空间作业安全管理与监督暂行规定》，关于有限空间作业安全保障的说法，正确的有（　　）。

A. 有限空间作业必须遵循“先检测、再通风、后作业”的程序

B. 存在有限空间作业的工贸企业必须建立有限空间作业审批制度

C. 有限空间作业应当采用纯氧通风换气，保持空气流通

D. 存在有限空间作业的工贸企业应当对本企业有限空间进行辨识，建立管理台账并及时更新

E. 有限空间作业中断超过30分钟，应该重新检测有限空间，合格后方可进入

2. 依据《工贸企业有限空间作业安全管理与监督暂行规定》的规定，安全生产监督管理部门对工贸企业有限空间作业实施监督检查时，应当重点抽查（　　）。

A. 有限空间作业安全管理制度　　B. 有限空间管理台账、

C. 有限空间检测装置　　D. 有限空间安全投入

E. 有限空间专项安全培训

## 综合练习

**一、单项选择题（每题1分，每题的备选项中，只有1个最符合题意）**

1. 依据《注册安全工程师分类管理办法》，中级注册安全工程师按照专业类别进行继续教育，其中专业课程学时应不少于（　　）学时。

A. 16　　B. 24　　C. 48　　D. 72

2. 根据《生产经营单位安全培训规定》，下列安全培训的做法中，正确的是（　　）。

A. 某制衣厂主要负责人进行16学时的初次安全培训

B. 对某烟花爆竹企业主要负责人进行32学时的初次安全培训

C. 对某机械厂安全生产管理人员每年进行10学时的再培训

D. 某煤矿安全生产管理人员每年进行18学时的再培训

3. 依据《生产经营单位安全培训规定》，下列关于非煤矿山企业主要负责人、安

全生产管理人员的安全培训的说法，正确的是（　　）。

A. 主要负责人初次安全培训时间不得少于 32 学时

B. 主要负责人每年再培训时间不得少于 8 学时

C. 安全生产管理人员初次安全培训时间不得少于 48 学时

D. 安全生产管理人员每年再培训时间不得少于 12 学时

4. 依据《特种作业人员安全技术培训考核管理规定》，特种作业人员操作证一般每 3 年复审 1 次。下列关于特种作业操作证复审的说法，正确的是（　　）。

A. 特种作业操作证需要复审的，应当在期满前 90 日内，按规定申请复审

B. 特种作业操作证申请复审前，特种作业人员应参加不少于 8 个学时的安全培训

C. 按规定参加安全培训，考试不合格的允许补考一次

D. 有安全生产违法行为的，复审一律不予通过

5. 某安全监管部门在检查中发现，某公司 5 名专门从事高处作业的员工未取得特种作业人员操作证。依据《特种作业人员安全技术培训考核管理规定》，应当给予该公司的处罚为（　　）。

A. 给予警告，可以处 1 万元以上的罚款

B. 给予警告，可以处 1 万元以下的罚款

C. 责令限期改正，可以处 5 万元以上的罚款

D. 责令限期改正，可以处 5 万元以下的罚款

6. 张某为特种作业人员，因岗位调整未进行相关的特种作业，7 个月后，公司将张某调整回原岗位继续从事特种作业，张某特种作业操作证尚在有效期内。根据《特种作业人员安全技术培训考核管理规定》，张某（　　）。

A. 应当重新进行实际操作考试，经确认合格后上岗作业

B. 应当进行特种作业理论知识考试，经确认合格后上岗作业

C. 无须进行理论知识和实际操作考试，可以直接上岗作业

D. 应当重新参加特种作业培训考试，取得特种作业操作证后上岗作业

7. 根据《安全生产培训管理办法》，矿山新招井下作业人员，除按照规定进行安全培训外，还应当在有经验的职工带领下至少实习（　　）后，方可独立上岗作业。

A. 1 个月　　B. 3 个月　　C. 2 个月　　D. 6 个月

8. 依据《安全生产事故隐患排查治理暂行规定》，下列关于生产经营单位安全生产事故隐患治理的说法，正确的是（　　）。

A. 对于一般事故隐患，应由生产经营单位有关人员会同安全监管执法人员共同组织整改

B. 对于一般事故隐患，应由生产经营单位主要负责人及有关人员立即组织整改

C. 对于重大事故隐患，应由生产经营单位分管负责人或者有关人员组织制定并实施事故隐患治理方案

D. 对于重大事故隐患，应由生产经营单位主要负责人组织制定并实施事故隐患治理方案

9. 甲公司将其生产经营场所出租给乙公司。依据《安全生产事故隐患排查治理暂

行规定》，下列关于生产经营单位职责的说法，正确的是（　　）。

A. 甲公司可以与乙公司口头约定安全生产管理职责

B. 甲公司应当与乙公司签订安全生产管理协议，明确各方对事故隐患排查治理和防控的管理职责

C. 甲公司可以与乙公司约定甲公司对事故隐患排查治理不承担任何管理责任

D. 乙公司对事故隐患排查治理负有统一协调和监督管理的职责

10. 某市安全监管部门在安全检查中发现一公司存在重大事故隐患，责令其停产停业。根据《安全生产事故隐患排查治理暂行规定》，关于该公司开展事故隐患治理的说法，错误的是（　　）。

A. 应当及时开展安全生产事故隐患治理工作

B. 必须委托安全评价机构进行安全评估

C. 应当适时对治理情况进行安全评估

D. 安全评估合格后，再提交恢复生产的申请

11. 依据《生产安全事故应急预案管理办法》，下列对于使用危险化学品达到国家规定数量的化工企业的应急预案备案的说法，正确的是（　　）。

A. 使用单位不需要向安全监管部门备案

B. 报所在地县级以上地方人民政府安全监管部门备案

C. 报所在地设区的市级以上人民政府安全监管部门备案

D. 报所在地省级人民政府安全监管部门或国务院安全监管部门备案

12. 根据《生产安全事故应急预案管理办法》，关于应急预案备案的说法，正确的是（　　）。

A. 中央企业总部的应急预案，报所在地省级或设区的市级应急管理部门备案

B. 油气输送管线运营企业的应急预案，报所跨行政区域的县级应急管理部门备案

C. 煤矿企业的应急管理，报所在地的煤矿安全监察机关备案

D. 省属金属冶炼企业的应急预案，报县级应急管理部门备案

13. 根据《生产安全事故信息报告和处置办法》，下列事故信息举报核查的做法中，正确的是（　　）。

A. 对举报发生较大涉险事故的，安全监管部门立即组织查证核实，并在1个月内向上一级安全监管部门报告核实结果

B. 对举报发生事故信息的，安全监管部门立即组织查证核实，并在2个月内向上一级安全监管部门报告核实结果

C. 对举报发生生产安全事故的，安全监管部门在20日内对事故情况进行初步查证，并将事故初步查证的简要情况报告上一级安全监管部门

D. 举报发生生产安全事故的，安全监管部门在将初步查证的事故简要情况报告上一级安全监管部门后，在3个月内报告详细核实结果

14. 依据《生产安全事故信息报告和处置办法》的规定，下列事故中，属于较大涉险事故的是（　　）。

A. 造成1人被困的事故　　　　B. 造成3人下落不明的事故

C. 造成 7 人涉险的事故　　　　D. 导致 198 人紧急疏散的事故

15. 根据《建设工程消防监督管理规定》，下列人员密集场所建设项目中，建设单位应当向消防机构申请消防设计审核和竣工验收的是（　　）。

A. 建筑总面积大于 1 000 平方米的托儿所、幼儿园的儿童用房，养老院、福利院，医院、疗养院的病房楼，学校的集体宿舍建设项目

B. 建筑总面积大于 5 000 平方米的宾馆、饭店、商场建设项目

C. 建筑总面积大于 2 000 平方米的影剧院、医院的门诊楼、劳动密集型企业的生产加工车间建设项目

D. 建筑总面积大于 200 平方米的歌舞厅、卡拉 OK 厅、网吧、咖啡厅建设项目

16. 依据《建设工程消防监督管理规定》，下列建设工程应当向公安机关消防机构申请消防设计审核的是（　　）。

A. 建筑总面积为 1 500 平方米的公共图书馆的阅览室

B. 国家标准规定的二类高层住宅建筑

C. 城市轨道交通、隧道工程

D. 建筑总面积为一万平方米的体育场馆

17. 某烟花爆竹生产企业建设项目安全设施未经验收擅自投入生产，被当地安监部门责令停止生产、限期改正，但该企业逾期未改正。根据《建设项目安全设施“三同时”监督管理办法》，下列对该企业作出的罚款数额中，符合规定的是（　　）。

A. 5 万元　　B. 10 万元　　C. 60 万元　　D. 20 万元

18. 某市安全监管部门在安全生产执法检查中发现某露天采石场已投入生产，但投产前安全设施未经验收合格。依据《建设项目安全设施“三同时”监督管理办法》的规定，下列关于执法人员给予该采石场的相关处罚的做法，正确的是（　　）。

A. 责令该采石场停产停业整顿，限期改正

B. 责令该采石场停产停业整顿，没收生产设备

C. 对该采石场直接负责的主管人员予以撤职

D. 对该采石场直接负责的主管人员予以降级

19. 根据《危险化学品输送管道安全管理规定》，禁止（　　）穿（跨）越公共区域。

A. 硫化氢管道　　B. 光气管道　　C. 氨管道　　D. 燃气管道

20. 某危险化学品企业正在组织制定重大危险源事故应急预案演练计划。根据《危险化学品重大危险源监督管理暂行规定》，关于应急预案演练的说法，正确的是（　　）。

A. 重大危险源专项应急预案，每年至少进行一次演练

B. 重大危险源专项应急预案，每两年至少进行一次演练

C. 重大危险源现场处置方案，每两年至少进行一次演练

D. 重大危险源现场处置方案，每年至少进行一次演练

21. 依据《危险化学品重大危险源监督管理暂行规定》，下列关于危险化学品重大危险源辨识与评估的说法，正确的是（　　）。

A. 危险化学品单位对重大危险源进行安全评估，应当委托具有相应资质的安

全评价机构进行，不得组织本单位专业人员进行

B. 危险化学品单位重大危险源安全评估可以与本单位的安全评价一起进行，以安全评价报告代替安全评估报告

C. 重大危险源根据其危险程度，分为一级、二级、三级和四级，四级为最高级

D. 重大危险源发生事故导致三人受伤的，危险化学品单位应当对重大危险源重新进行辨识、安全评估及分级

22. 根据《危险化学品重大危险源监督管理暂行规定》关于危险化学品单位重大危险源安全管理的说法，正确的是（　　）。

A. 一级重大危险源记录电子数据的保存时间，应当不少于 20 天

B. 重大危险源中储存剧毒物质的场所或者设施应当设置视频监控系统

C. 涉及剧毒气体的重大危险源，应当至少配备一套气密型化学防护服

D. 重大危险源专项应急预案的演练，应当每两年至少进行一次

23. 安全监管执法人员发现某有限空间作业存在事故隐患。根据《工贸企业有限空间作业安全管理与监督暂行规定》，下列监督管理的做法中，正确的是（　　）。

A. 安全监管执法人员发现该有限空间作业重大事故隐患排除过程中无法保证安全，责令暂时停止作业，撤出作业人员

B. 安全监管执法人员发现该有限空间作业存在一般事故隐患，责令停止作业

C. 安全监管执法人员发现该有限空间作业存在重大事故隐患，责令停产整顿

D. 该有限空间作业重大事故隐患排除后，工贸企业可立即恢复作业，同时报安全监管部门备案

**二、多项选择题（每题 2 分，每题的备选项中，有 2 个或 2 个以上符合题意，至少有 1 个错项。错选，本题不得分；少选，所选的每个选项得 0.5 分）**

1. 依据《注册安全工程师分类管理办法》，下列单位中，安全生产管理人员中的中级及以上注册安全工程师比例应自本办法施行之日起 2 年内达到 15%左右并逐步提高的是（　　）。

A. 危险物品的生产、储存单位　　B. 建筑施工单位

C. 金属冶炼单位　　D. 矿山单位

E. 道路运输单位

2. 根据《生产经营单位安全培训规定》，关于生产经营单位主要负责人、安全生产管理人员安全培训学时的做法，正确的有（　　）。

A. 某制衣厂主要负责人进行 32 学时的初次安全培训

B. 某铁矿企业安全生产管理人员进行 48 学时的初次安全培训

C. 某烟花爆竹企业安全生产管理人员每年进行 20 学时的安全再培训

D. 某纺织企业安全生产管理人员每年进行 12 学时的安全再培训

E. 某金属冶炼企业主要负责人每年进行 14 学时的安全再培训

3. 根据《安全生产培训管理办法》，（　　）的机构应当将教师、教学和实习实训设施等情况报告所在地安全监管部门。

A. 从事危险化学品生产企业的主要负责人安全培训

B. 从事金属冶炼企业的安全生产管理人员安全培训

C. 从事矿山起重作业的特种作业人员安全培训

D. 从事危险化学品使用单位主要负责人安全培训

E. 从事注册安全工程师安全培训

4. 依据《安全生产事故隐患排查治理暂行规定》，重大事故隐患治理方案应当包括（　　）等内容。

A. 治理的目标和任务　　B. 采取的方法和措施

C. 事故隐患治理的难易程度　　D. 治理后的评估方法

E. 负责治理的机构和人员

5. 依据《生产安全事故应急预案管理办法》的规定，下列关于应急预案编制的说法，正确的是（　　）。

A. 生产经营单位应当根据存在的重大危险源，制定综合应急预案

B. 生产经营单位应当针对危险性较大的岗位，制定专项应急预案

C. 生产经营单位应当针对某一种类风险，制定现场处置方案

D. 事故风险单一、危险性较小的生产经营单位，可以只编制现场处置方案

E. 生产经营单位应当在编制应急预案的基础上，针对工作场所、岗位的特点，编制应急处置卡

6. 甲省乙市丙县的某煤矿发生生产安全事故，造成 3 人死亡，9 人重伤。依据《生产安全事故信息报告和处置办法》的规定，下列关于该事故应急处置的说法，正确的是（　　）。

A. 甲省安全监管部门负责人应当立即赶赴现场

B. 乙市安全监管部门负责人应当立即赶赴现场

C. 丙县安全监管部门负责人应当立即赶赴现场

D. 甲省煤矿安全监察局负责人应当立即赶赴现场

E. 乙市煤矿安全监察局负责人应当立即赶赴现场

7. 依据《建设项目安全设施“三同时”监督管理暂行办法》的规定，下列关于储存烟花爆竹建设项目可行性研究阶段安全生产条件论证和评价的说法，正确的是（　　）。

A. 对安全生产条件进行论证，不需要进行安全预评价

B. 不需对安全生产条件进行论证，但需要进行安全预评价

C. 需要对其安全生产条件进行论证和安全预评价

D. 不需要对其安全生产条件进行综合分析，但需要进行安全预评价

E. 仅需对其安全生产条件进行综合分析，形成书面报告并备案

8. 依据《建设项目安全设施“三同时”监督管理办法》，对于（　　）进行可行性研究时，生产经营单位应当分别对其安全生产条件进行安全预评价。

A. 金属冶炼建设项目

B. 生产、储存危险化学品建设项目

C. 生产、储存烟花爆竹的建设项目

D. 矿山开采建设项目

E. 省级道路运输重点建设项目

9. 某企业运营了一条氧气管道。依据《危险化学品管道输送安全管理规定》，下列关于该氧气管道安全运行管理，正确的做法有（　　）。

A. 该企业建立了管道巡护制度，安排兼职人员进行日常巡线

B. 巡线员发现有人在管架上面悬挂广告牌，上前制止并向企业负责人汇报，制止无效后，企业向当地安全监管部门进行报告

C. 巡线员发现在管道一侧约 15 米的区域有人栽种树木，上前制止并向企业负责人汇报，制止无效后，企业向当地安全监管部门进行报告

D. 公路部门拟在距管线 20 米区域扩建公路，在开工的 7 日前，施工单位书面通知了该企业，并将施工作业方案报给该企业

E. 巡线员发现在管道一侧约 150 米的区域内发现有人实施爆破作业，上前制止并向企业负责人汇报，制止无效后，企业向当地安全监管部门进行报告

10. 某企业拥有一条东西走向长达 30 千米的危险化学品管道，按照有关要求安排人进行日常巡护。依据《危险化学品输送管道安全管理规定》下列关于管道巡护的做法，正确的有（　　）。

A. 在管道东侧 5 米地域范围内，发现有园林局种植乔木的行为，应当及时予以制止

B. 在穿越某河流的管道中心线两侧 400 米处，发现有村民进行挖沙作业，应当及时予以制止

C. 在管道专用隧道中心线两侧 1 500 米处，发现有新开采石场在进行爆破作业，应当及时予以制止

D. 施工单位欲进行跨越管道的施工作业，应当在开工的 7 日前书面通知管道企业

E. 管道要停止使用时，管道企业应当采取有效措施及时妥善处置，并将处置方案报县级以上安全监管部门

11. 根据《危险化学品重大危险源监督管理暂行规定》，关于危险化学品重大危险源安全管理的说法，正确的有（　　）。

A. 重大危险源的化工生产装置，应当装备满足安全生产要求的自动化控制系统

B. 重大危险源中储存剧毒物质的场所或设施，应当设置视频监控系统

C. 重大危险源涉及剧毒气体，应当配备两套以上气密性化学防护服

D. 重大危险源安全评估报告完成后，应当在 30 日内向地方安全监管部门报告

E. 重大危险源出现重大变化，危险化学品单位应当及时更新档案

12. 某企业是一家造纸厂，依据《工贸企业有限空间作业安全管理与监督暂行规定》，下列关于该企业在有限空间作业的安全保障的说法，正确的有（　　）。

A. 采取可靠的隔离措施，将可能危及作业安全的设备设施、存在有毒有害气体的空间与作业地点隔开

B. 未经检测合格，不得进入有限空间作业，检测指标包括氧浓度、易燃易爆物质浓度、有毒有害气体浓度，检测时间不得早于作业开始前 40 分钟

C. 应有专人监护，监护人员不得离开作业现场，并与作业人员保持联系
D. 发生事故后，应急救援人员实施救援时，应当做好自身防护，佩戴必要的呼吸器具、救援器材
E. 有限空间作业发包给多个承包方时，应明确一个主承包方对安全工作进行统一协调管理

13. 根据《工贸企业有限空间作业安全管理与监督行规定》，关于有限空间作业安全保障的说法，正确的有（　　）。
A. 工贸企业应当对从事有限空间作业的现场负责人、监护人员、作业人员、应急救援人员进行专项安全培训
B. 工贸企业应当按照有限空间作业方案，明确作业现场负责人、监护人员、作业人员及其安全职责
C. 有限空间作业应当严格遵守“先检测、再通风、后作业”的原则
D. 进入有限空间作业必须经检测合格，检测的时间不得早于作业开始前1小时
E. 工贸企业实施有限空间作业前，应当将有限空间作业方案和作业现场可能存在的危险有害因素、防控措施告知作业人员

## 参考答案

**第一节**

**一、单项选择题**

1. B　2. C

**二、多项选择题**

AE

**第二节**

**一、单项选择题**

1. B　2. D　3. C　4. D

**二、多项选择题**

1. BE　2. AD

**第三节**

**一、单项选择题**

1. C　2. C　3. D

**二、多项选择题**

1. CD　2. BC

第四节

一、单项选择题

1. D　2. C　3. A

二、多项选择题

1. BCD　2. ABDE

第五节

一、单项选择题

1. C　2. D　3. C　4. A　5. D

二、多项选择题

1. ACE　2. CD

第六节

一、单项选择题

1. C　2. C　3. A　4. C

二、多项选择题

1. BE　2. BCE

第七节

一、单项选择题

1. D　2. C　3. C

二、多项选择题

DE

第八节

一、单项选择题

1. C　2. A　3. C

二、多项选择题

BCE

第九节

一、单项选择题

1. C　2. B　3. C

二、多项选择题

1. ABE　2. AD

第十节

单项选择题

1. C　2. D

第十一节

一、单项选择题

1. A　2. B　3. A

二、多项选择题

1. ABCE　2. BCD

第十二节

单项选择题

1. A　2. B

第十三节

一、单项选择题

1. C　2. D　3. B

二、多项选择题

1. ADE　2. CE

第十四节

一、单项选择题

1. C　2. B　3. B

二、多项选择题

1. BDE　2. ABE

综合练习

一、单项选择题

1. B　2. D　3. C　4. B　5. D　6. A　7. C　8. D　9. B　10. B　11. B　12. D　13. B　14. B　15. A　16. C　17. C　18. A　19. B　20. A　21. B　22. B　23. A

二、多项选择题

1. AD　2. ABCD　3. ABCE　4. ABE　5. DE　6. BD　7. BD　8. ABC　9. BD　10. BDE　11. ABCE　12. ACD　13. ABE